AF535665

Schlüssel zum Ich

Marianne Meister

Schlüssel zum Ich

Sich selbst erkennen durch
Tiefenpsychologische Astrologie

Patmos Verlag

VERLAGSGRUPPE PATMOS

PATMOS
ESCHBACH
GRÜNEWALD
THORBECKE
SCHWABEN

Die Verlagsgruppe
mit Sinn für das Leben

Für die Schwabenverlag AG ist Nachhaltigkeit ein wichtiger Maßstab ihres Handelns.
Wir achten daher auf den Einsatz umweltschonender Ressourcen und Materialien.

Bibliografische Information der Deutschen Nationalbibliothek
Die Deutsche Nationalbibliothek verzeichnet diese Publikation in der Deutschen Nationalbibliografie; detaillierte bibliografische Daten sind im Internet über http://dnb.d-nb.de abrufbar.

www.patmos.de

Umschlaggestaltung: Finken & Bumiller, Stuttgart
Umschlagabbildung: © pixelparticle/Thinkstock
Druck: GGP Media GmbH, Pößneck
Hergestellt in Deutschland
ISBN 978-3-8436-0646-2 (Print)
ISBN 978-3-8436-0647-9 (eBook)

Inhalt

Einleitung: Zum Sinn einer Tiefenpsychologischen Astrologie

Die Astrologie ist eine uralte, auf die Babylonier zurückgehende Erfahrungslehre. Sie folgt einem sehr alten Entsprechungsdenken, das annimmt, dass die im Makrokosmos wirkenden Wesenskräfte denen im Mikrokosmos, also im Menschen, entsprechen. Nach Thomas Ring, dem Begründer und herausragenden Vertreter einer modernen Astrologie, handelt es sich um »Kräfte des Lebendigen«[1], die auf einem autonomen Lebensprinzip beruhen, das physikalisch-chemisch oder mikrobiologisch nicht beschreibbar ist. Ein anderer bekannter Astrologe, der zudem auch ein prominenter Psychoanalytiker war, Fritz Riemann, formuliert dies mit den Worten, »dass sich in der Erscheinungswelt ein geistiges Prinzip immanent auswirkt – wie immer wir es auch nennen mögen –, das im Großen wie im Kleinen erkennbar ist«[2]. Damit befindet er sich in Übereinstimmung mit der bis mindestens Goethe sehr wirkmächtigen Naturphilosophie.

Die lebensschöpferischen Kräfte werden laut Thomas Ring in kosmischen Perioden wirksam. In der Astrologie können die Regeln des Spiels dieser Kräfte oder, technischer gesagt, die Art und Weise des Funktionierens dieser Kräfte an den Bewegungen der Gestirne und insbesondere an denjenigen der Planeten am Himmel »abgelesen« bzw. in ihnen entdeckt werden. Die Konstellation der Planeten im Geburtshoroskop eines Menschen beschreibt also die Gestalt, die diese lebensschöpferischen Kräfte genau in diesem Menschen formen. Dabei geht es um ein Gefüge von Anlagen und Tendenzen, niemals um unabänderliche Prägungen oder vorbestimmte Ereignisse. Natürlich muss man das Geburtshoroskop im Zusammenhang mit den Einflüssen von Erbe und Umwelt denken bzw. interpretieren. Und das Horoskop sagt nichts darüber aus, was ein Mensch aus seinen Anlagen und Begabungen macht. Es gibt da einen nicht im Horoskop enthaltenen »selbstbestimmenden Faktor«[3], wie Ring ihn nennt – Ausdruck der Freiheit, die dem Menschen eigen ist.

Bringt man nun die Astrologie und die Jung'schen Konzepte

»Archetyp« und »archetypisches Bild« oder auch »archetypisches Symbol« miteinander in Beziehung, dann lässt sich festhalten, dass die Planeten, die ja in ihren Bezeichnungen auch direkten Bezug auf die Mythologie nehmen, als archetypische Bilder bzw. Symbole verstanden werden können. Es gibt ein interessantes Zitat von Jung, das diese Sichtweise unterstützt: »Die Astrologie besteht aus symbolischen Konfigurationen, ebenso wie das kollektive Unbewußte, mit welchem sich die Psychologie befaßt: Die Planeten sind die ›Götter‹, Symbole der Mächte des Unbewußten.«[4]

In der Astrologie sind die Tierkreiszeichen (etwa Widder, Wassermann, Fische etc.), die sogenannten Häuser (das sind die zwölf archetypischen und damit für die Menschen relevanten weil zentralen Lebensgebiete oder Interessensfelder, siehe das Unterkapitel »Der Kreis mit seinen Kreishälften, Quadranten und Häusern in der Astrologie« in Kapitel 3) sowie die Aspekte der Planeten (damit ist die Art der Kommunikation oder die Beziehung zwischen den Planeten gemeint, siehe Kapitel 4) von Bedeutung. Auch die Tierkreiszeichen, Häuser und Planetenaspekte sind archetypisch, und zwar insofern, als sie allen Menschen gemeinsame Grundmuster darstellen. Diese ordnen sich jedoch im Geburtshoroskop zur individuellen inneren Gestalt eines Menschen an. Auch dazu gibt es ein schönes Zitat von Jung: »Es scheint, als entspräche das Horoskop einem bestimmten Augenblick im Gespräch der Götter, d.h. der psychischen Archetypen.«[5]

Die Astrologie nimmt also an, dass im Hintergrund der Persönlichkeit eine je individuelle, aber archetypisch begründete Form besteht, die sich im Lebensprozess ausdrücken möchte. Inwieweit und auf welcher Ebene ein Mensch das entfaltet, was in seinem Horoskop angelegt ist, ist bis zu einem gewissen Grad seine persönliche Freiheit und liegt nicht vollständig, jedoch weitgehend in seiner Verantwortung.

Die Astrologie kann dem Menschen auf dem Weg zu sich selbst, der gleichzeitig ein Weg zu seinem Platz im großen Ganzen ist, sehr hilfreich sein. In *Urworte orphisch* spricht Goethe vom Horoskop oder Kosmogramm als dem »Gesetz, wonach du angetreten«. Dieses Gedicht bringt den Grundgedanken der Astrologie treffend zum Ausdruck:

Wie an dem Tag, der dich der Welt verliehen,
Die Sonne stand zum Gruße der Planeten,
Bist alsobald und fort und fort gediehen,
Nach dem Gesetz, wonach du angetreten.
So musst du sein, dir kannst du nicht entfliehen,
So sagten schon Sibyllen, so Propheten;
Und keine Zeit und keine Macht zerstückelt
Geprägte Form, die lebend sich entwickelt.[6]

Die Astrologie als »ältere Schwester der Psychologie«[7] verdient es, aus ihrem Schattendasein herauszutreten, denn sie ist für die Selbsterkenntnis von unschätzbarem Wert. Je besser wir unsere Stärken und Schwächen, unsere Potentiale und Wünsche kennen, desto größer wird unsere Freiheit, unser Leben konstruktiv zu gestalten und Zufriedenheit und Glück zu erfahren, statt uns blockiert zu fühlen und in Frustrationen und Ressentiments zu versinken. Je schlechter wir uns kennen, desto stärker ist die Tendenz, uns unbewusst in die immer gleichen Sackgassen hineinzumanövrieren, sei dies im Umgang mit uns selbst oder mit anderen Menschen. Das Geburtshoroskop kann uns wie eine Landkarte auf Reisen eine unschätzbare Orientierungshilfe auf unserem Lebensweg sein. Nicht selten schlummern unbewusst gebliebene kreative Fähigkeiten in uns, die im Geburtshoroskop sehr wohl als Anlage erkennbar sind und die, wenn sie aus ihrem Dornröschenschlaf geweckt werden, einem Menschen zu sehr viel mehr Ausgeglichenheit verhelfen können.

Eine der schwierigsten Herausforderungen für die meisten Menschen sind die Grenzen, die die Realität uns setzt. Die mögliche Problematik des Einzelnen im Umgang mit der Realität und aber auch Lösungsansätze lassen sich im Geburtshoroskop erkennen (an der Saturnkonstellation). Der eigene Körper zum Beispiel ist eine Realität. Heute wird er immer selbstverständlicher Schönheitsoperationen und anderen invasiven Prozeduren aller Art unterzogen, weil er so, wie er ist, nicht akzeptiert werden kann. Eine weitere Schwierigkeit im Umgang mit Grenzen zeigt sich in den mannigfaltigen Erscheinungsformen von Suchtverhalten (im Geburtshoroskop an der Neptunkonstellation). Ausdruck davon können Kaufsucht, Drogen- oder Medikamentenmissbrauch, übermäßiger Alkoholkonsum, Magersucht (Anorexie) oder Esssucht

(Adipositas) sein. Es kommt leicht zu einem Zuviel oder Zuwenig beim Grenzensetzen, und solche Tendenzen in der Geburtsanlage deutlich zu erkennen und zu benennen, kann der erste Schritt zu einer Verbesserung sein.

Weil wir uns oft so schwer tun, notwendige Grenzen richtig zu ziehen, handeln wir uns vielerlei Probleme ein. Diese betreffen oft auch unsere Beziehungen, den Umgang mit anderen Menschen. Da wir nicht nur Individuen, sondern auch soziale Wesen sind, spielen die Beziehungen in unserem Leben eine wesentliche Rolle – beim Neugeborenen ist die bemutternde, hegende Umwelt absolut überlebensnotwendig (im Geburtshoroskop vor allem an der Mondkonstellation als strukturellem Hinweis auf das mütterliche Element erkennbar). Tragende Beziehungen sind jedoch nicht nur für das Kleinkind von höchster Bedeutung, sondern für Menschen aller Altersstufen. Auch sehr erfolgreiche Berufsleute, die nicht selten trotz ihres Erfolgs unglücklich in ihrem Privatleben sind oder zumindest seit Jahren mit den immer gleichen Beziehungsschwierigkeiten kämpfen, sind davon nicht ausgeschlossen.

Im Rahmen eines tiefenpsychologischen Ansatzes erweist sich das Geburtshoroskop als sehr nützlich und hilfreich dabei, konstruktive Wege aus Beziehungs-Sackgassen heraus und hinein in Neuland zu entdecken. So finden Paare, die nicht mehr miteinander sprechen können, die in gegenseitigen Missverständnissen gefangen sind, weil sie Wünsche, Ideale oder Schreckbilder aufeinander projizieren und so eine echte Begegnung verhindern, zu einem verbesserten gegenseitigen Verständnis und dadurch auch zu einer größeren Toleranz dem anderen gegenüber.

Ebenso hilfreich und befreiend kann der Einbezug des Horoskops bei Erziehungsschwierigkeiten sein. Wenn beispielsweise eine Mutter zu ihrem Kind nur schwer Zugang findet, kann dies damit zusammenhängen, dass das Kind vielleicht ganz anders veranlagt ist als sie selber. Der Vergleich der Horoskope, vor allem die Feststellung von Ähnlichkeiten und Verschiedenheiten der Mondkonstellationen von Mutter und Kind, ist in der Erziehungsberatung in der Regel sehr hilfreich.

Das große Plus der Kombination der Astrologie mit C. G. Jungs theoretischen Ansätzen liegt darin, dass sich die beiden Modelle gegenseitig außerordentlich bereichern und ergänzen. Jung bringt die Astrologie direkt mit seiner Archetypenlehre in Verbindung:

»Der Sternenhimmel ist ja in der Tat das aufgeschlagene Buch der kosmischen Projektion, der Widerspiegelung der Mythologeme, eben der Archetypen. In dieser Anschauung reichen sich Astrologie und Alchemie, die beiden antiken Repräsentantinnen der Psychologie des kollektiven Unbewussten, die Hand.«[8] Denn der Blick auf das Geburtshoroskop – englisch: *birth chart*, also die Landkarte unserer wesensmäßigen Anlage – gewinnt an großer Tiefe, wenn das schauende Auge tiefenpsychologisch und psychodynamisch geschult ist. Umgekehrt erfährt der psychoanalytische Prozess unter gelegentlichem Einbezug des Geburtshoroskops großen Gewinn, denn es vermittelt erstens einen Überblick über die strukturelle Anlage des Patienten bzw. der Klientin und zweitens Einblicke in spezifische Einzelthemen wie beispielsweise »Mutter«. Eine mütterliche Figur in einem Traum kann zum Beispiel mit der Mondstellung im Horoskop in Verbindung gebracht werden. Dadurch ergibt sich eine zusätzliche Perspektive auf dieses Traumbild, das so besser verstanden und eingeordnet werden kann.

Jung setzte sich in verschiedenen Schriften intensiv mit der Astrologie auseinander und diskutierte u. a. das Thema der Zeitqualität und damit auch das der Synchronizität.[9] In seinem Aufsatz *Über Synchronizität* beschäftigte Jung sich mit der Frage, ob es neben der verbreiteten Auffassung von der astrologischen Methode als akausal und damit als auf dem Prinzip der Synchronizität beruhend auch kausale Erklärungsansätze gebe, fasst sie aber letztlich doch als intuitive Technik auf, die »auf das Prinzip des akausalen oder Synchronizitätszusammenhanges gegründet«[10] ist. In einem Brief vom 26.5.1954 schreibt er: »Daß die Astrologie der Psychologie viel zu bieten hat, steht fest; […] Soviel ich beurteilen kann, wäre es zum Vorteil der Astrologie, wenn sie sich über die Existenz der Psychologie Rechenschaft gäbe, vor allem über die Psychologie der Person und des Unbewußten. Ich bin ziemlich sicher, daß sich manches aus ihrer Methode der Symbolinterpretation lernen ließe. Es geht um die beiden Künsten gemeinsame Interpretation der Archetypen (der Götter) und ihrer gegenseitigen Beziehungen. Vor allem die Psychologie des Unbewußten befaßt sich mit archetypischer Symbolik.«[11]

Über die allgemeine Nützlichkeit des Geburtshoroskops hinaus erkannte Jung speziell auch die Wichtigkeit der sogenannten *Transiten* (lat. Übergänge).[12] Die Transiten sind die aktuell laufenden

Planeten, die ein bestimmtes Horoskop im Leben eines Menschen durch verschiedene Aspektierungen, d.h. Winkelbildungen zu den Planeten, den Achsen (Aszendent – Deszendent [AC – DC] und Medium Coeli – Imum Coeli [MC – IC]) sowie den Häusern im Geburtshoroskop aktivieren (zu AC, DC, MC, IC sowie den Häusern siehe das Unterkapitel »Der Kreis mit seinen Kreishälften, Quadranten und Häusern in der Astrologie« in Kapitel 3). Diese Aspektierungen der laufenden Planeten (Transiten) zu den erwähnten prägnanten Faktoren im Geburtshoroskop können Konjunktionen, Oppositionen, Quadrate, Trigone oder Sextile sein (siehe das Unterkapitel »Das Aspektgefüge im Horoskop« in Kapitel 4). Wenn man z.B. einen Saturntransit über einen bestimmten Planeten hat, kommt dieser auf den Prüfstand: Da der Saturn das Realitätsprinzip verkörpert, gibt es eine Realitätsprüfung. Die Erfahrungen, die durch solche Transiten gemacht werden, haben im Erleben des Individuums oftmals schicksalshaften Charakter.

Die Transiten sind vor allem bei einer schwierigen psychologischen Diagnose bedeutsam, weil durch sie eine neue Perspektive und damit ein erweitertes Verständnis auf die in Frage stehende Persönlichkeit und die Schwierigkeiten, die sie in die psychotherapeutische Praxis geführt haben, gewonnen werden kann. »In vielen Fällen enthielten die astrologischen Angaben eine Erklärung für bestimmte Tatsachen, die ich sonst nicht verstanden hätte.«[13] Die Wirkung der Transiten, die gewisse Planeten und Aspekte (zu den Aspektierungsmöglichkeiten, d.h. Beziehungen zwischen den Planeten, siehe Kapitel 4), im Geburtshoroskop auf eine bestimmte Weise ausüben, kann weniger mit einer kausalen als mit einer akausalen Sichtweise erklärt werden. Damit kommt das Thema der Zeitqualität in den Fokus, die Jung »Synchronizität«[14] nannte. Wie eingangs festgehalten, handelt es sich bei der Astrologie um ein analoges Denken und damit um Wenn-dann-Relationen.

Im nachfolgenden Kapitel will ich in das Gebiet der Astrologie näher einführen und dabei auch die zentralen Begriffe – wie Planeten, Häuser etc. – erklären, die in dieser Einleitung bereits kurz aufgegriffen wurden.

I. Die Götterbilder in uns: Planeten als Archetypen

Das Bewusstsein und das Unbewusste

Ein tiefenpsychologischer Zugang zur menschlichen Psyche gründet auf dem Wissen um bewusste und unbewusste Ebenen des Erlebens und Handelns. Diese Doppelheit unseres Wahrnehmens, Fühlens, Denkens und Handelns ist heutzutage von vielen Fachleuten und interessierten Laien anerkannt, wenn auch die Frage, warum und wozu es sinnvoll oder gar notwendig sein kann, das Unbewusste in unserem Leben gebührend zu berücksichtigen und sich auch in der modernen Psychotherapie damit zu beschäftigen, noch vor ungefähr hundert Jahren von vielen maßgeblichen wissenschaftlichen Kreisen hart bekämpft wurde.

Auch heutzutage wird das Unbewusste und seine Symbolsprache an vielen psychologischen Fakultäten kaum als relevant genug erkannt, um systematisch beforscht zu werden. Diese Ablehnung des Unbewussten bekam einer der Pioniere, nämlich Sigmund Freud, sehr hart zu spüren, denn sein Einstehen für das Unbewusste und die Psychoanalyse brachten ihm einen Karriereknick an der Universität in Wien ein und viele öffentliche Verfemungen dazu. Freud und auch sein jüngerer Kollege Carl Gustav Jung blieben jedoch unbeirrbar in ihrem Wissen um die Existenz und die Macht des Unbewussten, denn sie wurden beide auf ihre Weise geradezu dazu genötigt, sich damit auseinanderzusetzen.

So wurde der ältere der beiden Pioniere, *Sigmund Freud* (1856–1939), im Jahr 1897 zur Selbstanalyse motiviert, weil er immer wieder an die Grenzen seines bewussten Willens im Umgang mit der eigenen Depression und den eigenen Ängsten stieß. Der in seiner Lebensmitte stehende Freud erkannte, dass die unbewussten Kräfte in ihm stärker waren als sein bewusster Wille, was ihn folgende Äußerung machen ließ: »Meine Genesung kann nur durch Arbeit mit dem Unbewussten kommen. Mit bewusster Anstrengung allein komme ich nicht heraus.«[15] Seine Erfahrung mit sich selbst und anderen zeigte ihm, dass das bewusste Ich nicht Herr im eigenen Haus ist, sondern ein Spielball des Unbewussten. Hinweise auf das Wirken des Unbewussten gegen den bewussten Willen sind Fehlleistungen wie Versprecher, Vergessen etc.

Eine ganz ähnliche Erfahrung machte *Carl Gustav Jung* (1875–1961), der berühmte Schweizer Psychiater. Auf seiner Lehre wurde 1948 das C. G. Jung-Institut Zürich gegründet, welches diese weiterträgt und weiterentwickelt – neben anderen Jung-Instituten und Jung-Gesellschaften vor allem im deutschsprachigen Raum und in den USA. Als Jung nach der Trennung von Freud in eine schwere Lebenskrise geriet und darin stecken blieb, musste er erkennen, dass er mit den gewohnten rationalen Mitteln und seinem ganzen Wissen als Psychiater nicht mehr weiterkommen konnte. Jung wurde klar, dass diese Krise Ausdruck einer Einseitigkeit in der Haltung zum Leben war, den bewussten Willen sowie das rationale Vermögen zu überschätzen. Er sah, dass eine solche Lebenskrise nur überwunden werden kann, wenn die Einseitigkeit der bewussten Einstellung korrigiert und ausbalanciert wird. Das heißt, es ist notwendig, das Unbewusste einzubeziehen, wenn der Mensch psychisch und körperlich im Gleichgewicht sein will – statt es auszublenden und zu verdrängen. Bezieht sich der Mensch nicht aktiv auf sein unbewusstes psychisches Leben, wird sich dieses früher oder später ungefragt melden, und der Mensch erlebt dessen Macht: Er wird gelebt, d.h. er erleidet unbewusst gebliebene Themen und fühlt sich ihnen gegenüber oft ohnmächtig, an sie ausgeliefert.

So ist der Begriff der *Kompensation* zwischen der bewussten und unbewussten Einstellung sehr zentral in der Theorie und Praxis der Jung'schen Tiefenpsychologie. Dies zeigt auch die tägliche Erfahrung in der psychotherapeutischen und psychoanalytischen Praxis, wo Träume, Bilder, Sandbilder und weiteres symbolisches Material – wertvolle Beiträge aus dem Unbewussten – im Zentrum der Aufmerksamkeit von Klient oder Patientin und tiefenpsychologisch arbeitendem Psychotherapeuten bzw. Jung'scher Analytikerin stehen. Denn das Symbol, das per Definitionem unbewusstes und bewusstes Leben umfasst, ist der eigentliche Entwicklungsmotor in der menschlichen Psyche.[16]

Wichtig für die Astrologie ist nun Jungs Verständnis vom Unbewussten, das sich von dem Freuds unterscheidet, indem er neben dem *persönlichen Unbewussten*, mit dem Freud sich intensiv auseinandergesetzt hatte, auf das *kollektive Unbewusste* aufmerksam wurde. Dies geschah schon früh, als Jung noch als Oberarzt im Burghölzli die Phantasien von an Schizophrenie erkrankten Patienten zu verstehen versuchte und erkannte, dass diese Phantasien nicht dem persönlichen Unbewussten angehören konnten. Denn im persönlichen Unbewussten lagern Erfahrungen, die im Leben einmal gemacht, jedoch vergessen bzw. verdrängt worden sind, während im kollektiven Unbewussten das ganze Menschheitserbe zu finden ist, das allen Menschen gemeinsam ist und das den einzelnen Menschen befähigt, alle möglichen neuen Erfahrungen zu machen und somit auch kreativ zu sein.[17] Diese verschiedenen Ebenen des Unbewussten lassen sich gut erkennen in Träumen und in der Aktiven Imagination, in Bildern und Zeichnungen sowie in Sandbildern und weiteren symbolischen Ausgestaltungen.

Das Archetypenkonzept von C. G. Jung

Es ist Jungs Verdienst, die Rolle des kollektiven Unbewussten und der Archetypen erforscht und der Psychologie und Psychotherapie die entsprechenden Konzepte als Instrumente für ein tieferes Verständnis der menschlichen Psyche zur Verfügung gestellt zu haben. So wissen wir heute, dass hinter jedem Komplex ein Archetyp wirksam ist.

Ich möchte zunächst eine kurze und möglichst prägnante Definition des Begriffs »Archetyp« offerieren: Ganz allgemein gesprochen, ist ein Archetyp eine strukturelle Anlage, die es dem Menschen ermöglicht, bestimmte und für seine Spezies typische Erfahrungen zu machen. »Strukturell« meint, dass diese Anlage nicht auf einen bestimmten Inhalt festgelegt ist, sondern sich innerhalb eines gewissen Bedeutungsfelds inhaltlich verschieden ausgestalten kann.

Ein sehr einfaches Beispiel zum Verständnis, was »strukturelle Anlage« bedeuten kann, ist ersichtlich in der angeborenen Fähigkeit des Kleinkinds, jede Art von Sprache zu lernen: Auf der ganzen Welt und in jeder Art von Sprachgemeinschaft lernt das Kind ganz natürlich diejenige Sprache, die es hört. Dahinter steht die strukturelle Möglichkeit, Sprachen zu lernen, und inhaltlich gesehen, kann das Kind jede existierende Sprache erlernen.[18]

Analog werden in der Jung'schen Theorie die Archetypen als ein Bereitschaftssystem der Psyche aufgefasst, bestimmte Erfahrungen machen zu können, wobei es so viele Archetypen gibt wie Möglichkeiten, Erfahrungen zu machen – es geht natürlich nicht nur um die angeborene Möglichkeit, eine Sprache zu lernen.

Archetypen sind allen Menschen gemeinsam. Jung unterscheidet zwei Definitionen des Archetyps: Den rein strukturellen, noch ganz unanschaulichen Archetyp, d.h. die Möglichkeit der Menschen, facettenreiche Erfahrungen zu machen, nennt Jung »Archetyp per se«.[19] Wenn die konkrete Erfahrung dazukommt, die üblicherweise mit emotionalem Erleben gepaart ist, spricht er vom »bildgewordenen Archetypus«.[20]

Solche »archetypischen Bilder« zeigen sich beispielsweise als bestimmte Traumfiguren, die autonom handeln. In der Regel üben archetypische Traumfiguren eine große Faszination auf die Träumer aus, denn es handelt sich um psychische kollektive Kräfte – quasi um »Götter« –, die größer und mächtiger sind als der Einzelne. So steht im Erleben des Kindes hinter jeder Menschenmutter eine »göttliche Mutter«, der Mutterarchetyp, und dies ist es, was ihr so große Macht über ihre Kinder verleiht.

Auf das Kind bezogen, das im Vergleich zu den anderen Säugetieren (zu deren Gattung der Mensch schließlich gehört) ein Jahr zu früh und als entsprechend abhängiges Wesen geboren wird, können wir ebenfalls sagen, dass seine Möglichkeiten, sich bemuttern und bevatern zu lassen, angeboren sind. Zum Glück, denn ohne adäquate Bemutterung würde es sterben. Allerdings kann nicht jedes Kind die Bemutterung gleich gut annehmen und verwerten, was man im Geschwistervergleich recht gut beobachten kann. Dies ist auch sehr schön erkennbar in den unterschiedlichen Horoskopen, die strukturell karge oder volle mütterliche Qualitäten zeigen können, je nachdem, ob der Mond (Mutter- und Kind-Symbolik) durch Saturn (das Grenzen setzende Prinzip) oder Jupiter (das Fülle und Optimismus symbolisierende Prinzip) aspektiert ist, also mit Saturn oder Jupiter in Beziehung steht (vgl. die Unterkapitel »Die zehn Planeten in der Astrologie« in Kapitel 1 sowie »Das Aspektgefüge im Horoskop« in Kapitel 4).

Jung äußert sich folgendermaßen zur Verschiedenheit der Anlagen, die der Säugling bei aller Ähnlichkeit bezüglich der Archetypen, die für seine Entwicklung wichtig sind, mitbringt: »[...] es *gibt* ein Apriori aller menschlichen Tätigkeiten, und das ist die angeborene und damit vorbewußte und unbewußte individuelle Struktur der Psyche. Die vorbewußte Psyche, also zum Beispiel die des Neugeborenen, ist keineswegs ein leeres Nichts, dem alles beizubringen wäre, günstige Umstände vorausgesetzt, sondern eine enorm komplizierte und individuell aufs Schärfste determinierte Voraussetzung, die nur darum als dunkles Nichts erscheint, weil wir sie nicht direkt sehen können. Kaum erfolgen aber die ersten sichtbaren, psychischen Lebensäußerungen, so braucht es schon einen Blinden dazu, um den individuellen Charakter dieser Äußerungen, nämlich die eigenartige Persönlichkeit, nicht zu sehen.«[21]

Wie nun ein Mutterarchetyp erscheint, hängt also einerseits von der strukturellen Disposition des Kindes ab – und somit auch von der archetypischen Anlage des Mütterlichen, wie sie z. B. auch im Geburtshoroskop ersichtlich ist –, andererseits aber auch von der Erfahrung des Kindes mit seiner persönlichen Mutter oder Pflegemutter: Wenn es dieser in der Regel gelingt, sich in adäquater Weise auf ihr heranwachsendes Kind mit seinen sich im Laufe der Entwicklung wandelnden Bedürfnissen zu beziehen, wird mit hoher Wahrscheinlichkeit ein eher positiver Mutterarchetypus konstelliert. Durch die mehrheitlich positive Erfahrung an der persönlichen Mutter oder an anderen Menschen, welche die Mutterfunktion wahrnehmen, entwickelt das Kind in der Regel ein eher positives Lebensgrundgefühl von Vertrauen in die Umwelt und später in die größere Welt, ein Gefühl von Sicherheit und Getragensein. Daran erkennen wir einen eher positiven Mutterkomplex. Gelingt es der Mutter dagegen nicht, kann sie also dem Kind das, was es seiner Altersstufe entsprechend an Zuwendung brauchen würde, aus irgendeinem Grund nur sehr ungenügend bieten, beginnt das Kind in der Regel, einen eher negativen Mutterkomplex aufzubauen. Auf das Thema Komplexe wird weiter unten noch ausführlicher eingegangen.

Je nachdem, ob der Mutterarchetyp in einem tendenziell lebensfördenden oder lebenshemmenden Aspekt konstelliert ist, wird die Erfahrung eines Kindes an seiner persönlichen Mutter in seinem subjektiven Erleben positiver oder negativer ausfallen.[22] Eine ganz wichtige Rolle spielt dabei die Passung der Persönlichkeiten: Eine Mutter kann – je nach eigener Disposition – ihr Kind besser oder weniger gut erfassen. Wenn Kind und Mutter sehr gut zusammenpassen, hat es die Mutter relativ leicht, für das Kind eine »genügend gute Mutter«[23] zu sein, wenn aber die Chemie nicht stimmt, kann das Kind immer das Falsche bekommen, weil seine Mutter mit ihrer ganz anderen Persönlichkeit wenig Zugang zum Kind und seinen Bedürfnissen finden kann – auch wenn sie sich noch so sehr bemüht.[24]

Die Erfahrungen, die Mutter und Kind (sowie auch Vater und Kind bzw. Vater und Mutter) miteinander machen, schlagen sich bei jedem der am Beziehungsgeschehen Beteiligten in bestimmten Erfahrungsmustern nieder, die wiederum das weitere Beziehungsverhalten und damit natürlich auch die Selbstwerdung beeinflussen. Das konkrete Beziehungsverhalten zwischen Kindern oder Jugendlichen und ihren Eltern (sowie zwischen den Eltern untereinander), das verbale und nonverbale, bewusste und unbewusste Kommunikation umfasst, fußt also letztlich in seiner Qualität auf den beteiligten Archetypen per se und schließlich auf den bildgewordenen Archetypen, die zwischen den in der Interaktion Beteiligten konstelliert sind. Somit haben Jungs Archetypen – übrigens ähnlich wie Stierlins Beziehungsmodi[25] – einen das konkrete interaktive Verhalten strukturierenden Charakter.

Die bildgewordenen Archetypen *Anima* und *Animus*, die Archetypen des Weiblichen und des Männlichen, bauen im Anfangsstadium sehr stark auf dem Mutter- und Vaterarchetyp auf, können sich jedoch im Laufe des Lebens immer stärker von den Eltern-Archetypen bzw. -Komplexen entfernen. Das zeigt sich in Träumen und in der konkreten Erfahrung darin, dass sich zu Beginn des Individuationsprozesses die Erscheinungsweisen von Anima bzw. Animus oft sehr stark an die Elternbilder oder auch an die Geschwisterbilder anlehnen können, indem sie mit ihnen identifiziert sind oder gewisse Züge von ihnen tragen. In konkreten Begegnungen üben dann Menschen, die dem gegengeschlechtlichen Elternteil oder einem Bruder bzw. einer Schwester ähnlich sind, eine Anziehungskraft aus, und der betroffene Mensch verliebt sich, was nicht immer zu seinem Wohl ist, wenn er sich diese Mechanismen nicht bewusst macht.

Von großer Faszination auf den Träumer oder die Träumerin sind solche Anima- und Animusfiguren im Traum, die sich von den Elternimagines entfernen, »fremder« werden, bis zu gänzlich unbekannten Personen des anderen Geschlechts, zu Prinzessinnen oder Prinzen, Königinnen und Königen oder auch Priesterinnen und Priestern, Hexen und Zauberern etc. Diese hinterlassen jeweils einen tiefen Eindruck im Träumer oder in der Träumerin und werden oft sehr lange erinnert. Wie jeder Archetyp können sich Anima und Animus als sehr positiv oder auch ausgesprochen negativ zeigen, sie können Begeisterung und Liebe auslösen oder als beängstigend und bedrohlich erlebt werden, sie können den Menschen zu sich selbst oder auch in den Abgrund führen.

In Träumen erscheinen Anima und Animus nicht nur in Menschengestalt, sondern auch in Tiergestalt, wobei diese ähnlich wie die Menschengestalt, die mythologische, märchenhafte oder dämonische Züge tragen kann, zum einen realistische Kreaturen wie beispielsweise Hunde, Katzen oder Schlangen, zum anderen aber auch mythologische Wesen sein können, etwa Drachen oder auch Mischwesen. Typischerweise wird der Träumer von einem riesigen Tier verfolgt, was meist intensive Angstgefühle auslöst, oder er erlebt es als hilfreich, indem er von einem geflügelten Drachen über einen Abgrund oder ein Meer getragen wird.

Archetypische Bilder überschreiten in ihrer Wucht die Kräfte des Menschen und verlangen eine sorgfältige Bezugnahme durch Reflexion. Gewinnt der Archetyp Oberhand, geht der individuelle Mensch verloren und wird zu einem Typus. Denn dann ist der menschliche Rahmen gesprengt, der betroffene Mensch ist aufgeblasen, inflationiert, identifiziert mit dem Archetyp, sei es mit Gott oder mit dem Teufel. Dies lässt sich am deutlichsten und eindrücklichsten beobachten in der Psychose, wo der Mensch den Realitätsbezug verloren hat, dies jedoch selber nicht mehr merkt.[26]

Ein wunderbares Instrument im Umgang mit den gängigsten Archetypen stellt die Astrologie zur Verfügung. Diese archetypischen astrologischen Komponenten sollen im Folgenden so kurz und kompakt wie möglich dargestellt werden, ohne dass sie zu viel von ihrer Komplexität einbüßen müssen.

Die zehn Planeten in der Astrologie

Die eben erwähnten Zauberer und Hexen als Archetypen erweisen sich in der individuellen und kollektiven Erfahrung als spezielle

Ausprägungen des Vater- und des Mutterarchetypus und entsprechen im Geburtshoroskop Sonne und Mond. In der individuellen Psyche können solche übermächtigen, faszinierenden und manchmal auch angsteinflößenden archetypischen Gestalten in Träumen auftreten, als kollektives Gemeingut erscheinen sie in den Märchen der Welt häufig als Hexen und Zauberer.

Wie in der Einleitung festgestellt wurde, handelt es sich bei den Planeten um »Symbole der Mächte des Unbewussten«[27], die die menschliche Dimension übersteigen, und damit um »Götter«. Dasselbe gilt für die Archetypen, wie ich im vorausgehenden Unterkapitel gezeigt habe.

Ich möchte nun die *zehn Planeten,* Symbole für zentrale archetypische Mächte, die im Leben jedes Menschen eine Rolle spielen

Abb. 1: Karte des Universum Cosmographia von Peter Apian (1539)

und die in ihrem Zusammenspiel unterschiedliche Wirkungen entfalten, einzeln einführen. Ihre »Gespräche« miteinander – die Planeten-Aspekte – sind dann Gegenstand im Kapitel 3. Es liegt auf der Hand, dass die Beschreibung der zehn Planeten im Rahmen eines Unterkapitels in sehr verdichteter Weise geschehen muss, weshalb ich mich auf die in der Praxis wichtigsten Bedeutungen konzentriere. In diesen Kurzbeschreibungen werden die sieben sogenannten »persönlichen« Planeten, Sonne, Mond, Merkur, Mars, Venus, Jupiter und Saturn, die im Aufbau der Persönlichkeit und somit auch für die Komplexstruktur relevant sind, mehr Raum einnehmen als die drei »überpersönlichen« oder »kollektiven« Planeten Uranus, Neptun und Pluto, welche die Persönlichkeit transzendieren.

Den Planetenprinzipien entsprechen nicht nur emotionale und geistige, sondern auch körperliche Anlagen, und zwar sowohl Stärken als auch Schwächen, die am Ende einer Darstellung jeweils stichwortartig aufgeführt werden. Bei den sogenannten drei »transsaturnalen Planeten« Uranus, Neptun und Pluto, deren Charakter unpersönlicher, kollektiver Natur ist, sind Zuordnungen auf der Körperebene allerdings nicht genügend bekannt, weshalb diese wegfallen müssen.

☉ Die Sonne

Die Sonne entspricht gemäß der astrologischen Auffassung der zentralen Lebensantriebskraft in jedem Individuum, die die Entfaltung der Gesamtpersönlichkeit bewirkt und deren Willen alle anderen Planeten zuarbeiten sollten bzw. in deren Dienst sich die anderen Planeten zu stellen haben. Leserinnen und Leser, die mit der Jung'schen Theorie schon vertraut sind, sehen in dieser Definition der Sonne als »zentraler Lebensantriebskraft« mit einer gewissen Steuerungsfunktion eine Affinität zum Selbst, das als zentraler Archetyp die Entwicklung eines Menschen, die Individuation, steuert und damit die Selbst- und Ganzwerdung. Die astrologische Auffassung von der Sonne als Steuerungsinstanz basiert auf der Analogie zur zentralen Stellung, welche die Sonne im Sonnensystem einnimmt: Sie wird in Bahnen mit unterschiedlich großen Abständen seit Millionen von Jahren von den anderen Planeten umkreist.

Die Erfahrung zeigt, dass der Wille zur Entfaltung, wie er

durch das Sonnenprinzip symbolisiert wird, im Leben des Individuums durch vielerlei Gegenkräfte – symbolisiert beispielsweise durch Saturn (siehe dort), Neptun, Pluto oder Uranus (siehe dort) – relativiert, geschwächt oder gar durchkreuzt werden kann. Der Wunsch, sich mit all seinen Begabungen möglichst umfassend zu entfalten, führt also nicht automatisch zu seiner Umsetzung in der Realität (dazu mehr in den Kapiteln 3 und 5).

Wie die konkrete Sonne, dank deren Wärme und Licht sich auf unserer Erde Leben entwickeln kann, symbolisiert das archetypisch Sonnenhafte im Horoskop Lebensbejahung und gilt als lebensschöpferisches Prinzip, dem Vitalität und Wille zur Entfaltung innewohnen. Im Unterschied zum Mondprinzip, welches mit dem Unbewussten in Verbindung gebracht wird, repräsentiert die Sonne die Fähigkeit, sich seiner selbst bewusst zu werden und entsprechend zu verhalten. Bewusstsein und Selbstverantwortung sind in hohem Maße miteinander verknüpft, denn je größer das Bewusstsein seiner selbst ist, desto besser kann ein Mensch selbstverantwortlich denken und handeln.

In diesen Bedeutungshorizont hinein gehört somit auch der *logos*, das rationale Prinzip, der Verstand. Die Sonne wird mit dem männlichen Prinzip und damit auch mit dem Vater assoziiert, indem sie schon vom kleinen Kind ganz unbewusst auf den Vater projiziert wird. Natürlich wird an der Erfahrung am persönlichen Vater das Sonnenprinzip unterschiedlich intensiv und differenziert erlebt, je nachdem, wie gut die Persönlichkeit des Vaters zur Disposition des Vaterprinzips Sonne (Vaterbild) im Kind passt und wie präsent der reale Vater ist. Der Vater entspricht damit dem einen Elternteil, in Ergänzung zur Mutter, die mit dem archetypischen Mütterlichen und, astrologisch gesehen, mit dem Mond assoziiert wird.

In der Erfahrung der Menschen sind Vater (Sonne) und Mutter (Mond) von herausragender Bedeutung, einerseits aufgrund der übermächtigen unbewussten archetypischen Gottheiten, die hinter den persönlichen Eltern stehen, andererseits durch die zu Beginn vollständige und existentielle Abhängigkeit von ihnen und den damit verbundenen und prägenden Beziehungserfahrungen mit den Eltern.

Ohne leiblichen Vater gibt es kein Kind, sein Same muss sich mit dem Ei der Mutter vereinigen, damit Letzteres fruchtbar werden kann – und umgekehrt: Der männliche Keim ist auf das weibliche Ei angewiesen, das ihn in sich aufnimmt. Nur so können sich beide entfalten in ein Drittes hinein, das aus Elementen von beiden besteht, jedoch etwas Neues, Eigenes wird.

Im aufwachsenden Kind baut sich auf der archetypischen Basis und durch die konkrete Erfahrung am Vater das individuelle Vaterbild auf. Dieses väterliche innere Bild wird zwar in den meisten Fällen maßgeblich durch den biologischen Vater genährt, manchmal fehlt dieser jedoch und wird durch andere Männer ersetzt. Das Kind lernt neben dem eigenen Vater in der Regel bald viele weitere Facetten des sonnenhaften oder männlichen Prinzips kennen, etwa im Bruder, Cousin oder Freund, im Onkel oder Nachbarn, um einige der nahe liegenden Möglichkeiten zu nennen. Dazu gehören auch ältere vertraute Männer wie der Großvater oder ein Großonkel. Natürlich repräsentieren ältere Männer – Alter wird mit Saturn in Verbindung gebracht (siehe dort) – das Sonnenhafte durch ihre Erfahrung anders als junge Männer oder Knaben, meist durch mehr Ruhe und Überblick, im besten Fall sogar durch eine gewisse Weisheit als Resultat der langen Lebenserfahrung.

Im Schulalter verkörpern Autoritätspersonen wie Lehrer, manchmal auch der Pfarrer, der Kinderarzt oder Hausarzt, später der Chef oder Professor das Sonnenhafte. Der alltäglichen Erfahrung entrückte männliche Figuren, die eine wichtige Rolle für das Kollektiv spielen, können schließlich Künstler, Stars wie Sänger, Schauspieler und Sportler oder auch der erfolgreiche CEO eines Großkonzerns, ein Staatsoberhaupt – in undemokratischen Verhältnissen ein Despot oder Diktator –, ein König oder ein Kaiser oder auch der Papst sein.

Die Sonne als zentraler Archetyp und damit als Selbst kann auch auf einen Heiligen oder einen Gott projiziert werden. Religiöse Gefühle und inniger Glaube an einen Gott oder eine heilige Gestalt basieren auf dieser Möglichkeit des Menschen, seine Sehnsucht nach Ganzheit sowie seine Vorstellung davon auf gottähnliche Gestalten zu projizieren. Es gibt vielerlei Möglichkeiten für solche idealisierenden Projektionen der Ganzheit auf lichtvolle Gestalten; Jesus, Buddha, Mohammed oder Krishna sind solche Beispiele. Welche verschiedenen Ausprägungen des Sonnenhaften dominieren, wird durch die Aspekte zur Sonne, d.h. durch die Beziehung der Planeten zu ihr, mitbestimmt, sowie durch die kulturellen Prägungen.

Im Horoskop der Frau repräsentiert die Sonne in vielerlei Hinsicht dasselbe wie im Horoskop des Mannes, z. B. symbolisiert sie ebenfalls das Selbst als zentralen Archetyp, der ihre Entwicklung zum Individuum steuert. In der Psyche der Frau ist die Sonne, zusammen mit Mars und in ihrer Gesamtkonstellation mit den anderen Planetenprinzipien, neben den Aspekten der Selbstverwirklichung jedoch auch sehr zentral für das Erleben der Männer im Alltag und schließlich für die Wahl des Partners. Denn Sonne und Mars prägen die Qualitäten des Animus, dessen charakteristische Merkmale maßgeblich auf der unbewussten archetypischen Disposition des Vaterbildes sowie auf der unbewussten und bewussten Erfahrung am realen Vater basieren. Die archetypische Qualität, die letztlich hinter dem Erleben jeder realen Beziehung zu einem Mann wirksam ist, führt sehr oft zum überhöhten und meist weitgehend unbewussten Wunsch, einen Helden, Prinzen, König im konkreten Partner zu finden. Ist der Animus jedoch sehr verschattet, kann auch der Tyrann, der gnadenlose Kerkermeister, der Verfolger in Menschengestalt oder gar der vernichtende Dämon auf das männliche Gegenüber projiziert werden.

Wie die Realität in vielfältiger Weise zeigt, ist wirkliche Akzeptanz des Partners in seiner menschlichen Begrenzung nur möglich, wenn sich die Frau mit den entsprechenden Ent-Täuschungen über die menschlichen Beschränkungen ihres männlichen Gegenübers auseinanderzusetzen vermag und diesen nicht für das Scheitern ihrer männlichen Ideale verantwortlich macht. Dies ist leichter gesagt als getan, denn es erfordert Selbstreflexion und lebenslängliches Bemühen um Selbsterkenntnis, die schließlich zutage fördert, dass sie diese männlichen Qualitäten selber in sich trägt und für ihre Lebensgestaltung zur Verfügung hat. Der Umgang mit dem Animus ist jedenfalls für jede Frau eine zentrale Herausforderung. Die eigenen geistigen Qualitäten, der eigene Mut, die Fähigkeit, sich für eine Sache einzusetzen – auf körperlicher und geistiger Ebene –, kämpfen und sich abgrenzen und somit auch einen eigenen Standpunkt vertreten zu können, all diese Fähigkeiten hängen von der Entwicklungshöhe des Animus in der Psyche der Frau ab.

Problematische Seiten der Sonne-Qualitäten in der menschlichen Psyche können in übersteigertem Streben, im Mittelpunkt zu stehen, Geltungssucht, Eitelkeit sowie Macht- und Dominanzstreben auf Kosten der Freiheit von anderen Menschen zum Ausdruck kommen. Viele Menschen mit einer narzisstischen Störung zeigen diese Merkmale besonders ausgeprägt.

Ob das Sonnenlicht wärmt und Leben fördert oder auf irgendeine Weise ein Zuviel oder Zuwenig davon vorhanden ist, ob es als sengend und gleißend Leben verbrennt oder sich zu wenig manifestieren kann und weder genügend Licht noch Wärme zu spenden vermag, hängt wie immer, wenn astrologische Aussagen gemacht werden, von vielerlei Faktoren ab, allem voran von der Gesamtkonstellation, in die die Sonne eingebettet ist, von der genetischen Disposition sowie von der Prägung durch die Umwelt und schließlich von einem definitorisch schwer einzufangenden freiheitlichen Faktor, der alle Prägungen übersteigt.

Körperebene: Herz und Kreislauf.

☾ Der Mond

Die astronomischen Gegebenheiten des Mondes spiegeln auch astrologische und tiefenpsychologische Auffassungen wider, weshalb sie hier kurz erwähnt werden sollen. Der Mond umkreist die Erde – wie diese die Sonne –, jedoch in sehr viel geringerem Abstand, und empfängt das Licht – wie die Erde – von der Sonne. Im Unterschied zur Sonne, die ihr Licht aus sich selbst gebiert, leuchtet der Mond nicht aus eigener Kraft, sondern reflektiert das Licht der Sonne. Dabei empfängt immer nur eine Hälfte des Mondes das Sonnenlicht, und die andere Hälfte bleibt in Dunkelheit gehüllt. Dieses Verhältnis zwischen Sonne und Mond ergibt eine wunderbare Analogie zum Verhältnis des Bewusstseins zum Unbewussten, nur dass die Proportionen anders sind.

Der Mond verändert dabei aus der Perspektive der Erde jede Nacht seine Gestalt, denn er umrundet unseren Planeten einmal innerhalb eines knappen Monats, genauer gesagt innerhalb von 29,5 Tagen.[28] So können wir den Neumond nicht sehen, beobachten aber die Zunahme des Mondes bis zu seiner vollen Gestalt, dem Vollmond, und dann wieder seine Abnahme bis zum Neumond oder Leermond. Dabei dreht er sich auch einmal um sich selbst, so dass wir immer die gleiche Seite des Mondes sehen. Die

Mondphasen und speziell der Vollmond spielen in der Gefühlswelt des Menschen eine wichtige Rolle, vor allem für Liebespaare.[29]

So wie der konkrete Planet des Nachts und in der Dunkelheit sichtbar wird, seinen Zauber entfaltet und die vom Tag vertraute Umgebung in sein geheimnisvolles Licht taucht, während alles, was im Schatten liegt, undurchdringlich wird für das lichtabhängige Auge, wird mit dem Mond in der Astrologie das Unbewusste, Nächtliche der Psyche assoziiert. Der Mond symbolisiert die gemüthafte, empfängliche und beeindruckbare Seite des Menschen, die im Dunkeln des Unbewussten wurzelt. Unsere Emotionen und Gefühle kommen aus der unbewussten Sphäre, aus der Dunkelheit, weshalb wir davon auch überrascht, überrumpelt oder überschwemmt werden können und uns dann sehr irrational verhalten können – im Guten wie im Bösen.

Unsere Beziehungsfähigkeit wurzelt genuin in der Mondqualität. Wenn wir einfühlsam und sensibel sind und auch ohne Worte spüren oder erahnen, was den anderen bewegt, was er braucht, wie er sich fühlt, ist die mondhafte Seite in uns konstelliert. Unsere emotionale Intelligenz befähigt uns, nonverbale Vorgänge zu erfassen und darauf adäquat zu reagieren.

Zur Welt des Mondes gehören Schlaf und Traum und mit Letzterem alle Arten von phantastischen und bewegten Bildern, wie sie uns im nächtlichen Traumgeschehen bekannt sind. Neben den nächtlichen Träumen, die während des Schlafs aus dem Unbewussten aufsteigen und nach dem Aufwachen vielleicht erinnert und festgehalten werden können, gehören auch der Tagtraum oder die Imagination[30] zum Reich der Mondwelt, ebenso alle Sphären der Phantasie. In der Phantasie, im Traum zeigt sich das Unbewusste in seiner ganzen farbigen Vielfalt, wenn auch oft nur flüchtig und bruchstückhaft.

Der Mond symbolisiert damit auch die Seele in ihrer schwebenden und flüchtigen Erscheinungsweise, die Seele in ihrem lebendigen Fluss von Veränderungen, wie sie Lebensprozessen eigen sind. Dazu gehört ganz entscheidend die Fähigkeit, sich anzupassen an die sich verändernden Bedingungen, die das Leben mit sich bringt.

Kein Wunder also, werden mit dem Mondprinzip ganz genuin Mutter und Kind assoziiert, denn das Kind ist das Wachsende und Werdende und sich im Wachstum stetig Verändernde, was im pränatalen Stadium mehr im Verborgenen geschieht und nach seiner Geburt sichtbar wird. Der Bezug der weiblich-mütterlichen Rhythmen zum Mond zeigt sich auch im Menstruationszyklus[31] und in der durchschnittlichen Länge einer Schwangerschaft.[32]

Zu jedem Kind gehört eine Mutter, die es umsorgt, nährt, hegt und pflegt, indem sie die wechselnden Bedürfnisse des Babys erkennt und darauf eingeht. Je nach Konstellation mit anderen Planeten kann es einer Frau etwas leichter oder schwerer fallen, in die Rolle der Mutter hineinzuwachsen und dem Kind mit dem notwendigen Einfühlungsvermögen zu begegnen.[33] Je jünger das Kind, beispielsweise das Neugeborene, das ja noch nicht sprechen und deshalb seine Bedürfnisse nicht verbal äußern kann, desto stärker ist es darauf angewiesen, dass es in seinen wechselnden emotionalen Zuständen und körperlichen Bedürfnissen von der Mutter richtig erfasst und beantwortet wird.

Im Leben jedes Menschen ist die Mutter eine außerordentlich wichtige Figur, und die Erfahrungen mit ihr prägen ihn weitgehend in seiner Fähigkeit und in seiner Art und Weise, sich auf sich selbst und seine Mitmenschen zu beziehen. Zu den häufigsten Motivationen, eine Psychotherapie in Angriff zu nehmen, gehören Beziehungsprobleme auf der privaten und beruflichen Ebene.

Wenn eine Frau Mutter wird, kommen zwei Faktoren ins Spiel, nämlich die eigenen strukturellen Anlagen (Mondkonstellation) zu bemuttern und die Prägungen durch die Erfahrungen mit der eigenen Mutter und weiteren wichtigen weiblichen Bezugspersonen. Das komplexe Zusammenspiel dieser beiden Faktoren wird oft als schicksalshaft erlebt, denn vieles davon ist dem Individuum verborgen, entzieht sich dem bewussten Verständnis. Je umfassender und adäquater sich eine Mutter auf ihr Kind zu beziehen vermag, desto geglückter wird sich dieses Kind – im Falle eines Mädchens – später selbst in seiner Mutterrolle verhalten können, denn jedes Kind saugt ganz vieles, auch Atmosphärisches, von der Art und Weise auf, wie die eigene Mutter es gespiegelt hat, und reproduziert es zunächst unbewusst. Im Falle eines Jungen werden seine eigenen mütterlichen Qualitäten sowie seine Wahrnehmung des anderen Geschlechts und die Wahl seiner Partnerin ebenfalls sowohl durch seine eigene Mondkonstellation als auch maßgeblich von den Erfahrungen mit seiner Mutter beeinflusst.

Der schicksalshafte Charakter, den die Mutterbeziehung im Leben eines jeden Menschen hat, wird immer wieder von Neuem in der psychotherapeutischen und psychoanalytischen Praxis eindrücklich sichtbar. Wie oben angedeutet, wird eine Mutterbeziehung von den beiden Faktoren Anlage und Umwelteinflüsse geprägt. Bestimmend ist also nicht nur das Verhalten und das Wesen der konkreten Mutter, sondern auch der Mond in seiner Gesamtkonstellation im Geburtshoroskop. In der Mondkonstellation zeigen sich von Geburt an Tendenzen zum Wirksamwerden eines bestimmten Mutterarchetyps. Es macht einen großen Unterschied für das Kind und seine Umgebung, ob es mit einer eher lebensfördernden oder lebenshemmenden strukturellen Anlage geboren wird, ob eine Maria oder eine Kali dominiert. So können verschiedene Kinder derselben Mutter diese ganz verschieden erleben und beschreiben, obwohl es sich um dieselbe Frau handelt. Dies beruht auf den unterschiedlichen Mond-Charakteristika bei den Geschwistern, die jeweils eine unterschiedliche Bereitschaft beim Kind mobilisieren, die Mutter wahrzunehmen, was wiederum einen Einfluss auf die mütterliche Reaktionen auf das Kind hat: Die interaktive Dimension zwischen einer Mutter und ihren Kindern variiert. Deshalb kann das eine Kind beispielsweise einen positiven Mutterkomplex entwickeln und sein Geschwister einen eher negativen. Denn das Kind projiziert auf seine konkrete Mutter seine archetypische Disposition des Mütterlichen, was in der Begegnung mit der Mutter wirksam wird und die konkrete Mutter-Kind-Beziehung maßgeblich mitprägt. Ob sich eine positive Urbeziehung bildet, hängt also von der ausreichend guten Konstellation des Mutterarchetyps und den ausreichend guten Erfahrungen mit der realen Mutter ab.

Wie im vorangegangenen Unterkapitel beschrieben, fühlt sich das heranwachsende Kind sicher und geborgen, wenn es der Mutter gelingt, seine verschiedenen Bedürfnisse in den verschiedenen Entwicklungsphasen wahrzunehmen und im ausreichenden Maß zu befriedigen. In diesem glücklichen Fall fühlt sich das Kind nicht nur sicher und geborgen, es lernt sich auch selbst kennen und wertschätzen. Von der Mondkonstellation und von der erfahrenen Fürsorge durch die Mutter ist dann die spätere Fähigkeit zur Selbstfürsorge in allen Aspekten des Menschseins abhängig. Ob ein Mensch einen guten Bezug zu seinem Körper und damit auch zu all seinen Bedürfnissen unterhält, wird sichtbar in der Art und Weise, wie er sich ernährt, ob er genug schläft und sich maßvoll bewegt, wie er sich schützt und durch adäquate Kleidung ausdrückt usw. Auch seine Fähigkeit und Art, sich auf andere Menschen zu beziehen, hängt von den erwähnten Faktoren Anlage und Erfahrung ab.

Analog zu dem, was zur Sonne und zu gewissen Unterschieden zwischen Mann und Frau gesagt und festgehalten wurde – dass die Frau ihre männlichen Qualitäten in Form von Mut, Zielstrebigkeit, Denkkraft usw. selbst zu leben hat und sich nicht damit begnügen sollte, diese Fähigkeiten auf Männer zu projizieren –, gilt mit Blick auf die Mond-Disposition für den Mann: Er sollte seine eigene weibliche, gefühlshafte Seite kennen und auch leben und sich nicht damit begnügen, sie bloß in der Projektion auf Frauen wahrzunehmen. Das ist zu wenig. Er sollte selber damit in Kontakt sein. Denn in der männlichen Psyche symbolisieren Mond und Venus die Anima des Mannes, wobei die Mondqualitäten mit der Mutter und den eigenen mütterlichen Qualitäten konnotiert sind und die Venus den Aspekt der Frau als Geliebte meint (siehe unten die Ausführungen zur »Venus«).

Viele Männer tun sich jedoch ausgesprochen schwer, ihre Gefühle zu kennen, wertzuschätzen, sich damit in Beziehung zu setzen und sie zu reflektieren. Der Mann hat also quasi reziprok dieselbe Entwicklungsaufgabe zu leisten wie die Frau, die in ihrer weiblichen Identität und damit in ihrem Selbstbild als Mutter und Geliebte sehr stark auf den beiden weiblichen Planeten Mond und Venus beruht – wobei das Mond-Element in der weiblichen Psyche mehr die mütterlichen und rezeptiven Qualitäten und die Venus-Qualitäten die erotische Seite der Frau symbolisieren (siehe unten: »Venus«) – und die, um eine größtmögliche Ganzheit zu erlangen, auch die Sonnen- und Mars-Qualitäten zur Entfaltung bringen sollte. Genau so sollte der Mann um seiner Ganzheit willen die Qualitäten von Mond und Venus auch selbst leben, was mit dem großen Gewinn einer verbesserten Beziehungsfähigkeit belohnt wird. Diese Arbeit an der eigenen Beziehungsfähigkeit wirkt sich in der Regel sehr positiv auf sein Leben als Partner, Liebespartner und Vater sowie auf sein weiteres Sozialleben aus.

Problematische Mondkonstellationen bei beiden Geschlechtern

können zu einer rigiden seelischen Haltung führen oder auch zu einem Zuviel an Phantasie und Emotion sowie zu mangelndem Realitätssinn.

Körperebene: Flüssigkeitshaushalt, Drüsen, Magen.

☿ Merkur

Die Domäne von Merkur sind Vermittlung von Wissen und Können sowie der Austausch von Waren. Damit sind unsere Intelligenz, unser Intellekt und Verstand, unser logisches Denkvermögen sowie unsere Fähigkeit, ökonomisch zu denken, angesprochen. Das Nützlichkeitsdenken, das mit Merkur gegeben ist, kann sich auch in einer tricksterhaften Weise äußern, wie die Geschichte von Gott Hermes, der griechischen Entsprechung zum römischen Gott Mercurius, zeigt.[34] Die Merkur-Welt ist ein Gegenstück zur eben beschriebenen gefühlshaften Mond-Welt.

Merkur symbolisiert unser Interesse an der Welt, unsere Neugier zu wissen, was vor sich geht, und unsere Fähigkeit, zu benennen und zu kommunizieren, was man erfahren hat – seien dies alltägliche Gegebenheiten oder Ereignisse in der größeren Welt. Kommunizieren und austauschen lässt sich vieles. Es gibt fast unbegrenzte Möglichkeiten, Handel und Austausch zu treiben, denn der Prozess des Austauschs ist das Grundprinzip von Merkur. Dies kann im Guten wie im Bösen geschehen, schließlich gilt Merkur ja nicht nur als Gott der Kaufleute, sondern auch als Gott der Diebe, Betrüger und Wegelagerer. Auf einer konkreteren Ebene gehört der Austausch von Waren wie Rohstoffe, halbverarbeitete oder ausgearbeitete Produkte und damit der klassische Handel zu Merkur. Der Austausch in Kultur und Forschung und bei der Entwicklung neuer Techniken passiert in der persönlichen Zusammenarbeit sowie schriftlich unter Zuhilfenahme klassischer Druckerzeugnisse oder des Internets. Auch für den mündlichen Austausch stehen mittlerweile verschiedene elektronische Medien zur Verfügung. Jedenfalls gehört auch das Auffinden von neuen Kommunikationswegen zum erfindungs- und einfallsreichen Merkurprinzip.

Der Umgang mit Geld und damit die ganze ökonomische Welt, die inzwischen so komplex und vielschichtig geworden ist, dass das Verstehen ihrer Gesetzmäßigkeiten spezielle Ausbildungen voraussetzt, gehört zum merkurialen Bereich.

Für Menschen mit einer starken Merkuranlage steht der Nutzen im Vordergrund, nicht die Ethik, die Jupiter einbringt. Merkurbetonte Menschen lernen oft leicht und gerne, weil sie wissensdurstig sind und offen für alles Neue. Sie sind oft auch sehr sprachbegabt, und zwar im Reden wie im Schreiben. Dies kommt meist schon im Kindesalter in der Schule zum Ausdruck, und derart begabte Kinder bringen später ihre Stärke im Umgang mit Wort und Schrift als Journalist, Autorin, Politiker, Juristin, Lehrer oder Professorin ein.

Auch die manuelle Geschicklichkeit, die für viele merkurbetonte Menschen typisch ist, zeigt sich schon beim Kind in der Art, wie es Spielsachen, Farbstifte, Pinsel oder eine Schere und andere Werkzeuge in die Hand nimmt. Begabte Handwerker verdanken ihre Geschicklichkeit im Umgang mit Werkzeugen und Materialien, die sie bearbeiten, ebenfalls einer betonten Merkuranlage. Oft findet sich eine Doppelanlage, indem intelligente Menschen auch mit ihren Händen geschickt sind und aus allem, was sie anfassen, etwas zu kreieren verstehen.

Problematische Erscheinungsweisen der Merkuranlage können im Missbrauch der Intelligenz liegen, indem beispielsweise Intrigen gesponnen werden. Betrügereien im Kleinen wie auch im ganz großen Stil gehören ebenfalls zur missbräuchlichen Verwendung. Illegalem, asozialem und unethischem Einsatz der Intelligenz und der Erfindungsgabe sind praktisch keine Grenzen gesetzt.

Körperebene: Nervensystem, Arme und Hände, Atmungsorgane.

♂ Mars

Unsere Fähigkeit, aktiv zu sein, vorwärtszugehen, in Bewegung zu sein, unsere Antriebskraft und Durchsetzungskraft, verdanken wir Mars. Er symbolisiert unsere Kampfkraft, unseren Mut, unser aggressives Vermögen, das sich Hindernissen stellt und sie beseitigen will.[35] Es ist diese impulsive Seite in uns, die plötzlich hervorbrechen kann, die ungeduldig ist und sofort Taten und Ergebnisse sehen will.

Diese vorwärtsdrängende Energie kann – wie jede andere Energie auch – konstruktiv oder destruktiv eingesetzt werden. Es hängt von vielerlei dispositionellen Faktoren und Erfahrungen ab, ob diese kriegerische Energie sich zum Wohl oder zum Schaden des Individuums und seiner Umgebung auswirkt.

Sportler und Berufstänzer – um Beispiele anzubringen – verfügen über viel Marsenergie, denn Bewegung gehört genuin zu Mars. Die Lust und der Drang, sich zu bewegen, reichen jedoch nicht, um erfolgreich zu sein, die Bewegungsfreude muss sich auf ein sinnvolles Ziel ausrichten (woran vor allem Sonne und Jupiter beteiligt sind), und dieses Ziel kann oft nur mit großer Ausdauer und manchmal auch Härte (Saturn) in jahrelangem Einsatz erarbeitet werden.

Auch Helden, Kämpfer und Krieger, mutige und arbeitsame, fleißige Menschen kennen in der Regel die Marsenergie sehr gut und setzen sie intensiv ein. Werden Mut und Kampfkraft für konstruktive Ziele eingesetzt, was auf körperlichem oder geistigem Gebiet geschehen kann, braucht es eine Beherrschung dieser Energie. So setzt auch das Verfechten einer wichtigen Idee viel Mut und Durchsetzungskraft voraus, was die Geschichte von intellektuellen Menschen zeigt, zum Beispiel von Philosophen und anderen Wissenschaftlerinnen und Wissenschaftlern (etwa Marie Curie, Maria Montessori, Albert Schweizer, Pestalozzi…), die ihrer Zeit voraus sind und sich gegen kollektive Denkmuster stellen, indem sie energisch und mutig neue Wege vordenken (z.B. Kant, Freud, Jung).

Bei mutigen Denkerinnen und Denkern sind selbstverständlich auch merkuriale und weitere Anlagen notwendig; der Mut und die tatkräftige Umsetzung der Ideen dagegen verweisen auf die starke Beteiligung von Mars. Auch Politikerinnen und Politiker, die gegen zerstörerische Gruppierungen ankämpfen, um das Volk zu schützen und für dessen Wohl zu sorgen, verfügen über Mars-Energie, ebenso Menschen im politischen Widerstand unter einem tyrannischen Regime, die oft jahrelange Haft unter schwierigsten Bedingungen ertragen, beispielsweise um der Demokratie willen. Die Ideen der Humanität, der Demokratie usw., für die gekämpft wird, stehen zwar nicht mit Mars, sondern mit anderen Archetypen im Zusammenhang, es ist jedoch Mars, der das aktive Dafür-Kämpfen bewirkt. Natürlich konnten schon immer auch religiöse Überzeugungen handlungsaktiv wirken, was sich leider oft auch in Fanatismus zeigt.

Lässt sich ein Mensch blind von seinen Impulsen steuern, gebärdet er sich willkürlich und unberechenbar. Diese problematische Äußerung der Marsenergie sieht man sehr gut in pathologischen Fällen wie der Manie, der Borderline-Persönlichkeitsstörung sowie bei soziopathischen Individuen, wo die martialischen Impulse sich unter bestimmten Bedingungen ungehemmt Bahn brechen und zu Schädigungen des Individuums selbst und/oder der sozialen Umwelt führen können. Sowohl die kriminellen Taten des kleinen Mannes als auch brutal durchgeführte Vernichtungsstrategien eines Diktators gegen Andersdenkende oder gegen bestimmte Ethnien gehören zu den destruktiven Erscheinungsweisen der Marsenergie. Die Geschichte zeigt auch, dass es immer wieder grausame und sadistische Herrscher gab, die ihr Volk sinnlos quälten und schädigten, statt es blühen zu lassen.

Die männliche Sexualität gehört genuin zu Mars. Auch auf diesem Gebiet ist Mut gefragt, wenn es darum geht, um eine Frau zu werben. Viel mit Marsenergie hat es zu tun, ob ein Mann seinen Mut beibehält und weiterwirbt oder ob er nach dem ersten Korb kleinmütig beigibt und zum Hagestolz wird.

Im Horoskop der Frau gibt die Marskonstellation Hinweise auf den Typus des Geliebten, der zusammen mit der Sonnenkonstellation das Bild des Animus bestimmt.

Zu den problematischen Äußerungen der Marsenergie ist schon einiges gesagt worden: Es zeigt sich, dass das Aggressionsprinzip per se nicht leicht kultiviert werden kann und Entgleisungen schnell und häufig passieren. Nicht nur im Individuum, sondern auch im Kollektiv konstelliert sich diese destruktive Seite von Mars leider sehr leicht, wie es die überall auf der Welt immer wieder voraussehbaren oder auch unvermutet aufflammenden Kriegsherde zeigen.

Körperebene: Galle, männliche Sexualorgane.

♀ Venus

Selbst Menschen, die mit Astrologie nicht vertraut sind, werden bei dem Namen »Venus« wohl sofort an ihre griechische Variante, an die schaumgeborene Liebesgöttin Aphrodite und deren Hauptattribut – die Schönheit – denken. Der Planet Venus im Horoskop wird entsprechend dem Mythos von Aphrodite/Venus mit den Themen Liebe, Eros und Schönheit in Verbindung gebracht. Die Venus-Komponente kommt immer dann zum Zug, wenn es um Fragen von Harmonie und Gleichgewicht geht, wenn ein Gefühl für Proportionen gefragt ist. Damit ist speziell der Bereich von

Kunst, Kultur und Ästhetik angesprochen, die allerdings keine unumstößlichen Kriterien kennen, sondern deren Maßstäbe sich jeweils mit dem herrschenden Zeitgeist auseinandersetzen und an diesen angleichen. So wurden üppige Rubensfiguren damals als schön erlebt, heute jedoch empfinden wir sie eher als adipös und unattraktiv. Gegen Ende des 20. Jahrhunderts triumphierte der Gegenpol zur adipösen menschlichen Figur in Gestalt des anorektischen Twiggy-Ideals, das eine Unzahl von jungen Frauen über rabiates Hungern zu erreichen versuchte. Heute jedoch treffen die beiden Extreme kaum mehr den kollektiven Geschmack, der nicht mehr so sehr üppige oder dünne, sondern eher relativ schlanke Körper mit einer definierteren Muskulatur als schön empfindet.

Beim ästhetischen Empfinden gibt es also kollektiv über die Jahrzehnte und Jahrhunderte Veränderungen, und dasselbe ist der Fall zwischen den einzelnen Individuen einer bestimmten Zeit, die nicht das Gleiche als schön erleben. Dafür ist der dispositionelle Charakter der Venus verantwortlich, die ja in ganz verschiedenen Tierkreiszeichen liegen kann und zudem sehr unterschiedlich aspektiert sein, d.h. in unterschiedlichen Beziehungen zu anderen Planeten stehen kann, was sich in ganz bestimmten stilistischen Präferenzen dem gegenüber, was als schön und stimmig erlebt wird, zeigt. Andererseits spielt es eine beträchtliche Rolle, ob der Sinn für das Schöne und Harmonische von der Umgebung, in der das Individuum aufgewachsen ist, kultiviert worden ist oder nicht. Genuss kann mit Maß stattfinden oder maßlos sein – im Sinne eines Zuviel oder eines Zuwenig –, und je nach Aspektierung wird sich die Tendenz ins Bekömmliche oder Unbekömmliche zeigen. Nicht jede Venus kann also ihre Qualitäten des Ausgleichs gleich gut einbringen.

In jeder Frau steckt eine Venus! Denn wir tragen den Archetyp von Venus/Aphrodite in uns. Allerdings kommt dieser Archetyp nicht nur automatisch zum Tragen, sondern kann auch kultiviert werden. Jedenfalls entspricht der Venusaspekt dem Selbstbild der Frau als Geliebte, als sexuelles und erotisches Wesen, das verführen kann und auch bestimmt, ob es sich Verführungen öffnet oder verschließt. Natürlich hängt die Aktivität der Frau in Liebesangelegenheiten auch von der Konstellation von anderen Planeten und deren Zusammenspiel ab. Verfügt eine Frau über genügend Marsenergie oder steht ihre Venus in einem Feuerelement (zu den Elementen siehe Kapitel 2), verhält sie sich aktiver, als wenn sie sehr saturnal geprägt ist.

Ist die Venuskomponente beeinträchtigt und die Fähigkeit gestört, sich gegenüber potentiellen Liebespartnern wählerisch bzw. stimmig zu verhalten, so übertreibt die Frau in die eine oder andere Richtung. Solche Abweichungen ins Extreme zeigen sich in der sexuell ausgesprochen aktiven Frau einerseits und in der allem Erotisch-Sexuellem abgewandten oder einfach sexuell inaktiven Frau andererseits, wie es etwa bei der Nonne vorgesehen ist. Früher wurden beide extremen Frauentypen schnell entwertend als »Nymphomanin« oder gar »Hure« bzw. als »Blaustrumpf« bezeichnet. Die Astrologie kann Toleranz schaffen, indem sie über die mannigfaltigen Aspektierungsmöglichkeiten der Venus zeigen kann, dass es eben ganz verschiedene Anlagen gibt, die es leichter oder schwerer machen, sich bezüglich Genuss und Hingabe maßvoll zu verhalten. Ebenfalls Venus-Qualität hat der ganze Kontext der Fruchtbarkeit, der allerdings auch von anderen Faktoren mitbestimmt wird.

Selbstverständlich gibt es auch eine bewusste Entscheidung über die Ebenen, auf denen das ästhetische Prinzip gelebt werden möchte: Die Sublimierung der erotisch-sexuellen Energie kann zu schöpferischen Leistungen in Kunst und Kultur führen; statt realer Kinder können auch Kunstwerke und andere schöpferische Produkte geboren werden.

Ganz allgemein zeigt sich eine starke und gut integrierte Venusanlage bei beiden Geschlechtern in der Regel in einer gepflegten und geschmackvollen äußeren Erscheinung und ebenso in einem angenehmen, freundlichen und charmanten Beziehungsverhalten gegenüber den Mitmenschen.

Im Mann entspricht die Venuskonstellation seinem Anima-Bild, das er auf eine passende Frau projiziert, wenn er sich verliebt. Prinzipiell gilt sonst das Gleiche, was bezüglich der Frau gesagt wurde: Die Venuskomponente im Mann hat mit dem Gefühl für das Schöne, Stimmige, Harmonische zu tun, und je nach Integrationsgrad ist er in der Wahl seiner Liebespartnerinnen, in seiner äußeren Erscheinung und in seinem Beziehungsverhalten mehr oder weniger ausbalanciert.

Berufliche Präferenzen zum künstlerischen Gestalten bzw. Ausdruck oder zu einem Beruf, der mit Kunstwerken in Berührung ist, sind bei Menschen mit stark betonter Venus dominant. Freude an Kunstwerken haben üblicherweise z. B. Sammler, Galeristinnen, Kunsthändler, Kunstexpertinnen, Restauratoren, Kunstmuseumsmitarbeiterinnen oder Kulturpolitiker.

Problematische Erscheinungsweisen der Venusenergie bei der Frau und beim Mann zeigen sich in Verweichlichung oder in einem Zuviel an Genussliebe. Zu größeren Problemen kann ein übertriebener Wunsch nach Harmonie führen, nach einer Harmonie um jeden Preis, der in eine regelrechte Harmoniesucht ausufern kann, was sich in der Verdrängung der als unangenehm empfundenen Realität und der damit einhergehenden Konflikte, die gelöst werden sollten, kundtut. Diese Verdrängungstendenz kann sich auf vielerlei Gebieten zeigen und zeitigt letztlich einen zerstörerischen Effekt auf das Individuum und seine Umgebung.

Körperebene: Nieren, Drüsen, weibliche Sexualorgane.

♃ Jupiter

Expansion, Ausgreifen in die Weite und Ferne, zukünftige Möglichkeiten ins Blickfeld nehmen, ein großes Freiheitsbedürfnis, Optimismus und hohe Ideale – dies sind wichtige Stichwörter, die unsere Jupiterseite betreffen. Das Reisen und Kennenlernen von Menschen anderer Kulturen gehören deshalb zum ganz natürlichen Verhalten von jupiterbetonten Menschen. Oft findet sich eine eigentliche Sehnsucht nach der Ferne, eine Art von Fernweh, die Jupiter-Menschen besonders gut kennen. Allerdings lässt sich dieses Fernweh, diese Sehnsucht nach dem Fremden, auch partiell zu Hause stillen: über den Kontakt mit Menschen aus anderen Kulturen und Weltgegenden, über das Befassen mit philosophischen Theorien und Systemen oder mit religiösen Ideen aus verschiedenen Kulturen und Zeitaltern. Weg vom Gewohnten, vom Alltäglichen, vom Hier und Jetzt, Aufbruch zu neuen Ufern, dieses Bedürfnis kennen alle, die eine starke Jupiterkonstellation in ihrem Geburtshoroskop haben.[36]

Der Glaube an neue Möglichkeiten spielt für jupiterbetonte Individuen eine wesentliche Rolle und ist bezeichnend für ihre optimistische Grundhaltung, gesetzte Ziele erreichen zu können. Eng verknüpft mit einer solchen aufschwingenden Grundstimmung sind Fragen nach dem Sinn des Lebens. Oft geht es dabei um religiöse Anliegen, was auch die Suche nach einem Sinn stiftenden Göttlichen, nach einem letzten Grund für unser Dasein, beinhalten kann.

Auch Fragen der Gerechtigkeit, der Maßlosigkeit und des vernünftigen Maßes sind Jupiter-Themen. Ein schönes Beispiel dafür finden wir im Theaterstück *Der kaukasische Kreidekreis* von Bertolt Brecht: Es herrscht Krieg. Die Frau des Gouverneurs ist geflohen und hat ihr Kind zurückgelassen. Eine Magd rettet es, hält es unter großen Opfern am Leben, entwickelt eine tiefe Beziehung zu ihm und gibt es schließlich als ihr eigenes aus. Nach Kriegsende kehrt die Gouverneursfrau zurück und erhebt Anspruch auf das Kind – nicht aus Liebe, sondern weil es Aussicht auf eine reiche Erbschaft hat. Die Magd will das Kind aber nicht zurückgeben. Es kommt zum Prozess. Der für seine Weisheit berühmte Dorfrichter zieht einen Kreis, stellt das Kind hinein und verkündet, dass die richtige Mutter dieses aus dem Kreis zu sich ziehen können werde. Beide Frauen ergreifen das Kind. Während die Frau des Gouverneurs es zu sich zu reißen versucht, lässt die Magd es wieder los, da sie ihm nicht wehtun möchte. Der Richter schließt daraus, dass sie von wahrer Mutterliebe erfüllt ist, spricht das Kind ihr zu und schickt die Gouverneursfrau fort

Jupiter steht für hohe Erwartungen und Forderungen, und je nach Konstellation sind diese eher an sich selbst oder an die Außenwelt gerichtet. Sehr oft sind Jupiter-Naturen von einem Drang nach Steigerung, nach »immer mehr« oder »immer besser«, ja von einer Art von Streben nach 100% geradezu besessen, was sich – je nach Themenbezügen im Aspektgefüge – in den vielfältigsten Lebensbereichen auswirken kann. Dies ist oft in jüngeren Jahren der Fall und führt zu einer beträchtlichen Unfreiheit, die einer eigentlichen Verkehrung des Jupiter-Anliegens, nämlich den Freiheits- und Erfahrungsradius auszudehnen und dabei Sinn zu erleben, gleichkommt. Eine solche nicht sehr konstruktive Handhabung der Jupiter-Qualitäten kann relativ leicht korrigiert werden, indem man sich die Frage stellt: Ist das sinnvoll? Die Frage nach dem Sinn kann Wunder wirken, denn sie zaubert meistens die richtige Antwort herbei. So kann die letztlich nie zufrieden zu stellende Forderung nach etwas Hundertprozentigem durch ein Streben nach dem Optimum abgelöst werden, das eben eine ausgewogene und die Frage nach dem Sinn berücksichtigende Haltung impliziert.

Ist die Jupiterenergie nicht im Lot, kann sie sich in Genuss- und Verschwendungssucht, Großspurigkeit und Prahlerei, Rechthaberei und missionarischem Fanatismus äußern.

Körperebene: Leber- und Fetthaushalt.

♄ Saturn

Saturn wird gerne mit Lebensverneinung und Tod konnotiert: Saturn, der seine eigenen Kinder frisst, ganz nach dem Vorbild in der griechischen Mythologie. Der Gevatter Tod, wie wir ihn aus den Märchen und in der bildenden Kunst kennen, symbolisiert ebenfalls den Saturn. Der Tod ist die letzte, endgültige Grenze im Leben; seine Realität ist unausweichlich. Saturn symbolisiert damit auch das Realitätsprinzip und mit Blick auf den Tod unserer aller Vergänglichkeit.

Die Realität mit ihren Begrenzungen für das Individuum und das Kollektiv sind Saturn-Themen. Es geht sowohl um äußere Fakten als auch um die eigene körperliche, emotionale und geistige Realität, wozu auch die eigenen finanziellen Mittel und Fähigkeiten, sich existentiell abzusichern, zählen.

Es ist die Saturnseite im Menschen, die ihn pragmatisch sein und die Notwendigkeiten des Realitätsbezugs einsehen lässt. Saturn bringt den Menschen dazu, Verantwortung zu übernehmen für sein Denken und Handeln, und zwar sowohl für sich selbst als auch für seine nähere Umgebung, etwa Partner, Kinder, Familienangehörige, sowie schließlich auch für das größere Kollektiv, z.B. private und staatliche Institutionen. Das Kollektiv mit seinen Gesetzen, Normen und Regeln, mit seinen Konventionen und Traditionen repräsentiert wichtige saturnale Qualitäten. Saturngeprägte Individuen zeichnen sich aus in ihrer Ernsthaftigkeit dem Leben gegenüber, weshalb sie auch berufliche Verpflichtungen ernst nehmen und gewissenhaft ausführen, oft mit einem hohen Anspruch an Perfektionismus und Ganzheit. Das Über-Ich mit seinen Zwängen zur Perfektion hat saturnale Qualitäten. Ihre Treue einer einmal übernommenen Aufgabe gegenüber und ihre Zuverlässigkeit befähigt die entsprechend geprägten Menschen zu entsprechenden Positionen in Privatwirtschaft und Staat.

Zu den Stärken von Saturn zählen sein Beharrungsvermögen, seine Ausdauer, die es ihm ermöglichen, Verzögerungen und Widerstände in Kauf zu nehmen, die das Erledigen von Verpflichtungen meistens auch begleiten.

Saturn ist der Meister der Konzentration auf das Wesentliche und der Verdichtung, und überall wo es um Ordnungen, Strukturen, um Form und Formales geht, ist er im Spiel. Diese Fähigkeiten gehören für das Ausüben von vielen Berufen zur Basisausrüstung. Eine starke Saturnanlage ist jedoch besonders wünschenswert und auch tatsächlich oft gegeben bei Philosophen und erfolgreichen Führungspersönlichkeiten. Architekten ohne entsprechende Saturnanlage kommen beruflich selten weit.

Alle unsere Erfahrungen seit der pränatalen Phase, bewusste und unbewusste, speichern wir; sie sind also nur beschränkt bewusst abrufbar, sondern existieren zu einem großen Teil im Dunkeln, von wo aus sie unsere Gefühle, Gedanken und unser Verhalten mitsteuern. Saturn entspricht diesem Erfahrungsspeicher. Positiv Erlebtes und erfolgreich Geleistetes stärken unser Selbstwertgefühl und unser Selbstvertrauen, dagegen können Misserfolge und traumatisierende Erfahrungen bewusste und unbewusste Ängste und Verkrampfungen evozieren, die uns buchstäblich in den Knochen und in den Eingeweiden sitzen und Hemmungen und Blockaden auslösen können, die unser Verhalten einschränken. Ein solchermaßen von Versagensängsten gesteuerter Mensch unterlässt vieles, was er anpacken sollte.

Schließlich wird Saturn gerne mit dem Begriff »Schicksal« konnotiert. Man kann jedoch unterscheiden zwischen unverschuldeten Faktoren, denen das Individuum im Leben ausgesetzt gewesen ist, wie das Milieu, der Staat oder die Weltgegend, in die es hineingeboren worden ist, und selbst zu verantwortenden Erfahrungen, die eine Antwort sind auf das eigene Verhalten. Denn Saturn ist der Herr über die unerbittlich tickende Uhr, über den Umgang mit der Zeit, die abläuft, ob man sie nutzt oder nicht, und bringt damit eine schicksalshafte Komponente in das Leben jedes Menschen ein. Nicht genutzte Lebenszeit führt meist zu Schuldgefühlen und kann auch Depressionen auslösen. Diese problematischeren Saturn-Entsprechungen zeigen sich in einer Lebensverneinung, die alles Üppige, Nährende, Blühende, Fröhliche und Leichte ablehnt und manchmal zu einer unnatürlichen Beendigung des Lebens führen kann, zum Suizid. Ohne Gewalteinwirkung setzen Altersschwäche, Krankheit und Tod dem Leben auf ganz natürliche Weise Grenzen: Hier wirkt Saturn als der Gevatter Tod.

Saturn geprägte Menschen gehen tendenziell zurückhaltend und bedacht mit ihren Ressourcen um. Wenn Sparsamkeit jedoch zu Geiz wird, wenn Kargheit zu körperlicher, seelischer und geistiger Austrocknung führt, droht neben seelischer und geistiger Verkümmerung auch soziale Isolation. Denn geizige Menschen leiden auf verschiedenen Ebenen unter einem Zurückhaltungszwang, der einen Austausch mit ihren Mitmenschen verunmöglicht. Wenn jemand nur nehmen, aber nicht geben kann, verliert er die lebendigen Kontakte. Oft ist der geizige Mensch von einer Verarmungsangst getrieben und spart sich alles vom Mund ab, selbst wenn er reich und vermögend ist. Ein Extrem finden wir in der schweren Depression, wo der Verarmungswahn auf zwanghafte Weise dominiert. Sogenannte »Geizkragen« werden gerne als hagere und faltige Figuren vorgestellt, da sich ihr Geiz nicht nur gegen andere, sondern meist auch gegen ihre eigenen Bedürfnisse richtet.

Soziale Isolation ist nicht selten die Folge einer derart freudlosen Existenz, denn das zwanghafte Zurückhalten von Energie – sei dies emotionaler, geistiger oder finanzieller Natur – schreckt die Mitmenschen ab.

Körperebene: Knochensystem, Gelenke, Zähne, Haut.

⛢ Uranus

Intuition und der Blick für neue Möglichkeiten sind genuin uranische Qualitäten. Denn diese auf Unvorhersehbares und Plötzliches anspringende intensive Energie ist auf Fortschritt gestimmt und sprengt lustvoll die saturnale Grundeinstellung des Bewahrens von Althergebrachtem. Gleichsam vom Himmel kommend nimmt Uranus eine Vogelperspektive in luftiger Höhe ein, von wo er einen sofortigen Überblick über die Gegebenheiten hat. Deshalb kann er die Hebel für Neuerungen, Umstrukturierungen und Mutationen am richtigen Ort ansetzen und schnelle und tiefgreifende Veränderungen initiieren. Das archetypische menschliche Freiheitsbedürfnis ist zutiefst mit Uranus in Verbindung, und in der Uranuskonstellation ist ersichtlich, auf welche Lebensgebiete sich dieses Freiheitsstreben erstreckt. Fühlt sich die Uranusseite in ihrem Freiheitsbedürfnis durch überkommene Traditionen oder ein diktatorisches Regime eingeengt, kann sie eine große Oppositionslust an den Tag legen. Revolutionäre sind klassische Uranier, für die Umsetzung ihrer Ideen brauchen sie jedoch die Hilfe von Mars, nämlich Mut und Tatkraft.

Fühlt sich ein Mensch in seiner Freiheit eingeschränkt, kann er Unruhe und nervöse Reizbarkeit an den Tag legen – wie ein freiheitsliebendes Tier, das in einen engen Käfig gesperrt ist.

♆ Neptun

Zentrale Stichwörter zu Neptun sind Entgrenzung, Ahnungen, außersinnliche Schau, Sensibilität, Medialität, Vision, Aura, Atmosphäre, Musikalität sowie Wunschvorstellungen, Illusionen, Vernebelungen, Unklarheiten, Unordnung und Chaos. Es ist sofort ersichtlich, dass Neptun – wie schon Uranus – ein großer Gegenspieler zu Saturn, dem Ordnungshüter und Realitätsprinzip, ist. Denn Neptun ist das Prinzip der Entgrenzung und damit befähigt, Ordnungen, Strukturen, Formen aufzulösen und gleichsam Schranken zu überwinden und Wände zu durchdringen. Die neptunische Energie tendiert zur »Symbiose zwischen verschiedenen Arten und Seinswesen«, ermöglicht die »wechselseitige Abstimmung in einer übergreifenden Harmonie« und die »transzendentale Schau«.[37]

Menschen mit einer akzentuierten Neptunkonstellation können sich gegenüber Einflüssen von außen sehr schlecht abgrenzen und lassen sich leicht anstecken: Sie sind nicht nur seelisch und geistig sehr empfänglich für schwer fassbares Atmosphärisches, sondern oft auch auf einer körperlichen Ebene anfällig für Infektionskrankheiten. Es gibt jedoch nicht nur die Unabgegrenztheit gegenüber der Umwelt, sondern auch gegenüber der Innenwelt: Das ziellose Schwelgen in Wunschvorstellungen, Phantasien und Tagträumen gehört dazu, was leicht ein Versinken im inneren Chaos zur Folge haben kann.

Einen kultivierenden Effekt auf die Neptunenergie hat jedoch die stetige und kontinuierliche Arbeit mit den Phantasien und Träumen. Die Traumwelt entfaltet sich prozesshaft, wir begegnen im Traum Lebewesen, Landschaften, Farben und Tönen, wie sie in der Realität der Saturn-Welt nicht erlebbar sind. Tiefenpsychologen und ihre Analysanden, die mit den Trauminhalten arbeiten, wissen, wie diese für die Persönlichkeitsentwicklung fruchtbar gemacht werden können.

Die Sensibilität, das feine Gespür und ein untrüglicher Instinkt sind Neptun-Qualitäten, die ohne Worte auskommen. Die Neptunenergie kann kultiviert werden durch meditative Techniken und ist unabkömmlich für Musiker: Leonhard Bernstein beispielsweise hat durch regelmäßiges Meditieren sein musikalisches Genie geschliffen. Die Mystikerinnen und Mystiker suchen ebenfalls die Verbindung zu einer Welt, die jenseits der gängigen Realität von Saturn liegt.

Gelingt es jedoch nicht, die schweifenden Phantasien zu zähmen und in der erwähnten Weise fruchtbar zu machen, können Täuschung, Verführung und Verführbarkeit dominieren. Für die reale Welt nur noch schwer zugänglich sind Menschen, die in die Sucht abgleiten und in phantastisch schönen oder horrormäßigen Szenarien verlorengehen.

♇ Pluto

Pluto symbolisiert eine mächtige, unbewusste und überwertige Energie, die über Bewusstmachung der Wandlung, der Transformation, oder, um mit Thomas Ring zu sprechen, sogar eines »radikalen Gestaltwandels«[38] bedarf. Wer einem Menschen mit starker Pluto-Konstellation begegnet, kann mit einer energetischen Wucht konfrontiert werden, die überwältigend ist. Diese das menschliche Maß sprengende Energie muss transformiert werden, damit sie sich nicht auf das betroffene Individuum und/oder seine Umgebung zerstörerisch auswirkt. Denn bei Pluto geht es um die Themen Gewalt, Macht und Ohnmacht. Gleich einem Atomkraftwerk versieht Pluto sämtliche anderen Planeten, mit denen er in Verbindung steht, unablässig mit Energie und verstärkt deren jeweils typische Anlage. Diese das menschliche Maß übersteigende Kraft nimmt dem Menschen die Freiheit, wenn er ihr ausgesetzt ist, und kann ihn schwer beschädigen oder gar töten – wie die Kernenergie. Auf der psychischen Ebene entspricht dies den Zwängen, die eine unbewusste Idealvorstellung, die jenseits der Realisierbarkeit und des gesunden, menschlichen Maßes liegt, auf ein Individuum auszuüben vermag. Diese Zwänge können den Menschen daran hindern, ein fruchtbares Leben zu entfalten.

Ein kleines Beispiel soll die Wirksamkeit von Pluto etwas anschaulicher beschreiben: Besteht ein analytischer[39] Pluto-Mond-

Kontakt, kann sich dies im Horoskop eines Kindes so auswirken, dass die Mutter nie genügt, auch wenn sie sich vorbildlich auf das Kind bezieht, denn das Kind hat eine unrealistisch hohe Erwartung, was seine Mutter ihm bieten sollte. Es plagt seine Mutter mit einer immer präsenten Forderungshaltung nach mehr oder nach einer anderen Art von Aufmerksamkeit, die etwas Unersättliches hat.

Umgekehrt wird für eine Mutter mit einer solchen Konstellation das Kind zum alles dominierenden Thema, neben dem niemand und nichts anderes mehr Raum findet – auch nicht der eigene Ehemann. Natürlich verhilft eine von ihrer Mutterrolle geradezu besessene Frau auch ihrem Kind nicht zu einer natürlichen und ungestörten Entwicklung, da sie – wenn sie unbewusst agiert – nicht fähig ist, dem Kind den notwendigen Freiraum zu gewähren. Diese maßlose plutonische Energie kann sich auf sämtliche Lebensbereiche in Beruf und Privatleben auswirken und muss in ihrer Zwanghaftigkeit gewandelt werden, um fruchtbar zu werden. Sie unterliegt deshalb dem Prinzip der Metamorphose, dem Prinzip von Stirb und Werde.

Zusammenschau: Die Götterbilder in uns

Diese kurzen und kompakten Skizzen der Planetenprinzipien sollen einen Eindruck von ihrer archetypischen Charakteristik vermitteln. Wie schon in der Einleitung festgehalten wurde, sind diese archetypischen Prinzipien, wie sie durch die zehn Planeten symbolisiert werden, in allen Menschen wirksam, sie kommen jedoch individuell zum Tragen. Als hilfreich hat sich in der Praxis die Vorstellung einer inneren Lebensbühne erwiesen, wo verschiedene Schauspieler Theaterstücke aufführen, vergleichbar den mannigfaltigen Aufführungen auf den äußeren Bühnen der Schauspiel- und Opernhäuser auf der ganzen Welt. Je nach Entwicklungsphase und Lebensumständen eines Menschen unterscheiden sich die Handlungen hinsichtlich Themenschwerpunkt und in der Art: Geht es um Beziehungen, Liebe, Eros, Sexualität, Eifersucht, Rivalität, Hass (Venus und Mars als Hauptdarsteller)? Um Macht oder Geld (mit Hauptdarstellern Sonne, Saturn, Merkur, Jupiter)? Oder um verschiedene Konflikte, die sich um

Wahrheit und Lebenslüge (Saturn, Neptun, Merkur) drehen, um Ehrlichkeit und Betrug (Merkur), Mut und Feigheit (Mars, Merkur, Neptun), um verschiedene Fragen und Probleme der Identität in allen Lebensphasen: Wer bin ich? Wer will ich sein? (Sonne, Mond, Jupiter, Saturn).

Es gibt unendlich viele Variationen dieser archetypischen Themen, die sich einerseits anlagemäßig in den Horoskopen spiegeln, andererseits in der Gestaltung eben diese Anlage zum Ausdruck bringen. Hier spielt auch die Frage der Synchronizität, der Zeitqualität, eine wichtige Rolle. In Kindheit, Jugend, reifem Erwachsenenalter und Alter stehen unterschiedliche Entwicklungsaufgaben an, weshalb jeweils unterschiedliche Archetypen eine dominante Rolle spielen, und hierin spielen die Transiten, die ziehenden Planeten, eine wichtige Rolle. Diese aktivieren nämlich in unterschiedlichen Lebensphasen bestimmte Themen, die bearbeitet werden müssen. Eines der Hauptprobleme, welche die meisten Menschen lebenslänglich umtreiben, sind in erster Linie Beziehungen zu anderen Menschen, und zwar die beruflicher und privater Natur. Hingegen bleibt die Beziehung zu sich selbst, die ja die Außenbeziehungen maßgeblich prägt, leider lange sehr unbewusst. Sie wird oft entsprechend stiefmütterlich behandelt und erst dann angegangen, wenn es gar nicht mehr anders geht (archetypische Beziehungsspezialisten sind Mond und Venus, auch Neptun; Merkur und Jupiter können ebenfalls helfen).

Wie vollständig ein Mensch seine Persönlichkeit im Laufe des Lebens zu entwickeln vermag, hat vielschichtige Gründe, ebenso der Stil, in dem er es tendenziell tut: Nicht nur von der Anlage, sondern auch von der Entwicklungshöhe ist es abhängig, ob es sich um ein Drama handelt oder um ein leichtes Stück, um eine Tragödie oder eine Komödie, um ein seichtes Stück oder um eines mit Tiefgang, um ein spannendes oder langweiliges, ob es sich im Tempo eines Schnellzugs oder eines Bummelzugs abspielt usw. Hier spielen auch die Tierkreiszeichen, in denen die Planeten stehen, eine wichtige Rolle.[40]

Am ausführlichsten sind die beiden »Hauptlichter« – die Sonne als zentrale Lebensantriebskraft und der Mond als Beziehungsfunktion – wahrzunehmen; es gilt, sich mit beiden auch in ihrer Bedeutung als archetypische Bereitschaftssysteme, als Archetypen des Väterlichen und des Mütterlichen, auseinanderzusetzen und

Erfahrungen an konkreten Müttern und Vätern zu machen. Beide, die ausstrahlende Sonne und der umkreisende Mond, sind tendenziell auf Ausdehnung und Anreicherung ausgerichtet, was von Jupiter und Neptun unterstützt, von Saturn und teilweise auch von Venus jedoch wieder eingeschränkt wird, während Merkur seine Klugheit und Mars seine Leistungskraft und Tatenfreude beisteuert. Natürlich kann auch der sich zusammenziehende und lebensverneinende Archetyp in Gestalt von Saturn derart dominieren, dass die expansiven Kräfte nicht genügend zur Entfaltung kommen können und der Mensch viele seiner Möglichkeiten nicht zum Leben zu erwecken vermag. Im schlechtesten Fall kommt es – auch in jungen Jahren – zu Krankheit und Tod.

Wie inzwischen bekannt, symbolisieren Sonne und Mars in der weiblichen Psyche den Animus.[41] Die am meisten verbreitete Erfahrung der Macht des Animus, dem Archetyp des Männlichen, macht die Frau, wenn sie sich verliebt: In der Projektion auf das Gegengeschlecht entspricht der Animus dem Idealbild des Mannes, und wenn der Frau ein Mann begegnet, der dieses innere Bild zu verkörpern scheint, verliebt sich die Frau. Weil durch die Projektion des Animus ein Archetyp ins Spiel kommt, kann diese Verliebtheit unbedingt sein und damit nicht nur Freude und Erfüllung, sondern auch bedrohliche Formen von Abhängigkeit mit sich bringen.[42]

Mit zunehmender Selbsterkenntnis und Erkenntnis des realen Vaters und des realen Partners gelingt es der Frau, sich ihrer eigenen Animusqualitäten bewusst zu werden und sie bewusst zu pflegen und zu entfalten. Unter dem Gesichtspunkt der Individuation, dem lebenslangen psychischen Wachstums- und Reifungsprozess des Menschen, ist es notwendig und sehr begrüßenswert, dass sich heutzutage immer weniger Frauen damit begnügen wollen oder begnügen müssen, ihren Animus und damit, astrologisch gesprochen, ihre Sonnen- sowie Mars-Qualitäten nur nach außen zu projizieren und die Belebung all dieser Animus-Qualitäten von Männern einzufordern. Immer mehr Frauen wollen und können ihre eigenen männlichen Fähigkeiten selbst zur Entfaltung bringen.

Auch die Höhe des Selbstbewusstseins hängt zum Teil von der Belebung und Belebtheit der eigenen männlichen Anlagen und Fähigkeiten ab. Je selbstverständlicher eine Frau ihre Sonnenhaftigkeit aktiv lebt und umsetzt – was wiederum die Aufgabe von Mars ist –, desto besser gelingt es ihr, auch innerhalb einer Partnerschaft ihrem eigenen Lebensentwurfs treu zu bleiben und ihre geistigen oder auch künstlerischen Interessen auf privater wie beruflicher Ebene zu leben. Sonne und Mars, den Repräsentanten der männlichen Qualitäten, entsprechen die beiden genuin weiblichen Planeten Mond und Venus, wobei Sonne und Mond ein Paar bilden[43] – König und Königin – und Mars und Venus ein anderes, aus der griechischen Mythologie wohlbekanntes. Dasselbe gilt für den Mann mit Bezug auf die Anima-Qualitäten, die astrologisch durch Mond und Venus symbolisiert werden: Auch der Mann hat die lebenslange Entwicklungsaufgabe, seine innere Weiblichkeit kennenzulernen und selbst zu leben, anstatt alle Gefühlsangelegenheiten und -kompetenzen in der Projektion auf Frauen im Außen zu suchen und an diese zu delegieren.

Konkrete Beispiele in Kapitel 5 werden veranschaulichen, welche Wege die expansiven Planeten nehmen, die in die Fülle drängen, und wie die Grenzen setzenden Planeten jenem Expansionswillen entgegensteuern. Dazu untersuchen wir ihr Verhältnis zueinander, das in den Aspektierungen (siehe Kapitel 4) zum Ausdruck kommt. Zuvor müssen allerdings noch weitere Grundlagen eingeführt werden, was in Kapitel 2 erfolgen soll.

Planetenprinzipien in Stichworten

☉ **Sonne:** Zentrale Lebensantriebskraft, Wesenskern, Entfaltung der Persönlichkeit, Schöpferkraft, Vitalität, Wille, Bewusstsein, Selbstverantwortung, Selbstwert, Lebensmut.
Das Väterliche, inneres Bild vom Vater, Animus.
Körperebene: Herz und Kreislauf.

☾ **Mond:** Das Gemüthafte, Unbewusste, Traum, Phantasie, Seele, das Empfängliche, Veränderliche, Anpassung, Wechsel.
Das Mütterliche und das Kindhafte, Mutter-Kind-Beziehung, inneres Bild der Mutter, Anima.
Körperebene: Flüssigkeitshaushalt, Drüsen, Magen.

☿ **Merkur:** Vermittlung, Austausch, Intelligenz, Intellekt, Verstand, Sprache, Wort, Schrift, Interesse, Handel, Ökonomie.
Manuelle Geschicklichkeit.
Körperebene: Nervensystem, Arme und Hände, Atmungsorgane.

♂ **Mars:** Antriebskraft, Durchsetzungskraft, Aktivität, Impuls, Wille, Kampf, Aggression, das Trieb- und Dranghafte.
Inneres Bild des Mannes als Geliebter, Animus.
Körperebene: Galle, männliche Sexualorgane.

♀ **Venus:** Harmonie und Gleichgewicht, Gefühl für Proportionen, Schönheit, Ästhetik und Kunst, Liebe, Eros, Fruchtbarkeit, Genussfreude.
Inneres Bild der Frau als Geliebter, Anima.
Körperebene: Nieren, Drüsen, weibliche Sexualorgane.

♃ **Jupiter:** Expansion, Optimismus, Glaube, Religion, Gerechtigkeit, Vernunft, hohe Erwartung und Forderung, 100%-Streben, Streben nach dem Optimum, Sinnfrage.
Kompensatorisches Prinzip.
Körperebene: Leber- und Fetthaushalt.

♄ **Saturn:** Realität, Begrenzung, Erfahrung, Alter; Norm (»man«), Konvention und Tradition, Form und Struktur, Gewissen, Pflicht, Verantwortung, Gesetz, Zeitfaktor, Verzögerungen, Widerstand, Härte, Konzentration auf das Wesentliche.
Angst, Verkrampfungen, Lebensverneinung, Krankheit, Beendigung, Tod, Schicksal.
Körperebene: Knochensystem, Gelenke, Zähne, Haut.

♅ **Uranus:** Intuition, Vogelschau, Überblick, Fortschritt, das Unvorhersehbare, Plötzliche, Überraschende, Ver-

änderungen, Neuerungen, Umstrukturierung, Mutation.
Freiheitsstreben, Freiheitsbedürfnis, Oppositionslust, Unruhe, nervöse Reizbarkeit.

♆	**Neptun:**	Entgrenzung, Ahnungen, außersinnliche Wahrnehmungen, Medialität, Visionen, Aura, Atmosphäre, Phantasie, Wunschvorstellungen, Traumwelt, Instinkt, Gespür, Musik, Meditation, Mystik. Illusionen, Vernebelungen, Unklarheiten, Unordnung, Chaos, Verführung, Infektion, Sucht.
♇	**Pluto:**	Überwertige Energie, die der Wandlung bedarf, Übermaß, Maßlosigkeit, Gewalt, Macht und Ohnmacht, Zwang, hohes Leitbild. Prinzip der Metamorphose, Stirb und Werde.

2. Eine tiefenpsychologisch-astrologische Typologie

Die vier Elemente in der Astrologie: Feuer, Erde, Luft, Wasser in den zwölf Tierkreiszeichen

So wie die Planeten sind auch die Tierkreiszeichen (bzw. »Sternzeichen« oder »Sonnenzeichen«, s. u.) Archetypen und unterliegen damit dem Gesetz der Polarität. Es gibt zwölf Zeichen von je 30°, die zusammen den ganzen Tierkreis von 360° ausmachen.

Abb. 2: Der Tierkreis. Miniatur von Giovanni Battista Agnese (16. Jh.)

Es soll gleich zu Beginn der Einführung der zwölf Tierkreiszeichen mit Nachdruck festgehalten werden, dass sie alle gleichwertig sind und eine – im Folgenden noch zu erklärende – bestimmte Funktion innerhalb des ganzen Tierkreises innehaben.[44] Es gibt kein »gutes« oder »schlechtes« bzw. »besseres« oder »schlechteres« Tierkreiszeichen, denn jedes der zwölf hat seine spezifischen Stärken und Schwächen. Ob ein bestimmtes Tierkreiszeichen eher konstruktiv oder destruktiv gelebt wird, hängt stark von der Entwicklungs- und Bewusstseinshöhe ab.

Wenn jemand von sich sagt: »Ich bin ein Widder«, oder: »Ich bin eine Waage«, meint er oder sie, dass bei seiner oder ihrer Geburt die Sonne im Zeichen Widder oder Waage gestanden hat. Deshalb werden die Tierkreiszeichen auch »Sonnenzeichen« genannt. Es gibt insgesamt zwölf Tierkreiszeichen oder Sonnenzeichen, von denen jeweils drei den vier Elementen *Feuer, Erde, Luft* und *Wasser* angehören. Das Feuerzeichen *Widder* eröffnet den Reigen der zwölf Tierkreiszeichen, ihm folgen der *Stier* (Erde), die *Zwillinge* (Luft), der *Krebs* (Wasser), der *Löwe* (Feuer), die *Jungfrau* (Erde), die *Waage* (Luft), der *Skorpion* (Wasser), der *Schütze* (Feuer), der *Steinbock* (Erde), der *Wassermann* (Luft), und die *Fische* (Wasser) schließen den Kreis.

Aus den zwölf Tierkreiszeichen ergeben sich sechs Achsen mit je zwei Polen, die durch die beiden jeweils um 180° einander gegenüberliegenden Zeichen entstehen, nämlich Widder (Feuer) – Waage (Luft), Stier (Erde) – Skorpion (Wasser), Zwillinge (Luft) – Schütze (Feuer), Krebs (Wasser) – Steinbock (Erde), Löwe (Feuer) – Wassermann (Luft), Jungfrau (Erde) – Fische (Wasser). Abbildung 3 soll dies veranschaulichen.

Die zwei Tierkreiszeichen, die jeweils einander gegenüber auf einer Achse liegen, stehen in Bezug auf ihre Elementen-Zugehörigkeit in einer Schattenbeziehung zueinander und können sich gegenseitig in ihren Extremen korrigieren und ergänzen, wodurch sie nicht nur maßvoller, sondern auch vollständiger werden.[45]

Es ist ersichtlich, dass sich je drei Achsen mit den Polaritäten Feuer und Luft sowie Erde und Wasser ergeben.

Bevor die verschiedenen Tierkreiszeichen einzeln eingeführt werden, ist es wichtig, einen weiteren differenzierenden Baustein zu verstehen, nämlich die drei energetischen Grundhaltungen: die kardinale, die fixe und die veränderliche. Auf diese Weise können

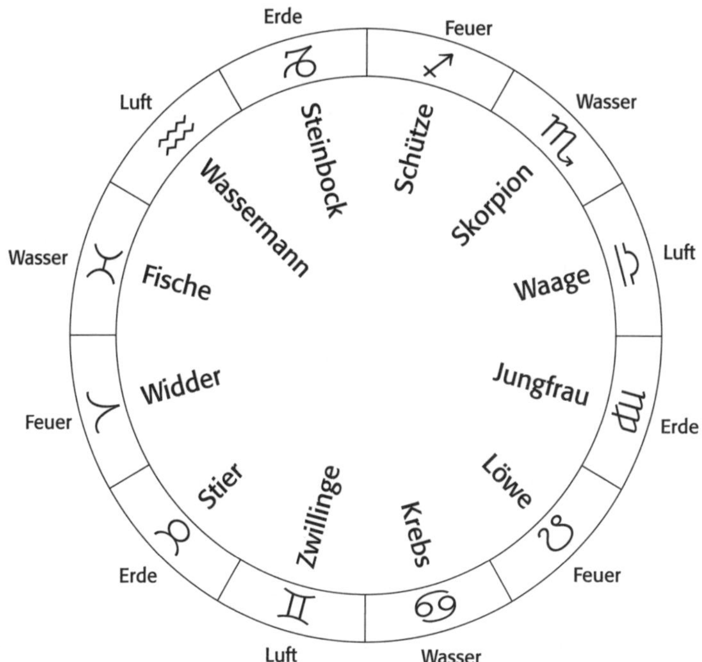

Abb. 3: Der Tierkreis mit der Elementenzugehörigkeit der Tierkreiszeichen

die einzelnen Tierkreiszeichen in ihrem archetypischen Charakter umfassender dargestellt werden.

Kardinale, fixe und veränderliche Tierkreiszeichen

Die Tierkreiszeichen sind nicht nur den vier Elementen zugehörig, sondern sie lassen sich auch bezüglich ihrer energetischen Grundhaltung unterscheiden, wonach sie *kardinal, fix* oder *veränderlich* sein können. Alle drei Grundhaltungen gibt es bei jedem Element, also bei Feuer, Erde, Luft und Wasser.

a) Die kardinalen Tierkreiszeichen Widder ♈ (Feuer), Krebs ♋ (Wasser), Waage ♎ (Luft) und Steinbock ♑ (Erde)

Das Gemeinsame der sonst sehr unterschiedlichen, da den verschiedenen Elementen zugehörigen kardinalen Zeichen, ist, dass sie immer in Bereitschaft sind, neue Projekte anzustoßen, Neues in Bewegung zu setzen oder sich davon anregen und ansprechen zu lassen. Sie interessieren sich nicht nur für neue Projekte, son-

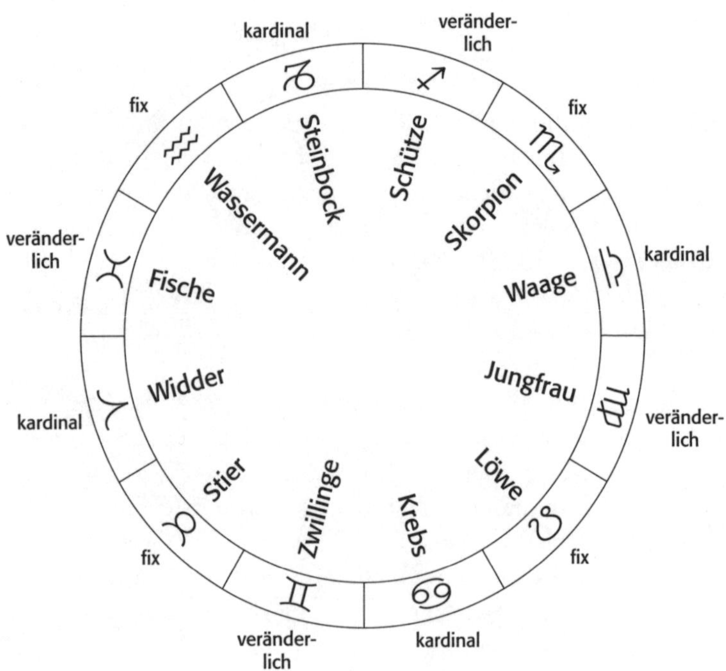

Abb. 4: Der Tierkreis mit den kardinalen, fixen und veränderlichen Tierkreiszeichen

dern setzen sich dem dazugehörigen Element entsprechend unterschiedlich direkt und tatkräftig dafür ein. Vor allem Widder und Steinbock scheuen keine Widerstände, die sich dabei in den Weg stellen, während Krebs und Waage weniger direkt, sondern zögernder, schwankender und umwegiger vorwärtsgehen, beim Krebs kann man nicht selten immer wieder Rückwärtsbewegungen beobachten, die im Ausdruck »zurückkrebsen« treffend erfasst sind und denen dann wieder Vorwärtsbewegungen folgen. Hierin unterscheidet sich der Krebs deutlich vom Widder, der nur die Vorwärtsbewegung kennt.

Die kardinalen Zeichen bleiben nicht stehen beim bisher Erreichten – dieses fällt, da es ja erledigt ist, schnell aus dem Fokus der Aufmerksamkeit. Sie fühlen sich nie lebendiger, als wenn sie in Neuland vorstoßen und sich mit voller Konzentration und Energie dem jeweils aktuellen Projekt widmen können. Dies kann auf der Ebene der feurigen Tat (Widder), der schöpferischen Phantasie und der Gefühle (Krebs), des ästhetischen Erlebens und der Beziehungen (Waage) oder der Sachbezüge und des pragmatischen Anstrebens von institutionellen und gesellschaftlich anerkannten Positionen geschehen (Steinbock). Allen gemeinsam ist jedoch, sich nach Erledigung einer Aufgabe weiter vorwärtszubewegen, denn sie sind angetrieben, ihre Aufbruchsenergie zu realisieren, sind also zukunftsgerichtet in dem Sinne, dass alles noch zu Erlebende und zu Leistende darauf wartet, Raum zu bekommen und erschlossen zu werden.

b) Die fixen Tierkreiszeichen Stier ♉ (Erde), Löwe ♌ (Feuer), Skorpion ♏ (Wasser) und Wassermann ♒ (Luft)

Hier geht es bei aller Verschiedenheit der Tierkreiszeichen aufgrund der unterschiedlichen Elementen-Zugehörigkeit um das Ausbauen des Erreichten, um das Anreichern des bereits Vorhandenen. Sammeln lassen sich nicht nur materielle Güter (Stier), sondern alles, was die eigene Person erhöhen und ihren Machtanspruch erweitern kann (Löwe), metaphysische Erkenntnisse (Skorpion) und Ideen (Wassermann). Dies geschieht von einem Punkt aus, der sich in konzentrischen Kreisen ausdehnt. Es ist eine beharrende Haltung, die langsames, organisches Wachstum zulässt.

Der Schwerpunkt ist in jedem Element anders. So geht es beim Stierprinzip um das Anhäufen von Besitz und Absicherung des Eigenraums, beim Löweprinzip um das Aufscheinen-Lassen der eigenen Bedeutung, beim Skorpionprinzip um das Suchen und Vertiefen von Wahrheiten, die das individuelle Interesse überschreiten, und beim Wassermannprinzip um das Systematisieren von Ideen und Theorien. Dabei dient alles in der Vergangenheit schon Gewachsene und Geleistete als Basis, die beharrlich immer weiter ausgebaut wird.

c) Die veränderlichen Tierkreiszeichen Zwillinge ♊ (Luft), Jungfrau ♍ (Erde), Schütze ♐ (Feuer) und Fische ♓ (Wasser)

Diese vier Zeichen reagieren sehr sensibel auf leiseste Veränderungen, gleiten schnell weiter von einem Moment zum nächsten, beißen sich nirgends fest, verlieren ihr Interesse schnell angesichts von auftretenden Widerständen. Jedes der vier Zeichen tut dies entsprechend seiner Elementen-Charakteristik: Die Zwillinge (Luft) wechseln mit Leichtigkeit das Thema, denn alles Neue ist prinzipiell interessant, die Jungfrau (Erde) analysiert das Problem und sucht nach passenderen Möglichkeiten, es zu lösen, der Schütze (Feuer) bricht die alten Brücken ab und baut neue, die ihn zu neuen Ufer führen, der Fisch (Wasser) entgleitet still in unendliche Gewässer – wohin, bleibt für seine Umgebung, aber oft auch für ihn selber ein Geheimnis.

Alle vier veränderlichen Zeichen unterscheiden sich beträchtlich von der Aufbruchsfreudigkeit der kardinalen Zeichen sowie von der zähen Beharrlichkeit der vier fixen Zeichen. Sie lassen einfach ab und wenden sich dem nächstmöglichen Projekt zu, solange, bis die nächsten Schwierigkeiten aufkommen, die sie weitergehen lassen zum übernächsten.

Nach diesen Erklärungen sind die Voraussetzungen gegeben, dass die Tierkreiszeichen zuerst in ihrer Elementen-Zugehörigkeit und danach in ihrer funktionellen Abfolge skizziert werden können. Anschließend soll dann der Versuch unternommen werden, die astrologische und die Jung'sche Typologie zusammenzudenken.

Die drei Feuerzeichen Widder ♈, Löwe ♌ und Schütze ♐

Vergleichbar dem realen Feuer, das im Freien oder in Öfen glimmen, brennen oder lodern kann, tragen die Menschen in unterschiedlichem Maß ein inneres Feuer in sich, das sie zu konkreten Taten oder auch zu geistigen Höhenflügen anspornen kann. Menschen mit einer ausgeprägten Feueranlage sind spontaner, impulsiver – eben feuriger – als andere und stehen in großem Gegensatz zum Erd- und Wasserelement.

So wie das Feuer in der Natur oder in der Zivilisation hilfreich sein oder zerstörerisch wüten kann, was spontan geschehen, aber auch gezielt herbeigeführt werden kann, zeigt sich auch die Feuerenergie beim Menschen: Sie äußert sich darin, dass Menschen mit einer starken Feueranlage sehr willensbetont und darin oft sehr impulsiv sind. Ist im Menschen die Feuerenergie konstelliert, fühlt er sich mutig, selbstbewusst und hat Selbstvertrauen. Er ist sehr freiheitsliebend und setzt seine Freiheit gegen alle Widerstände durch, seien diese aus Sicht von anderen berechtigt oder nicht. Er brennt sie mit dem Feuer seiner Affektivität quasi nieder. Wenn er die Feuerenergie nicht nur dazu nutzt, seine persönliche Freiheit gegenüber den Rechten und Ansprüchen von anderen Menschen durchzusetzen, sondern sein Feuer zu bezähmen vermag, wenn er seinen Weggefährten dieselben freiheitlichen Rechte zugesteht und damit gelebte Toleranz und Großzügigkeit verkörpert, pflegt er einen konstruktiven Umgang damit. Andernfalls kann er zum willkürlich agierenden, unberechenbaren und aggressiven, weil nur seinen eigenen narzisstischen Impulsen gehorchenden, Individuum werden. Es geht – wie beim Beleben jeder Anlage – um die Frage von Entwicklungshöhe und Maß.

Im Folgenden werden die drei Formen von Feuerenergie jeweils vorgestellt. Die Einzelbeschreibung folgt der Tierkreis-Abfolge, was im Falle der Feuerzeichen – und nur bei diesen – auch dem Rhythmus von kardinal – fix – veränderlich entspricht.

♈ *Widder: I. Feuerzeichen*

Kardinales Zeichen, zugehöriger Planet: *Mars* ♂. »Das willensmäßig Antreibende«[46] ist eine treffende Charakterisierung des Widders. Sein Leitsatz ist »Ich will« – er ist auf Welteroberung gestimmt. Der Widder ist der Archetyp des Kriegers, des Helden.

Ein widderbetonter Mensch ist optimistisch. Er ist affektstark und getragen von einer impulsiven, tatenfrohen Grundhaltung, ist mutig und kampflustig, direkt und ehrlich. Widerstände reizen ihn, er will sie überwinden und mobilisiert seine ganze Energie, um sie zu überwinden und das gesteckte Ziel zu erreichen. Er lebt in beständiger Aufbruchstimmung, fängt gerne Neues an und findet mit seinem oft messerscharfen Verstand neue, kreative Wege. Sein Feuer macht ihn schnell, und er ist begabt darin, die schnellsten und kürzesten Lösungswege für Probleme zu kreieren. Seine Hauptstärke ist das Auf-die-Beine-Stellen von neuen Projekten – das Durchtragen braucht dann die Fähigkeiten des Stiers.

Problematisch: Lebt der widdergeprägte Mensch unbewusst, rennt er mit dem Kopf durch die Wand. Er zeigt sich dann eigensinnig und will seinen Willen gegen alle Widerstände durchsetzen. Dabei kann er sehr despotisch und brachial sein in der Willensbekundung und Andersdenkende ungeduldig und rabiat überfahren. Seine fehlende Geduld beim Durch-Tragen und Zu-Ende-Bringen einer Aufgabe oder einer Verpflichtung kann dazu führen, dass er letztlich keines seiner angestrebten Ziele erreicht.

Körperliche Ebene: Kopf.

♌ *Löwe: 2. Feuerzeichen*

Fixes Zeichen, zugehöriger Planet: *Sonne* ☉. »Das willensmäßig Zusammenfassende«[47] ist eine treffende Charakterisierung des Löwen. Sein Motto ist »Leben und leben lassen – solange meine zentrale Stellung nicht bedroht ist«. Er ist der Archetyp des Herrschers, des Königs.

Ein König hat normalerweise seinen Hofstaat. Er ist getragen vom Gefühl des kraftvollen Daseins, erfüllt von Selbstvertrauen bezüglich des eigenen Werts und der eigenen Bedeutung, er lässt sein Licht gerne leuchten und kann auch Wärme und Frohsinn ausstrahlen. Er fühlt sich als natürlicher Mittelpunkt, als Zentrum seines jeweiligen Umfelds und beansprucht mit Selbstverständlichkeit, von diesem entsprechend behandelt zu werden. Er ist affekt- und triebstark. Überhaupt fühlt er sich voller Kraft, wobei er vom Gefühl getragen ist, diese sei ewig verfügbar. Großzügigkeit und Großmütigkeit gegenüber schwächeren Menschen können die löwegeprägte Person auszeichnen. Er stützt diese gerne mit seinem eigenen Selbstvertrauen und seiner Grundhaltung der Zuversicht und genießt es, als strahlendes und alles beherrschendes Zentrum in seinem Umfeld zu ruhen, von dem er jedoch auch entsprechend gespiegelt werden möchte.

Problematisch: Der seiner Löweseite unbewusste Mensch fällt durch seinen imperialen Impetus und durch sein Herrschaftsstreben auf. Er gebärdet sich dominant, übt gerne Macht über seine Mitmenschen aus, anstatt Macht über sich selbst und seine Triebnatur zu zeigen. Sein ausgeprägter Mangel an Selbstreflexion und Selbstkritik macht es ihm schwer, Kritik aus seinem Umfeld anzunehmen, denn er fasst sie gerne als böswilligen Angriff auf. Überall, wo Menschen Herrscherallüren zeigen, sich dabei eitel und übermäßig herausgeputzt präsentieren sowie durch ihre Großspurigkeit auffallen, ist wohl ein unbewusster Löwe-Archetyp präsent. Dazu können auch Verschwendungssucht, Trägheit und Faulheit gehören – denn Arbeit ist für die Dummen, über denen der Herrscher thront und für den sie arbeiten.

Körperliche Ebene: Herz und Kreislauf.

♐ Schütze : 3. Feuerzeichen

Veränderliches Zeichen, zugehöriger Planet: *Jupiter* ♃. »Das willensmäßige Zielstrebige«[48] ist eine treffende Charakterisierung des Schützen. Sein Leitsatz könnte heißen: »Ich glaube an die ewigen Ideale und strebe nach ihnen.« Er ist der Archetyp des Visionärs.

Der schützegeprägte Mensch ist ausgesprochen begeisterungsfähig für hohe Ziele, glaubt an Ideale wie Freiheit und Gerechtigkeit. Er bezieht dabei Umwelt und Gesellschaft mit ein. Wenn er sich affektiv angesprochen fühlt, setzt er sich mit einem begeisterten Furor für eine politisch oder religiös als gerecht oder als sinnvoll empfundene Sache oder für eine flammende Idee ein und will auch andere davon überzeugen – sein Optimismus wird als sehr ansteckend erlebt. Gute und lebendige Lehrerinnen und Redner verfügen meist über eine Schützeanlage. Er bewegt sich viel, macht auch gerne Sport, wobei sein Tempo hoch ist. Seine Schnelligkeit geht einher mit Ungeduld, und er erträgt es schlecht, wenn er in seinem Tempo von anderen, die gemächlicher unterwegs sind (die Erdelemente Stier, Jungfrau und Steinbock), gebremst wird. Seine Bewegungsfreude bezieht sich jedoch nicht nur auf die körperliche, sondern auch auf die affektive und geistige Ebene. So ist auch seine Begeisterungsfähigkeit für eine politische oder religiöse Idee leicht entflammbar.

Es ist für den Schützen lebensnotwendig, immer ein sinnvolles Ziel vor Augen zu haben, das ihn aus der Alltagsroutine heraushebt und das er verfolgen kann. Sein Drang nach geistigen Höhenflügen, den er in philosophischen und religiösen Systemen befriedigen kann, geht einher mit einem Weitendrang, das zu einem regelrechten Fernweh werden kann. Diesen Weitendrang stillt er über konkrete Reisen in ferne Länder oder auch durch Lektüre zu fremden Kulturen, über religiöse und philosophische oder politische Literatur.

Problematisch: Menschen mit Schützeanlage können einen realitätsfremden Idealismus an den Tag legen, der es ihnen verunmöglicht, die Realitäten zu sehen und zu respektieren. Rechthaberei – wenn die Meinung nur noch partiell auf realen Fakten fußt und es nur noch um das fanatische Vertreten von weltfremden Ideen geht – ist eine der schwierigsten Eigenschaften des Menschen, der seine Schütze-Seite unbewusst auslebt. Die besten Ideen, werden sie noch so missionarisch verfochten, können nicht fruchtbar gemacht werden, wenn die Grenzen und Regeln der Realität nicht berücksichtigt werden.

Das Verkennen der eigenen Realität, der Realität der Mitmenschen, der aktuellen Situation oder der politischen Lage zieht zwangsläufig Enttäuschungen nach sich, die den schützegeprägten Menschen affektiv unausgeglichen erscheinen lassen, da er – wenn er an seiner Idee wie an einem Dogma festhält – von einer gehobenen Stimmung immer wieder in die tiefste Verzweiflung abstürzt, bis er wieder zum nächsten Höhenflug anhebt. Der Schütze kann sich großspurig und jovial gebärden, ohne dass etwas dahinter ist. Konflikten weicht er tendenziell eher aus, er legt sich nicht fest, weil er ja dann gebunden ist an eine Haltung und befürchtet, dadurch seine Freiheit einzubüßen, sich jederzeit neu orientieren zu können. Im problematischen Fall ist er deshalb meist bindungsschwach.

Körperliche Ebene: Hüfte und Oberschenkel.

Die drei Erdzeichen Stier ♉, Jungfrau ♍ und Steinbock ♑

Die Erde trägt und ernährt uns. Wir sprechen gerne auch von der »Mutter Erde«, wodurch der weibliche Aspekt der Erdzeichen ausgedrückt wird. Mit der Erdhaftigkeit rückt die konkrete Welt in ihrer ganzen Stofflichkeit, mit ihren mannigfaltigen Begrenzungen, mit den Notwendigkeiten der Alltagsbewältigung, aber auch mit den irdischen Freuden in den Fokus. Erdbetonte Menschen sind tendenziell langsam, zumindest viel langsamer als feuerbetonte, denn die Berücksichtigung der materiellen Fakten braucht viel Zeit. Erdhaft ist auch unser Körper, und wir wissen, wie viel Zeit wir brauchen, um uns zu ernähren, zu kleiden und uns zu erholen: Etwa ein Drittel der Lebenszeit verbringen wir schlafend. Von einer regelmäßigen und gesunden Ernährung sowie von genügend und maßvoller Bewegung hängt die körperliche Gesundheit ab, die wiederum einen sehr großen Einfluss auf unsere seelische und geistige Befindlichkeit hat.

Ein guter Bezug zur materiellen Welt gehört zu den Begabungen der Erdzeichen. Sie gehen Schritt um Schritt voran, wenn sie sich überhaupt vorwärtsbewegen, was vor allem beim Stier nicht so selbstverständlich ist wie bei der fleißigen Jungfrau und dem strebsamen Steinbock. Die Einzelbeschreibung folgt der Tierkreis-Abfolge, nicht dem Rhythmus von kardinal – fix – veränderlich. Deshalb beginne ich mit dem fixen Erdzeichen Stier.

♉ *Stier: I. Erdzeichen*

Fixes Zeichen, zugehöriger Planet: *Venus* ♀. »Das stofflich Grundlegende«[49] ist eine treffende Charakterisierung des Stiers. Sein Motto könnte sein: »Genuss in Harmonie ist alles.« Er ist der Archetyp des Hedonisten.

Nachdem der Widder die Welt erobert hat, steckt der Stier sein Revier ab, baut sich quasi sein Haus und umgibt seinen Garten mit einem Zaun, um ungestört leben zu können. Nach der Welteroberung darf ausgiebig ausgeruht werden. Nur keine Eile, schön gemächlich und gemütlich soll es sein. Die Erdenschwere und Langsamkeit des Stiers gehören zu seinen Hauptmerkmalen, wie auch das dazugehörige Bedürfnis nach Gleichförmigkeit der Abläufe. Die Pflanzenwelt ist dem Stierwesen nahe, denn das Stierprinzip ist sehr naturbezogen und kann mit einer Pflanze im Topf verglichen werden, wo sie in ihrem geschützten Bereich gedeihen kann, ohne um ihren Platz und ihre Nahrung kämpfen zu müssen. Das bekömmliche Maß an Sonne und Regen und vielleicht an Dünger sorgt dafür, dass die Pflanze sich wohl fühlt.

Oralität und Assimilation sind zentrale Stichworte, die das urtümliche Stierprinzip in seiner Grundhaltung zum Leben charakterisieren: Ohne Anstrengung alles zur Verfügung haben, was man braucht – Essen, Trinken, Schlaf – und darüber hinaus alles, was das Leben verschönert. Von schönen Dingen und materiellen Besitztümern, die das Leben bequemer machen und bereichern, fühlt sich der Stier angezogen, deshalb sammelt er sie und umgibt sich mit ihnen. Im Kreis von Gleichgesinnten und Gleichgestimmten, die mit ihm die schönen Seiten des Lebens genießen, fühlt sich der vom Stierprinzip geprägte Mensch wohl. Probleme wälzen, Konflikte austragen und Anstrengung überhaupt ist für andere vorgesehen! Nur wenn das Stierprinzip in seinem Lustempfinden angesprochen ist, setzt es sich in Bewegung, und dann kann es auch beharrlich an einer Aufgabe dranbleiben. Der stierbetonte Mensch kann dann darin sehr ausdauernd sein, ebenso wie er zäh an den vorhandenen Ressourcen festhält. Damit ist schon ein Übergang zu den problematischen Aspekten des Stierprinzips gegeben.

Problematisch: Der Stiermensch kann ausgesprochen träge und faul sein, denn was ihm persönlich nichts bringt, interessiert ihn nicht. Er bleibt dann sozusagen in seinem eigenen Saft sitzen, und das ungelebte Leben kann sich in einer Depression manifestieren. Im Mangel an Flexibilität und Offenheit für Anderes und Neues zeigt sich eine problematische Seite der fixen Qualität des Stierprinzips, er ist ein Meister im Abblocken und Ausblenden von allem, was ihm nicht passt. Seine Sturheit und Dickköpfigkeit gegen alle Vernunft sind selbst Nichtastrologen bekannt.

Weil Ungewohntes das konservative Wesen des Stiers zunächst einmal stört, wird es abgeblockt und verdrängt. Verdrängung ist überhaupt eine seiner ausgeprägten Schattenseiten, und wenn er sich gedrängt fühlt, unangenehmen Dingen gegen seinen Willen ins Auge schauen zu müssen, kann seine Friedfertigkeit in rasende, blinde Wut umschlagen, in der er dann alles kurz und klein schlägt, verbal oder auch auf der physischen Ebene. Gerne wird ein solches blindwütiges Verhalten beschönigend als »Heiliger Zorn« interpretiert, was jedoch auf der oben beschriebenen Verdrängungsstrategie, die auf Abblocken von Unangenehmem – in diesem Fall, die eigenen Schattenseiten ehrlich zur Kenntnis zu nehmen – beruht. Ein weiteres Problem kann darin bestehen, dass der Mensch seine Stierseite einseitig in Form von Materialismus lebt, so dass seine emotionalen und geistigen Qualitäten gänzlich in der Materialität des Daseins ersticken.

Körperliche Ebene: Hals und Nacken.

♍ *Jungfrau: 2. Erdzeichen*

Veränderliches Zeichen, zugehöriger Planet: *Merkur* ☿. »Das stofflich Eingrenzende«[50] ist eine treffende Charakterisierung der Jungfrau. Ihr Leitsatz könnte lauten: »Im Detail liegt die Essenz, auf die es ankommt.« Im Jungfrauprinzip ist der Archetyp der Demeter konstelliert.

Die Hauptaufgabe des Jungfrauprinzips ist die Selbstbewahrung, und ihr auffälligstes Charakteristikum ist ihr unermüdliches

Tätigsein. Die Jungfrauanlage bewirkt zum einen ein Bedürfnis danach, vorzusorgen, bzw. ganz generell nach einer gesunden Lebensführung, wofür Ernährung, Schlaf, Bewegung und Hygiene die Basis bilden. Zum anderen steht die Jungfrauseite auch mit der regelmäßigen Reinigung von Fremdkontakten in Verbindung, wenn es darum geht, Eindrücke von außen zu verarbeiten.

Die Aufrechterhaltung der körperlichen Gesundheit ist ein natürliches Anliegen des Jungfrauprinzips, und so werden die körperlichen Bedürfnisse und Funktionen auf selbstverständliche Weise genau registriert und in alltäglichen Ritualen befriedigt. Dazu gehört ganz selbstverständlich auch die alltägliche und regelmäßige Hygiene und Pflege des Körpers. Das Anliegen, vorzusorgen, gründet auf einer Besorgnis oder gar Angst, für die Unwägsamkeiten der Zukunft nicht genügend gewappnet zu sein, und deshalb geht die Jungfrauseite im Individuum sehr sorgfältig und sparsam mit sämtlichen Ressourcen um.

Das Stichwort Ordnung gehört ganz genuin zum Jungfrauprinzip; die Fähigkeit, allem funktional angemessen seinen Platz zuzuweisen und diese Ordnung auch beizubehalten, ermöglicht erst ungestörtes Abwickeln von alltäglichen Verpflichtungen und Ritualen. Auch der geregelte und sparsame Umgang mit eigenen und fremden Ressourcen basiert auf dieser Grundfähigkeit, nützliche Ordnungsprinzipien zu erkennen, einzuführen und zu pflegen. Bei keinem anderen Tierkreiszeichen sind die Liebe zum Detail und die Fähigkeit, jede Einzelheit zu erkennen und mit zu berücksichtigen, so ausgeprägt wie beim Jungfrauprinzip, weshalb eine eigentliche Begabung zum Spezialistentum auffällt.

Die Fähigkeit und Notwendigkeit, sämtliche Eindrücke und Wahrnehmungen gut zu verarbeiten, das detaillierte »Verdauen« der Welt, verlangt immer wieder einen Rückzug von der Umwelt, eine Abgrenzung ihr gegenüber. Der Aspekt der Selbstbewahrung geht jedoch nicht nur einher mit der Fähigkeit zur Selbstfürsorge, sondern in der Übertragung auf die Umwelt auch mit der Fürsorge für andere Menschen. So sind jungfraubetonte Menschen besonders oft in allen Arten von Dienstleistungsberufen anzutreffen, auch in psychologischen und medizinischen Bereichen, wo sie sich gewissenhaft und sorgfältig für die Bedürfnisse der Dienstleistungsempfänger einsetzen und für die dazugehörigen notwendigen und reibungslosen Abläufe sorgen.

Problematisch: Wenn die Selbstbewahrungstendenz sich verselbstständigt, kann es zu einer eigentlichen Abwehr gegen alles Fremde kommen: Das Individuum verschließt sich, einer Mimose gleich, sofort gegenüber einer Berührung von außen. Dies betrifft körperliche, seelische und geistige Berührungen. Dasselbe gilt jedoch auch für die Aufnahme von Nahrungsmitteln und Medikamenten, wo es zu vielerlei Unverträglichkeiten und allergischen Reaktionen kommen kann, was auch das Zusammenleben mit anderen Menschen sehr erschweren kann.

Wenn Sparsamkeit übertrieben wird, entstehen Knauserigkeit und Geiz – sich selbst und anderen gegenüber. Wenn Ordnung und Hygiene zu Selbstläufern werden, d.h. wenn sie einseitig, übertrieben und alles beherrschend werden und keinerlei kreatives Chaos und Neues mehr Platz hat im Leben, dann vertrocknet das Leben in Zwängen und Einsperrungen. Eine weitere Möglichkeit der Fehlsteuerung des Jungfrauprinzips kann im übertriebenen Gebrauch der analytischen Fähigkeiten liegen, nämlich dann, wenn sie sich auf alles und jedes im Alltag beziehen und so ein hyperkritisches, nörglerisches Verhalten entstehen kann, das die ganze Welt gleichsam in Essig taucht. Das Resultat der unbewusst ausgelebten Schattenaspekte kann soziale Vereinsamung sein.

Körperliche Ebene: Dünndarm.

♑ *Steinbock: 3. Erdzeichen*

Kardinales Zeichen, zugehöriger Planet: *Saturn* ♄. »Das stofflich Bewegende«[51] ist eine treffende Charakterisierung des Steinbocks. »Man tut, man soll, man muss« könnte ein passender Leitsatz für den Steinbockgeprägten sein. Das Steinbockprinzip entspricht dem Archetyp des Senex, des Greises oder der Greisin.

Als kardinales Erdzeichen ist der Steinbock immer tätig, Faulheit ist ihm ein Fremdwort. In seiner Welt geht es ernst und ernsthaft zu und her. Denn hier geht es um Realitäten – und die sind wie sie sind und können oft als unerbittlich und hart erlebt werden. Der Steinbock als Pragmatiker ist ein Meister im Umgang mit der Realität. Steinbockgeprägte Menschen scheinen oft schon in Kindheit und Jugend »alt« zu sein, ja, einige scheinen schon alt und seriös geboren zu werden. Ihnen fehlt oft das Verspielte, Phantasievolle und Sorglose, wie wir es im Gegenprinzip Krebs finden.

Alter, Trockenheit, Kargheit und Sparsamkeit passen zum Steinbockprinzip.

Der Steinbock ist jeder Verschwendung abhold. Für die pragmatischen Steinbock-Menschen bietet die Realität mit ihren Widrigkeiten, Sperrigkeiten und Begrenzungen Aufgaben, die sie aktiv und ernsthaft angehen. Ihre Grundhaltung ist die der Anerkennung von Fakten, Gesetzen, Normen und Regeln, von Konventionen und Traditionen. Damit steht nicht nur das Individuum, sondern das organisierte Kollektiv im Fokus.

Das Steinbockprinzip ist wie kein zweites begabt für das Erkennen von Strukturen und somit auch der strukturellen Organisation von realen Fakten. Der ausgeprägte Ehrgeiz eines Menschen mit starker Steinbockanlage nach öffentlicher Anerkennung und Auszeichnungen, sein Bedürfnis, sich Rang und Namen zu erwerben und mit Menschen von Rang und Namen zu verkehren, wird hilfreich unterstützt durch seine angeborene Fähigkeit, die für ihn wichtigen Instanzen und Personen zu erkennen, wodurch er seinen unaufhaltsamen Aufstieg von langer Hand planen kann. Er erklimmt Sprosse um Sprosse in institutionellen und staatlichen Organisationen. Seine ausgeprägte Tendenz, alles Private dem Allgemeingültigen unterzuordnen,[52] wendet er auch auf die eigene Person an: Sein individuelles Wohlergehen, seine eigenen körperlichen, emotionalen und geistigen Gegebenheiten und Bedürfnisse stellt er zugunsten der Verpflichtungen einer Sache und zugunsten kollektiver Werte hintan. Als Person objektiviert er sich gleichsam selbst und macht sich fit für eine bestimmte Rolle in Familie, Beruf und Gesellschaft, die er in der Regel mit hoher Zuverlässigkeit und Verantwortungsgefühl ausübt. Er kann dabei viel Ausdauer an den Tag legen und lange Durststrecken und vielerlei Entbehrungen auf sich nehmen. Denn das »Man« steht über dem »Ich«.

Problematisch: Wenn der steinbockgeprägte Mensch in der Erfüllung von anstehenden Verpflichtungen übertreibt, kann er seine persönliche Befindlichkeit missachten und seine persönlichen geistigen, seelischen und körperlichen Bedürfnisse vernachlässigen – weil er keine Wahrnehmung dafür hat. Er kann jedoch nicht nur sich selbst, sondern auch andere Menschen versachlichen und übergehen. Der böse Ausdruck »Radfahrerprinzip« meint eine Tendenz von problematischem Verhalten, das gewisse Steinbockgeprägte »nach oben buckeln und nach unten treten« lässt. Dies kann – wenn das charakterliche Niveau tief ist – mit berechnender Tücke geschehen, langsam, Zug um Zug, bis die angestrebte Position errungen ist. Dabei können vermeintliche oder echte Rivalen skrupellos ausgeschaltet werden.

Wenn sein Pflichtbewusstsein zwanghaft wird, kann der steinbockgeprägte Mensch der Gefangene einer Zwangsneurose werden. Ein weiteres Problem kann seine Existenzangst sein und – selbst wenn er reich ist – seine Verarmungsangst, was seine Sparsamkeit zu Geiz werden lässt. Dies und die Überlastung durch Verpflichtungen können zur Depression führen, in der der Mensch in Kälte und Unlebendigkeit erstarrt.

Körperliche Ebene: Knochensystem, Gelenke, Zähne, Haut.

Die drei Luftzeichen Zwillinge ♊, Waage ♎ und Wassermann ♒

Luft bedeutet Freiraum, da gelten die Gesetze der Materie nicht, denen die Erdzeichen unterliegen. Leichtigkeit bestimmt das Daseinsgefühl, denn keine Erdenschwere klebt an den Füßen, die in vielen Fällen die Erde noch nie berührt haben. In der luftigen Höhe des Denkens, Spekulierens und Diskutierens sind beinahe unendlich viele Möglichkeiten offen, denn es gibt keine harten Fakten, die für Begrenzungen der intellektuellen und geistigen Aktivität sorgen.

So schnell wie die Luftseite im Menschen ist kein anderes Element, und wenn Erde und Luft aufeinandertreffen, kann es zu Konflikten und Reibungen führen, sei dies zwischen zwei unterschiedlich geprägten Individuen oder in ein und demselben Menschen. Die pausenlos mit Wissen und Kommunizieren beschäftigten Luftelemente setzen sich leicht über die stetigen und rhythmisch sich wiederholenden körperlichen Bedürfnisse nach Ernährung, Bewegung und Schlaf hinweg, einfach weil der Bezug zum Körper oft sehr locker, wenn nicht gar abgespalten ist. Auch zu ihren Emotionen haben Luftzeichen eine große Distanz, oft werden sie deshalb als kühl, kalt berechnend, unberechenbar und oberflächlich von Menschen wahrgenommen, die in den Tiefen der Emotionen wurzeln, wie es bei den Wasserzeichen der Fall ist. Auch hier geht es um Geschwindigkeitsunterschiede, denn die langsamen und langhaftenden Emotionen fühlen sich übergangen und abgeschnitten von den temporeichen Wechselspielen der Luftgeister. Dieser Konflikt kann sich auch in der eigenen Psyche abspielen.

♊ *Zwillinge: I. Luftzeichen*

Veränderliches Zeichen, zugehöriger Planet: *Merkur* ☿. »Das geistig Fluktuierende«[53] ist eine treffende Charakterisierung der Zwillinge. Leitsätze könnten sein: »Die neuesten Neuigkeiten zu kennen, nützt mir heute am meisten«, »Was mir heute nützt, kann morgen schon nutzlos sein und der Vergangenheit angehören«, »Was mir nützt, ist gut«. Das Zwillingeprinzip entspricht dem Archetyp des Puers / der Puella, des ewigen Jünglings bzw. ewigen Mädchens.

Die luftig-quirligen Zwillingemenschen sind auf unaufhörliche Veränderung gestimmt, alles Neue erregt sofort höchstes Interesse, das jedoch schnell abklingt, sobald das Neue alt bzw. benannt worden ist – und weiter geht's zum nächsten Objekt, das die Neugierde erregt. Austausch und Kommunikation sind das Lebenselixier für zwillingebetonte Menschen, und bei mangelnder intellektueller oder geistiger Anregung fühlen sie gähnende Langeweile und können sich depressiv verstimmt fühlen. Sie leben jedoch sofort wieder auf, wenn eine neue Anregung ihre Aufmerksamkeit erregt und sie belebt. Ihre schnell wechselnden Gefühle kennen sie meist nicht besonders gut.

Ökonomie ist alles. So regiert in Zwillingegeprägten das Nützlichkeitsdenken, und die Zwillingsseite im Menschen springt hellwach an, sobald ein Reiz auf sie trifft, der mit der leichten Auffassungsgabe, die dem Zwillingeprinzip eigen ist, sofort erfasst und blitzschnell auf seine Nützlichkeit hin überprüft wird. Je nachdem, wie die Blitz-Diagnose ausfällt, wird ein Gedanke entweder verwendet oder verworfen.

Der Austausch von Neuigkeiten und Wissen ist wichtig für zwillingegeprägte Menschen. Es findet sich bei diesen oft eine ausgesprochene sprachliche Begabung, und zwar in Wort und Schrift. Kein Wunder also, dass Schriftstellerinnen und Journalisten meist mit einer Zwillingeanlage gesegnet sind. Fremdsprachen werden mit Leichtigkeit aufgenommen, Texte flüssig geschrieben, Reden locker gehalten. Die Zwillinge-Begabung beschränkt sich jedoch nicht nur auf den geschickten und vielfältigen Umgang mit Wort und Text, sie findet auch ein fruchtbares Betätigungsfeld in der Finanzwelt und im Handel. Auch eine technische Begabung ist nicht selten vorhanden. Diese Tausendsassaanlage kann auch mit einer großen manuellen Geschicklichkeit einhergehen, die sich auf alle Arten von Materialien anwenden lässt.

Problematisch: Gerade die große Flexibilität und Beweglichkeit können zum Hauptproblem werden, wenn sie intrapsychisch nicht durch Gegentendenzen ausgeglichen und stabilisiert werden. Fehlt ein stabilisierendes Element, erleben wir Zwillingebetonte bezüglich ihrer Einstellungen und Haltungen als flatterhaft, als Fähnchen im Wind, das seine Meinung je nach Windrichtung ändert, als Menschen, auf die entsprechend kein Verlass ist. Verbreitet sind auch Alltagsklatsch und billiger Journalismus, der lieber die Sensationslust befriedigt als ernsthaft recherchiert.

Die Begabung zur Intrige entspringt letztlich der Angst vor Langeweile, der entflohen werden kann, wenn mit Leichtigkeit ein Drama in Gang gesetzt wird, in dem andere Menschen als Spielbälle missbraucht und deren Gefühle und Ruf beschädigt und skrupellos missachtet werden. Auch Lug und Betrug in Politik und Finanzwelt gehören in das Feld einer problematisch verwendeten Zwillinge-Energie.

Auf das Individuum selbst kann sich eine verselbstständigende Zwillingeanlage schädigend auswirken, indem der betroffene Mensch einer nervösen Spannung und gar der Zersplitterung verfällt. Diese Gefahr kann sich auf alle denkbaren Interessen richten, jedoch auch auf das Beziehungsleben, wo es unstetig von einem Partner zum nächsten geht.

Körperliche Ebene: Nervensystem, Arme und Hände, Atmungsorgane.

♎ *Waage: 2. Luftzeichen*

Kardinales Zeichen, zugehöriger Planet: *Venus* ♀. »Das geistig Lenkende«[54] ist eine treffende Chrakterisierung der Waage. Ein Leitsatz könnte sein: »Eine harmonische Beziehung ist alles.« Das Waageprinzip entspricht dem Archetyp der Göttin der Schönheit, Venus-Aphrodite.

Kein Mensch blüht in der Begegnung mit dem Du so sehr auf wie der meistens heiter-beschwingte, fröhliche und unbeschwerte Waage-Veranlagte. Dabei ist er immer auf der Suche nach einem harmonischen Ausgleich, nach einer Balance zwischen Ich und Du. Die Offenheit Kontakten gegenüber beschränkt sich jedoch nicht auf einzelne Menschen, sondern richtet sich auch auf deren gestalterische Ausdrucksformen, wie sie in Kunst und Kultur anzutreffen sind. Viele Künstlerinnen und Künstler haben selber eine Waagebetonung.

Die Waageseite im Menschen ist venusgeprägt und entsprechend sinnlich begabt, durch ihre Kombination mit dem Element Luft jedoch in einer verfeinerten Art – im Vergleich zum einfacheren Ausdruck der erdenschweren Stier-Venus. Allem Schönen, Luxuriösen und Raffinierten gegenüber zeigt sich die Waage, die über einen verfeinerten Geschmack und ein ebenso exquisites Genussempfinden verfügt, offen und zugänglich.

In Konflikten versucht sie auszugleichen, indem sie alle gegensätzlichen Kräfte, die in einem Konflikt eine Rolle spielen, erkennt und berücksichtigt und sich durch diese dann in eine bestimmte Richtung lenken lässt bzw. diese selber in eine sich herausbildende Richtung lenkt. Bildlich gesprochen, werden also alle divergierenden Kräfte und einzelnen Willensbekundungen ins gleiche Boot geholt, dessen Fahrtrichtung sich dann durch die lenkende Einsicht des Waageprinzips ergibt, das immer den Ausgleich sucht. Der Wunsch nach Ausgleich und Harmonie erschöpft sich also nicht bloß in ästhetischen Anliegen und Begabungen, sondern zeigt sich auch in ausgeprägten diagnostischen Fähigkeiten. Deshalb ist in allen Situationen und Berufen, in denen Ausgewogenheit oder die Fähigkeit, Wogen zu glätten und Konflikten die Spitze zu nehmen, eine Rolle spielen, die Waageanlage gefragt.

Problematisch: Verselbstständigen sich die ästhetischen Prinzipien als die Grundkonstanten im Leben eines waagebetonten Menschen, können sie alle andern Kriterien dominieren und bewirken, dass das Individuum einseitig ästhetische Kriterien anwendet, wenn es um das Sich-Einlassen auf Menschen, Objekte und Erfahrungsmöglichkeiten geht. Dies kann zu einer hochselektiven Haltung führen, die alles Unausgewogene, Hässliche und Rohe meidet und sich in einer Welt des schönen Scheins, der Verzärtelung und Verweichlichung vergräbt. Ebenfalls zu den Schattenseiten gehören Oberflächlichkeit in Beziehungen und Genusssucht, die sich auf erotisches Erleben, aber auch auf Essen und Trinken beziehen kann.

In Konflikten tun sich Menschen mit Waageanlage schwer, Stellung zu beziehen und Entscheidungen zu treffen. Denn es gibt für sie nichts Qualvolleres, als zwischen verschiedenen Optionen zu stehen und sich für eine entscheiden zu müssen. Gelingt es ihr nicht, sich zu entscheiden, bleibt die Waage unaufhörlich hin- und herschwankend im Konflikt stecken. Nicht selten vollführt die Waage jedoch eine sogenannte »Übersprungshandlung«, um die Qual der Wahl zu beenden, indem sie, statt zu entscheiden, blitzschnell und blind das Erstbeste tut oder ergreift, was einer unbewussten und unkultivierten Schattenseite, die im Fall der Waage widdergeprägt ist, entspricht.

Eine andere schwerwiegende Schattenseite ist die unbewusste Aggression, mit der gelangweilte Waagemenschen Zwietracht säen, Menschen gegeneinander ausspielen, um danach als die zu erscheinen, die Harmonie zwischen den von ihnen selbst angestachelten Streithähnen stiften und sich als Harmoniestifter großartig zu fühlen.

Körperliche Ebene: Nieren, Drüsen, weibliche Sexualorgane.

♒ *Wassermann: 3. Luftzeichen*

Fixes Zeichen, zugehörige Planeten: *Saturn* ♄ und *Uranus* ♅. »Das geistig Ordnende«[55] ist eine treffende Charakterisierung des Wassermanns. Sein Leitssatz könnte sein: »Den Überblick zu gewinnen und zu behalten, ist das Wichtigste.« Der Wassermann entspricht dem Archetyp des Aufklärers.

Ideen und Ideologien sind die tragende Basis im Leben von wassermannbetonten Menschen, und zwar in dem Sinne, als überpersönliche Ideen sein persönliches Leben erfüllen und tragen.[56] Er versucht, das Einzelne zu verstehen und es innerhalb einer größeren Ordnung, eines Systems, zu verorten. Indem er von einer zentralen Idee her die Welt und ihr Treiben gleichmütig affektlos betrachtet und systematisch ordnend durchlichtet, gewinnt er existentielle Sicherheit. Aus dieser Haltung heraus kann sich Toleranz für die verschiedensten Lebensformen entwickeln. Die kühl beobachtende und systematisch ordnende Haltung bringt eine Distanz zum lebendigen Augenblick mit seinen affektiven Färbungen und ermöglicht, einen Überblick zu erlangen, der über die jeweils aktuelle Situation hinausgeht. Überall, wo die Zuverlässigkeit eines kühlen bzw. wohltemperierten Kopfs gefragt ist, ist eine Wassermannanlage von Vorteil – einem Leuchtturm gleich, der durch sein Licht Orientierung gibt.

Der Kopf allein macht jedoch noch keinen Menschen aus, und so ist es eine Hauptaufgabe im Leben von jedem wassermanngeprägten Menschen, die Spannung zwischen Geist und Materie, Intellekt und Körper mit den daraus erwachsenden Instinkten und Emotionen zu vereinen, in Kontakt zu bringen und diese Beziehung zu pflegen. Nur so kann das Licht des Verstehens und der Toleranz auf der Erde leuchten.

Problematisch: Wenn Menschen mit einer Wassermannanlage sich zu sehr vom Boden der gewachsenen Realität entfernen und sie dieser ihre lebensfernen Ideen aufzwingen wollen, können sie – unter Mithilfe von Saturn und Merkur – durch starr doktrinäres Handeln alles organisch Gewachsene, Individuelle ersticken. Dies zeigt die Geschichte immer wieder im grausamen Handeln von Despoten.

Nicht jeder Wassermann ist jedoch ein Staatsmann, und natürlich ist nicht jeder Staatsmann ein Menschenfeind, zum Glück. Es gilt jedoch für jeden wassermanngeprägten Menschen, darauf zu achten, sich nicht in blutleerer Doktrin und abstraktem Schematismus zu erschöpfen, was ein Hinweis darauf wäre, dass er an seiner Lebensaufgabe, Geist und Materie zusammenzubringen, gescheitert ist.

Körperliche Ebene: Waden, Nervensystem.

Die drei Wasserzeichen Krebs ♋, Skorpion ♏ und Fische ♓

Eine ganz andere Atmosphäre als in den luftigen Höhen herrscht in den Tiefen der Wasserwelten: Im Unterschied zur Schwerelosigkeit der Luft ist Wasser schwer. Es ist jedoch, ähnlich der Luft, auch formlos, es kann überallhin fließen, wenn es nicht von einem Gefäß gehalten wird. Um eine Begrenzung zu erfahren, braucht

Wasser also ein Gefäß, das ihm Halt und Form gibt. Das heißt, dass wasserbetonte Menschen sehr sensibel auf atmosphärische Gegebenheiten reagieren. Je nachdem, wie die Umgebung sich verhält und was sie stimmungsmäßig verbreitet, fühlt sich der rezeptiv begabte Wasserveranlagte verschieden gut eingeladen, sich einzubringen.

♋ *Krebs: 1. Wasserzeichen*

Kardinales Zeichen, zugehöriger Planet: *Mond* ☾. »Das seelisch Schöpferische«[57] ist eine treffende Charakterisierung des Krebses. Sein Leitsatz könnte lauten: »Geborgenheit und Wärme sind das Wichtigste im Leben.« Der Krebs verkörpert den Archetyp des Kindes.

Seelisch schöpferisch kann der krebsbetonte Mensch nur sein, wenn er seine eigene Lebensmelodie gefunden hat. Das ist die Hauptaufgabe des in Phantasien und Träumen lebenden sowie vom Wünschen geleiteten Krebszeichens. Alle Sphären der Phantasie gehören zur Mondwelt,[58] und der mondgeprägte Krebs lebt ganz selbstverständlich in der Phantasie, im Traum und ist damit dem Unbewussten in seiner ganzen farbigen, oft nur flüchtigen und bruchstückhaften Vielfalt nahe. Die Seele in ihrem lebendigen Fluss von Veränderungen, in ihrer schwebenden und flüchtigen Erscheinungsweise, bestimmt genuin das Lebensgefühl des krebsbetonten Menschen, der sich gerne in den sich verändernden, im Dunkel des Unbewussten wurzelnden Lebensprozessen treiben lässt.

Es ist entscheidend, ob der Krebs die Fähigkeit entwickelt, sich aktiv an die sich verändernden Bedingungen, die das Leben mit sich bringt, anzupassen und aktiv zu beteiligen und sich nicht bloß passiv treiben zu lassen. Wenn es dem krebsbetonten Mensch gelingt, seine passiv empfängliche, wünschende und träumende Haltung in die Tat umzusetzen und so seine Begabungen zu bündeln und zu realisieren, vermag er zum schöpferischen Gestalter zu werden. Seine starke Tendenz zur Reflexion ist eine Begabung, die jedoch die Gefahr in sich birgt, jede mögliche Stoßrichtung zu hinterfragen und in der Welt der Möglichkeiten hängen zu bleiben.

Der Krebsveranlagte blüht auf, wenn er atmosphärisch günstige, ihn tragende Bedingungen vorfindet. Diese Seite im Menschen scheint wie das Kind noch das ganze Leben in seiner Fülle vor sich zu haben. Dies lässt ihn immer weitersuchen, denn Träume und Phantasien sind ohne Grenzen. Der gefühlsbetonte Krebs ist in seinem Hunger nach Leben gleichsam immer auf der Wanderschaft, in vielen Fällen vom eher unbewussten als bewussten Wunsch angetrieben, letztlich seine eigene Lebensmelodie und damit seine eigene Lebensmotivation zu finden, die ihn einer Ganzheit näherbringt.

Die Liebe zum eigenen Heim sowie zur eigenen Familie, die meist ausgeprägte Freude an Kindern und die gute Beziehung zu ihnen, scheinen im Widerspruch zu stehen mit dem Wandertrieb, dem der Krebsmensch aufgrund seines Lebenshungers ausgeprägt unterworfen ist. Manche bleiben darin lebenslänglich stecken. Wandertrieb und Familienleben sind in vielen Fällen aber nur scheinbar im Widerspruch, da das unstete Wesen meistens in der ersten Lebenshälfte dominiert, während der Wunsch, eine Familie zu gründen, im reiferen Alter ausgeprägter wird. Wenn die Familie einmal da ist, stellt sie für viele krebsbetonte Menschen einen existentiellen Anker dar, der zu ihrem Lebenszentrum wird. Viele Krebsmenschen haften gefühlsmäßig auch stark an ihrer Herkunftsfamilie und sind damit vergangenheitsorientiert.

Sehr typisch ist die Schwellenangst, die der Krebsveranlagte vor einer mehr oder weniger unbekannten Situation erlebt, die sich jedoch in Nichts auflöst, sobald die Schwelle überschritten ist.

Problematisch: Ihre Sensibilität und ausgeprägte Verletzlichkeit lässt die Krebsmenschen schnell auf Rückzug gehen, wobei sie sich gegenüber der Umwelt auf eine ganz bestimmte Art und Weise verschließen, nämlich, indem sie schmollen. Ein wunderbares Porträt von einem Schmoller zeichnet der krebsbetonte Schweizer Dichter Gottfried Keller in seiner Novelle »Pankraz, der Schmoller«.

Findet ein krebsbetonter Mensch seine eigene Lebensmelodie nicht, bleibt er ein Nachahmer. Ein so Entwurzelter ist in männlichen Varianten oft ein Getriebener, der sich auch in Liebesbeziehungen nicht festlegen kann. Bei Frauen kann sich die Unreife, die mit dem Mangel an Verwurzelung in sich selbst einhergeht, nicht selten darin äußern, dass sie im Kindstatus bei einem Partner verharren wollen, der den Elternpart und damit die Verantwortung für das gemeinsame Leben weitgehend übernimmt. Eine solche Kindfrau will meist keine Kinder, weil sie diese als Konkurrenz empfinden würde. Denn in der Mutterrolle müsste sie die Verantwortung der Erwachsenen tragen, der sie sich in der Kinderrolle weitgehend entziehen zu können berechtigt fühlt.

Körperebene: Flüssigkeitshaushalt, Drüsen, Magen.

♏ *Skorpion: 2. Wasserzeichen*

Fixes Zeichen, zugehörige Planeten: *Mars* ♂ und *Pluto* ♇. »Das seelisch Spannungstragende«[59] ist eine treffende Charakterisierung des Skorpions. Sein Leitsatz könnte lauten: »Die ewige Suche nach der Wahrheit ist mein Lebenselixier.« Die Archetypen des Skorpions sind Hades und der Evangelist Johannes.

Skorpionbetonte Menschen sind, entsprechend dem zugehörigen Planeten Mars, kämpferisch und mutig, wenn es um das Verteidigen von hohen Werten und unbequemen Wahrheiten geht. Mit Bezug auf Pluto, dem zweiten zugehörigen Planeten, der das Prinzip der Metamorphose oder des Stirb und Werde symbolisiert, trägt der Skorpionveranlagte hohe Ansprüche und Leitbilder in sich, denen das real Gegebene selten genügt, weshalb er auf die Wandlung des Gegebenen in all seinen Mängeln ausgerichtet ist. Dies impliziert eine kritische Haltung dem Leben gegenüber und zugleich konstruktive Vorstellungen für eine Verbesserung der Bedingungen. Dabei ist die Frage des Maßes immer präsent, denn der Zweifel an dem, was vordergründig sichtbar ist, bestimmt die Grundhaltung des skorpionbetonten Menschen. Da Mars im Skorpion – im Unterschied zur extravertierten Marsenergie beim widderbetonten Menschen – introvertiert ist, richtet sich der manchmal bohrende Zweifel in erster Linie gegen das Individuum selber. Dabei geht er meist furchtlos und radikal vor, denn er will die schonungslose Wahrheit.

Beim Skorpion besteht die Gefahr, in Extremen zu verharren oder in eine Ambivalenz zu verfallen. Die Extreme können vom Unmenschlichen bis zum Übermenschlichen reichen, es hängt – wie immer – vom Entwicklungsniveau und von der Erbmasse ab. Wenn es dem Skorpiongeprägten jedoch gelingt, sowohl Extremismus als auch Ambivalenz gegenüber dem Vorgefundenen in Schach zu halten, ist er wie kein anderes Zeichen dazu fähig, sich selbst und seine Motive kritisch zu reflektieren und dank seiner plutonischen Fähigkeiten einer radikalen Reinigung zu unterziehen, die bis zur vollständigen Umwandlung, der Katharsis, wie sie vom griechischen Theater bekannt ist, gehen kann. Gelingt dies, kann er übermenschliche Qualitäten entwickeln, die er der Gesellschaft zur Verfügung stellt.

Neben dem selten schlafenden Selbstzweifel wird jedoch auch die Außenwelt diesem kritischen Blick unterzogen: Das Interesse des Skorpions ist, im Unterschied zum familienbezogenen Krebs, auf das Zusammenleben in größeren Gruppen und gesellschaftlichen Organisationen ausgerichtet sowie auf die darin herrschenden moralischen und ethischen Werte von Gerechtigkeit und Wahrheit. Mit großer Hartnäckigkeit deckt er vorgefundene Missstände auf und versucht, sie einer Reform zu unterziehen. Kein Wunder, dass es viele begabte Entdecker, Forscherinnen, Kriminalisten, Psychotherapeutinnen und Reformer – z.B. den Reformator Martin Luther – mit einer Skorpionanlage gab und gibt, denn dieses Zeichen ist wie kein anderes mit der dafür notwendigen doppelten Fähigkeit ausgerüstet, nämlich mit dem »Adlerblick« für das klare und ungeschönte Entdecken von Schwierigkeiten einerseits und dem langen Atem andererseits, Konflikte und Spannungen auszuhalten, bis sie einer Lösung zugeführt worden sind.

Problematisch: Es ist sehr stark von der Erbanlage und dem Milieu abhängig, ob die genannten Fähigkeiten zu kritischem Blick und Zweifel und die damit einhergehende Ambivalenz konstruktiv oder destruktiv verwendet werden. Im problematischen Fall wird kein Maß gefunden, sei es bezüglich der Selbstzweifel oder der Zweifel gegenüber der Außenwelt, sondern der Skorpionmensch neigt dann einseitig zum Extrem: Im schlimmsten Fall kann es zu einem nie endenden Zweifel und zu einer unbarmherzigen, vernichtenden Kritik an sich selbst kommen, die das Individuum daran hindern kann, sich zu entfalten und sich etwas zuzutrauen, und zwar sowohl im Privat- als auch im Berufsleben.

Wird die Kritik maßlos auf die Außenwelt gerichtet und alles negativ eingeschwärzt und damit verzerrt wahrgenommen, bleibt nur noch Vernichtung übrig, die sehr viele Formen annehmen kann – vom notorischen Nörgeln zu immer sprungbereitem vernichtendem Sarkasmus bis zu querulatorischem Verhalten, das versucht, konstruktive Bemühungen des Kollektivs zu sabotieren. Problematisch, weil bloß destruktiv, ist es auch, wenn nur Kritik geübt wird und kein Vorschlag zu etwas Besserem, wenn auf das »Stirb« kein »Werden« folgt.

Körperebene: Dickdarm, Sexualorgane.

♓ *Fische: 3. Wasserzeichen*

Veränderliches Zeichen, zugehörige Planeten: sind *Jupiter* ♃ und *Neptun* ♆. »Das seelisch Teilhabende«[60] ist eine treffende Charakterisierung der Fische. Das Fische-Motto könnte lauten: »Meine Phantasien tragen mich über die hässlichen Realitäten hinweg in bessere Welten.« Der Archetyp der Fische ist der Mystiker.

Fischegeprägte sind – wie die beiden anderen Wasserzeichen Krebs und Skorpion auch – ausgesprochen sensibel und reagibel auf Atmosphärisches, Unausgesprochenes, Unbewusstes. Im Unterschied zu den beiden ersten Wasserzeichen schwingen die Fische jedoch in Stimmungen mit, tauchen ein, nehmen die Melodie und Farbe der sie umgebenden Einflüsse auf.

Alles Traumhafte, Phantastische erfüllt den fischegeprägten Menschen. Seine neptunische Seite lässt ihn alle realen, harten Fakten mit ihren Grenzen und Begrenzungen durchdringen, diese schmelzen dahin, lösen sich gleichsam auf.[61] So kann den Fischegeprägten nichts abhalten von der grenzenlosen Einfühlung in die Umwelt, die meistens irgendeinen Leidensaspekt aufweist, der seine Hilfsbereitschaft mobilisiert. Dabei kann er wie kein zweiter im Helfen, Leiden-Lindern, im Die-Seele-Unterstützen vollständig aufgehen, ja, darin findet er sein eigentliches Lebenselixier. Allerdings liegt seine Stärke – wie aus dem eben Gesagten leicht abzuleiten ist – meist weniger im konkreten Handeln als im empathischen Mitschwingen. Seine anteilnehmende, zartfühlende, seelische Gestimmtheit ist grenzenlos, und so sind die Tränen bei dieser zart besaiteten Seele sehr schnell am Fließen. Die oft vorhandene Musikalität der Fischegeprägten beruht auf dieser Fähigkeit, ohne Worte verstehen zu können.

Zu allen Bereichen, die jenseits der gewöhnlichen Realität liegen, hat der fischegeprägte Mensch einen selbstverständlichen Zugang, so auch zur Welt von Spiritualität, Mystik und Meditation. Wie die Neptunqualität tut sich auch die Jupiterseite im fischegeprägten Individuum ausgesprochen schwer, Grenzen zu finden und zu setzen.[62] Aus der Kombination dieser beiden eher entgrenzenden Archetypen Neptun und Jupiter stellt sich ganz besonders die Frage des Maßes: Wo keine Grenzen gesehen werden oder wo Grenzen dazu da sind, um durchdrungen, aufgelöst oder überwunden zu werden, kommt es zur ewig konstellierten Sehnsucht nach einer Auflösung in die kosmische Einheitswirklichkeit. Im konstruktiven Fall kann dies zu einer tiefen mystischen Erfahrung führen und damit zur Erfahrung des Einsseins mit dem Göttlichen kommen.

Problematisch: Wenn die Grenzen zwischen Ich und Umwelt gänzlich verschwimmen, sich vollständig auflösen, und wenn für diese ewig wache Sehnsucht nach Entgrenzung keine tragenden und schützenden Gefäße wie beispielsweise Meditation oder echte Religiosität vorhanden sind, kann es für den fischegeprägten Menschen auch gefährlich werden. Er kann dann nicht mehr unterscheiden zwischen sich und dem anderen, löst sich gleichsam auf und versinkt so im Chaos. Die Sehnsucht nach Verschmelzung und Eingehen in eine Welt der Traumhaftigkeit und Phantasie, wo keine kantigen Realitäten stören, bringt also vielerlei Gefährdungen mit sich: Neben frömmlerischen Anwandlungen und Aufgehen in allerlei Sekten können Drogen aller Art – Alkohol, Medikamente sowie weiche und harte Drogen – eine große Anziehung gewinnen. Dabei ist oft nicht klar, ob der Fischegeprägte verführt wird oder selbst aktiv verführt; die Grenzen zwischen aktivem Handeln und passivem Hineinschlittern sind oft unklar.

Körperebene: Füße.

Die zwölf Tierkreiszeichen in ihrer funktionellen Abfolge

Wie zu Beginn von Kapitel 2 bereits festgehalten wurde, entsprechen die zwölf Tierkreiszeichen zwölf Archetypen, die in einer funktionellen Abfolge zu verstehen sind. Sie gehören ganz natürlich zum Menschen, und je vollständiger er diese zwölf archetypischen Funktionsweisen zur Verfügung hat, desto größer ist seine Chance, sich an die Ganzheit des Menschseins anzunähern.

Die zwölf archetypischen Qualitäten des Menschseins treten in einer astro-psychologischen Abfolge auf. Es handelt sich jedoch nicht um ein lineares Fortschreiten vom einen Zeichen mit seinen spezifischen Qualitäten und Aufgaben bzw. Funktionen zum nächsten, sondern um die Repräsentation einer Ganzheit, die im Laufe des Lebens mehr oder weniger vollständig erlangt werden kann. So kommen manche Menschen mit einer »kopflastigen« Anlage auf die Welt und kämpfen viele Jahre ihres Lebens um eine Verankerung in der Materie, in ihrem Körper mit seinen Instink-

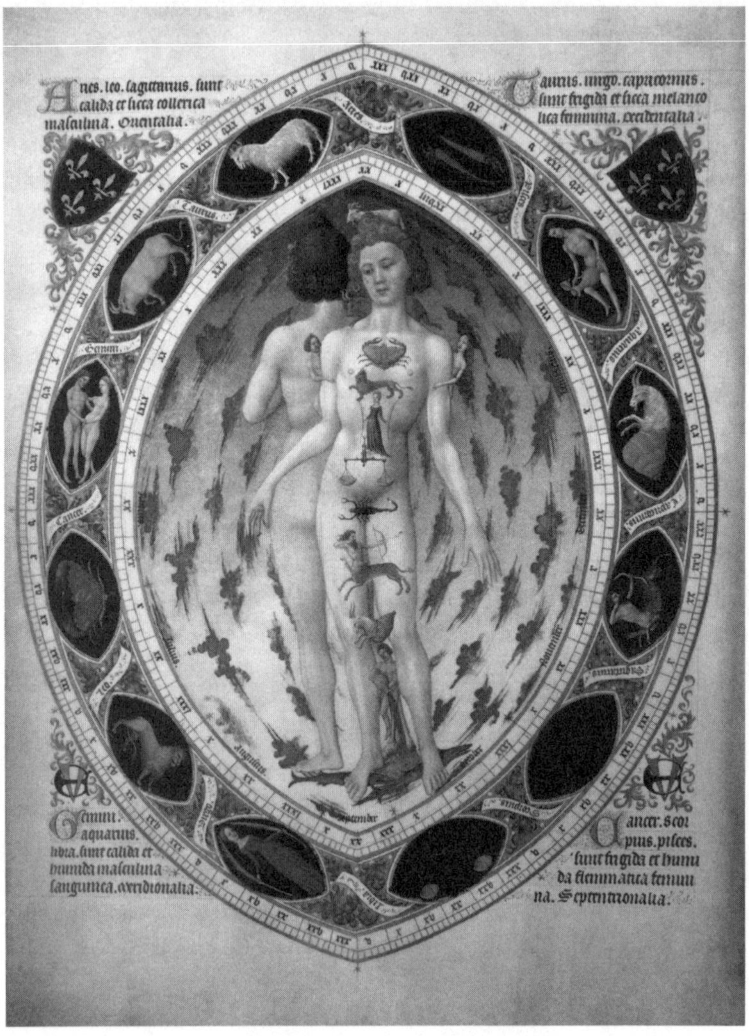

Abb. 5: Der anatomische Mensch. Französische Buchmalerei der Gebrüder Limburg (um 1416)

ten und Gefühlen. Andere sind so erdhaft veranlagt, dass es sie große Mühe kostet, abstrakt oder symbolisch zu denken. Bei der Tierkreiszeichenabfolge geht es also um archetypische Menschheitsthemen, die für jedes Individuum relevant sind. Je vollständiger veranlagt ein Mensch ist, desto »ganzer« wird er im Laufe seines Lebens – vorausgesetzt, er arbeitet an sich und den Herausforderungen, die das Leben mit seinen Entwicklungsaufgaben an ihn stellt.

Die Reihenfolge der Tierkreiszeichen im Tierkreis ist wie folgt: Widder, Stier, Zwillinge, Krebs, Löwe, Jungfrau, Waage, Skorpion, Schütze, Steinbock, Wassermann, Fische.

Nachdem also in den vorangegangenen Unterkapiteln die zwölf Tierkreiszeichen zum einen unter dem Aspekt der drei energetischen Ausprägungen »kardinal«, »fix« und »veränderlich« sowie hinsichtlich ihrer Zugehörigkeit zu den vier Elementen Feuer, Erde, Luft und Wasser betrachtet wurden, kann nun die funktionelle Abfolge der Tierkreiszeichen erklärt werden.

So geht es in diesem Unterkapitel nun darum, die archetypische Zwölfheit des ganzen Tierkreises mit ihren einzelnen Elementen (Tierkreiszeichen) zu skizzieren und dabei den Fokus auf die jeweiligen ausgeprägten Talente und Schwächen der aufeinander folgenden Zeichen aufzuzeigen. Da in der Vulgärastrologie immer noch eine Unterscheidung zwischen »guten« und »schlechten« Tierkreiszeichen vorgenommen – und auf diesem Niveau die Astrologie missbraucht und beschädigt wird –, soll an dieser Stelle gegengesteuert und gezeigt werden, dass alle Tierkreiszeichen spezifische Funktionen innehaben, die für das Ganze notwendig sind. Jedes von ihnen hat eine spezielle Funktion, und je vollständiger sie im Laufe eines Menschenlebens belebt und entwickelt werden, desto ganzheitlicher kann eine Persönlichkeit sich entfalten, was mit wachsender Authentizität einhergeht.

Die Tierkreiszeichen sind also zwölf Elemente einer funktionellen Ganzheit, wozu auch ihre jeweilige spezielle Dynamik gehört sowie das Verhältnis der benachbarten Tierkreiszeichen untereinander. So soll nun der Bogen vom ersten bis zum letzten Tierkreiszeichen gespannt werden, der mit dem energievollen Aufbruch im Widder beginnt und mit der sanften Auflösung in den Fischen endet.

Eine kompakte und damit natürlich auch holzschnittartige

Charakterisierung der zwölf Tierkreiszeichen in ihrer natürlichen funktionellen Abfolge kann etwa so aussehen:

♈ *Widder (21. März 2015 bis 20. April 2015[63])*

Mit dem *Widder* beginnt der ganze Tierkreis. Das Widderprinzip ist ein feuriges, kardinales und marsbetontes Tierkreiszeichen. Für dieses impulsgesteuerte Lebensgefühl gilt: »Im Anfang war die Tat!«[64] Wenn im Kopf eines widderbetonten Menschen eine Idee zündet, will er sie sofort tatkräftig umsetzen. Seine Stärke liegt im Anregen und Initiieren, er ist ein Bahnbrecher und Vorkämpfer. Hier herrscht also Aufbruchstimmung, Frühlingserwachen. Selbst ein Bild aus der Pflanzenwelt vermag dies zu verdeutlichen, nämlich das zarte Schneeglöckchen, das aus dem Dunkel der Erde durch den oft harten Frühlingsschnee hinaustreibt, Licht und Sonne zu.

Die Vorwärtsbewegung gehört genuin zum Widderprinzip, es ist dabei lebensbejahend und mutig. Sein Tatendurst und seine Tatkraft sind nicht zu bremsen und nicht zu überbieten. Sein Grundmotiv ist gemäß seinem Leitsatz »Ich will!« das Durchsetzen des eigenen Willens, der eigenen Idee, die es in Sofortlösungen gegen alle Widerstände durchzukämpfen pflegt. Der widderbetonte Mensch lässt sich nicht ablenken in seiner jeweils aktuellen Vorwärtsbewegung und kann dabei sprichwörtlich mit dem Kopf durch die Wand gehen.

Zuweilen kann sich seine eigensinnige Auffassung, mit der er sich ungeduldig, heftig und stoßartig auf das gerade aktuelle Ziel hin bewegt, auch zu Despotismus verschärfen. Er hat nämlich keine Zeit zu verlieren, nichts macht ihn ungeduldiger und reizbarer, als warten zu müssen. Denn auf seiner Flagge steht die Welteroberung, und da die Welt groß ist, gibt es immer etwas anzustoßen, zu erkämpfen und zu erringen. Kein Wunder also, ist bei diesem willensbetonten, auf sofortige Umsetzung gestimmten Tierkreiszeichen auch auf der Körperebene der Kopf betroffen, der Sitz des Willens (so gibt es einen gehäuften Zusammenhang zwischen Widderanlage und Kopfverletzungen).

♉ *Stier (21. April 2015 bis 21. Mai 2015)*

Der *Stier* ist ein erdiges, fixes, venusbetontes Tierkreiszeichen und folgt dem tatenfreudigen Widderprinzip. Hier herrscht eine ganz andere Atmosphäre als im Umfeld eines widderbetonten, unermüdlich vorwärtsdrängenden Menschen: Nach der Welteroberung, die durch Widderkräfte geleistet worden ist, ruht sich ein stierbetonter Mensch erst einmal aus und lässt sich auf dem eroberten Gebiet nieder, baut sein Haus und will dieses sichern, indem man einen Zaun darum herumzieht, um das Eigentum gegen Eindringlinge zu schützen.

In seinem Eigenraum lässt sich der stiergeprägte Mensch nieder und genießt ein friedliches und beschauliches Leben in Harmonie mit seiner Umwelt. Damit ist Langsamkeit angesagt, denn für das erste Erdzeichen ist die materielle Ebene die reale Lebensebene. Erde ist solide, schwer und schwer zu bewegen. Nehmen wir unseren Körper als Beispiel: Für das gesunde Funktionieren des Organismus müssen wir uns einsetzen, und zwar mit Regelmäßigkeit und Maß bezüglich Ernährung, Schlaf und Bewegung. Dies alles verlangt genügend Zeit. Kein Wunder also, dass unter anderem auch ein markanter Tempo-Unterschied zur aktivistischen Widderanlage in einem Individuum besteht.

Im Stierprinzip als erstem Erdzeichen rückt die materielle Ebene ins Zentrum, und damit kommen auch alle organischen Prozesse in den Fokus, die sich über ihre natürlichen Abläufe hinaus nicht beschleunigen lassen. Ruhe und Zeit für die Sicherstellung der körperlichen Bedürfnisse gehen mit der Stierkomponente im Individuum einher, denn das körperliche Wohlergehen ist die Basis für ein gutes Leben. Allerdings kann dieses Sich-Zeit-Lassen übertrieben werden und auf einer psychisch-geistigen Ebene auch träge machen, zu einem regelrechten Sitzen- oder Stehenbleiben führen, zu einem Untätigsein und zum Stocken des gesamten Energieflusses. Wird jedoch das Lustprinzip aktiviert, kann sich die Stierseite in Bewegung setzen, und bleibt die Lust an der begonnenen Aufgabe erhalten, ist sie nicht mehr zu bremsen und entwickelt ein großes Durchhaltevermögen. Das Stierelement ist der Meister im Festhalten und im Durchtragen einer begonnenen Aufgabe und bringt damit eine Fähigkeit ein, die dem Widderprinzip fehlt.

Aus der oralen Grundverfassung des Stierprinzips heraus ist seine ausgeprägte Genussfreude und auch seine Sammelleidenschaft zu verstehen. Nehmen fällt ihm leicht, Geben jedoch schwer – genau umgekehrt verhält es sich dann im Gegenzeichen

Skorpion, das im Schatten des Stiers liegt. So tut sich die Stierseite im Menschen schwer, im richtigen Moment oder überhaupt loszulassen, und daraus resultiert gerne das sture Festhalten an Überholtem, seien dies alte Kleider und Gegenstände oder überlebte emotionale Muster und mentale Einstellungen.

Auf der Körperebene lassen sich Nacken und Hals dem Stierprinzip zuordnen.

♊ *Zwillinge (22. Mai 2015 bis 21. Juni 2015)*

Bei den *Zwillingen* handelt es sich um ein luftiges, veränderliches merkurbetontes Tierkreiszeichen.

Nach einer Zeit zu Hause, des Ausruhens und Müßiggangs unter dem Zeichen Stier drängt es die merkuriale, neugierige, kommunikationsfreudige und quecksilbrige Zwillingeseite wieder hinaus in die Welt. In diesem Punkt sind zwillingebetonte Individuen wie Jugendliche, die die Welt kennenlernen wollen, und so haftet ihnen auch tatsächlich oft lebenslänglich etwas Jugendliches an. Sie sind mit leichtem Gepäck unterwegs, und überall, wo sie hinkommen, sind sie dank ihrer Anpassungsfähigkeit gleich zuhause.

Das Zwillingeprinzip ist, wie es sein Name nahelegt, auf Zweiheit angelegt, in sich selbst gespalten, mit sich selbst im Widerspruch. Austausch und Kommunikation mit anderen Menschen sind sein Lebenselixier. Menschen mit ausgeprägter Zwillingeanlage wollen Neues erleben, Neuigkeiten erhaschen; ihre Neugierde und ihr Sensationshunger führen sie in mannigfaltige Situationen hinein. Die Gefahr der Zersplitterung in vielerlei Interessen ist zu beachten, denn das Denken geht so schnell und leicht wie eine Luftbewegung und kann wie diese ständig die Richtung wechseln.

Der zwillingebetonte Mensch ist sehr schnell im Erfassen von Situationen und Fakten. Keiner erzählt so gerne wie er, seine Phantasie ist eine nie versiegende Quelle für Geschichten. Seine geistige Regsamkeit sucht immer nach neuer Nahrung, und um das Schreckgespenst der Langeweile zu bannen, ist er durchaus in der Lage, um des Debattierens willen zu debattieren und dabei den Diskussionsgegner in ein logisches Florettspiel hineinzumanövrieren. Auch im Spinnen von Intrigen ist er ein wahrer Meister, denn er verfügt über eine ausgeprägte Wortgewandtheit. Diese kann er durchaus auch zum Nutzen für sich selber auf Kosten des anderen einsetzen.

Diese Leichtigkeit und Wendigkeit verleiht dem koboldartigen Geist seine Unbeständigkeit in der Urteilsfindung und im Einnehmen eines Standpunkts, der quasi mit dem Wind dreht, indem er sich in jeder neuen Situation neu orientiert und sich an diese vorübergehend anpasst.

Personen mit einer ausgeprägten Zwillingeseite sind stimmungsmäßig tendenziell lebhaft und fröhlich. Sie sind leicht zu begeistern für Neues und im Denken zuhause, und genau diese Stärke ist auch ihre Schwäche, denn durch ihr oberflächliches, flüchtiges und agiles Denken, das mit einer Zerstreuung der Konzentration und Aktivität in alle Himmelsrichtungen einhergeht, verlieren sie leicht den Kontakt zu allen langsameren Prozessen. So sind sie von ihren eigenen emotionalen und körperlichen Vorgängen und Bedürfnissen – Letztere stehen ja beim Stierprinzip sehr im Vordergrund – oft sehr weit entfernt. Kommt es gar zu einer Abspaltung von der biologischen Basis, führt dies leicht zu spezifischen somatischen Störungen, nämlich zu nervöser Überreizung sowie zu Erkrankungen der Atemorgane.

♋ *Krebs (22. Juni 2015 bis 23. Juli 2015)*

Der *Krebs* ist ein wässriges, kardinales mondbetontes Tierkreiszeichen.

Nach der ausgiebigen Erkundung der Umgebung, wie sie im vorausgehenden Luftzeichen Zwillinge geschehen ist, geht es nun nach Hause zurück, in die eigene Atmosphäre und Privatheit. Stimmungen, Gefühle, Phantasien, Träume bestimmen den Krebsgeprägten, der sich gerne einspinnt im seelischen Eigenraum. Vertraute Menschen und die heimischen vier Wände bieten ihm das Gefühl von Geborgenheit, Intimität und Schutz. Sein passives, zur Bequemlichkeit neigendes, leicht im Genuss versinkendes Gemüt lässt sich jedoch durch Anstöße von außen aktivieren, er braucht aber wiederholte Anstöße, Ermunterungen, Zusprüche, um sich auf ein bestimmtes Ziel zuzubewegen.

Ohne solche ständigen Anstöße durch die Umgebung schwelgt die gefühlvolle und sensitive Krebspersönlichkeit in phantastischen Träumen von Möglichkeiten, die sie in ihrem glanzvollen Schweben erfüllen. Vor harten Fakten, wie die Realität sie bereithält, schreckt der krebsbetonte Mensch zurück und weicht nach einem zaghaften Schritt nach vorn leicht um zwei Schritte zurück in den Schutz seines Schneckenhauses. Er liebt es, ganzheitlichlocker auf die Welt zu blicken, mit einem Gesamtblick, der sich jedoch schwer tut, auch die einzelnen Details zur Kenntnis zu nehmen und zu berücksichtigen. Diese Schwäche bezüglich des Details wird dann ausgeglichen durch das Talent des Jungfrauprinzips.

Der krebsbetonte Mensch wird von vielerlei Sehnsüchten getrieben, gelangt aber dank seines Lebenshungers im Laufe des Lebens auf vielen Um- und Seitenwegen zu seiner eigenen Haltung. Denn er ist ein langsam Reifender und schlägt die Wurzeln in seinem Eigenen, Persönlichen nur langsam und zögernd. Gelingt ihm dies, erlangt er in späteren Lebensphasen eine Sicherheit, die in der gewonnenen Authentizität gründet. Ansonsten passt er sich jeweils an die Gegebenheiten an, lehnt sich an Zielgerichtetere an, macht mit bei Projekten, die andere bestimmen.

Das Aufnehmende dieses Prinzips spiegelt sich auf organischer Ebene im Bezug zum Magen.

♌ *Löwe (24. Juli 2015 bis 23. August 2015)*

Der *Löwe* ist ein feuriges, fixes, sonnenbetontes Tierkreiszeichen. Ganz anders als der sensible, nachgiebige, beeinflussbare und anpassungsbereite krebsbetonte Mensch will die Löwepersönlichkeit bestimmen, herrschen, das Sagen haben. Dominanz ausüben tut die selbstbejahende und von sich selbst überzeugte Löwepersönlichkeit mit der größten Selbstverständlichkeit. Denn sie wird mit dem Gefühl geboren, der Mittelpunkt der Welt zu sein, um den sich alle anderen zu drehen haben.

Viele Menschen mit ausgeprägter Löweanlage sind ganz naiv im Glauben, es sei für ihre Umgebung eine Gunst, in ihrem Schatten zu stehen und sich von ihrem Glanz bescheinen zu lassen. Tatsächlich kann dies für schwächere und unsichere Zeitgenossen zutreffen, wie auch innerpsychisch eine Löwedisposition tatsächlich Wunder wirken kann für den Ausgleich von Zaghaftigkeit, Unsicherheit oder gar Mutlosigkeit. Denn an Mut und Stärke fehlt es Menschen mit einer Löweanlage nicht.

Ein löwebetontes Individuum hat das Grundgefühl von Kraft und glaubt daher, aus einer immerwährenden Kraftfülle, aus immer vollen Energiespeichern heraus zu leben. Alternden löwebetonten Persönlichkeiten fällt es meist schwer, die schwindenden Kräfte zur Kenntnis zu nehmen und wie alle anderen älter werdenden Menschen kürzerzutreten. Im Unterschied zum zögerlichen, weichen Krebsveranlagten geht das kraftgeladene Löweprinzip gradlinig und direkt auf sein Ziel zu und greift mit selbstverständlicher Bedenkenlosigkeit nach der gewünschten Beute, ohne jeden Zweifel, dass es vor anderen Priorität hat.

Menschen mit Löweanlage sind genussfreudig und richten dabei auch gerne mit großer Kelle an. Denn etwas kann ihnen niemand vorwerfen: kleinlichen Geiz. Schließlich ist Großzügigkeit als Ausfluss des Gefühls, in Fülle zu leben, auf allen Ebenen das Markenzeichen des Löwegeprägten. Allerdings kann diese leicht ausufern in Verschwendung, Völlerei und auch in Prahlsucht. Die Freude am Gesehenwerden kann in pfauenhafter Eitelkeit gipfeln, und die strahlende und wärmende Selbstsicherheit kann in eine sengende und verbrennende Hitze münden. Diese zentralistischen Attribute der Löweanlage werden auch dem organischen Zentrum zugeordnet, dem Herzen.

♍ *Jungfrau (24. August 2015 bis 23. September 2015)*

Die *Jungfrau* ist ein erdiges, veränderliches merkurbetontes Tierkreiszeichen.

Nach dem großen Fest, wo nur das Beste in Hülle und Fülle genossen worden ist, wird es Zeit, zum Alltag und damit auch zur Arbeit zurückzukehren. Der gut strukturierte, ritualisierte Arbeitsalltag ist das Biotop der Jungfrauanlage, und dazu gehört auch eine gesunde und maßvolle Ernährung. Für das immer tätige Jungfrauprinzp dient die kluge Selbstfürsorge, die Maßhalten beinhaltet, dazu, in der Bewältigung seines arbeitsreichen Alltags gut zu funktionieren. Im Unterschied zur Löweanlage berücksichtigt die Jungfrauanlage kleinste Maße, minimalste Schattierungen, registriert die geringfügigsten Veränderungen und Abweichungen von Gegebenem, denn die detailgenaue Analyse von Fakten und Begebenheiten sind ihre große Stärke.

Die jungfraubetonte Persönlichkeit ist Meisterin in der präzisen, detailgetreuen Wahrnehmung. Ihrem analytischen Verstand entgeht nichts. Das ist überall, wo größte Präzision notwendig ist, eine unabdingbare Begabung. Mit der Liebe zum Detail geht auch dessen Wertschätzung einher, und damit in Zusammenhang steht wohl auch die Abneigung gegen Verschwendung von Ressourcen jeder Art. Der wertschätzende und sparsame Umgang mit Ressourcen ist wohl bei keinem Tierkreiszeichen so ausgeprägt wie bei der Jungfrau. Allerdings stellt sich auch in diesem Zusammenhang wie anderswo die Frage nach dem Maß: Wird die Sparsamkeit übertrieben, entsteht Geiz. Dies kann sich zwischen Individuen abspielen, im Außen, oder im psychischen System eines Menschen, in seinem Inneren, wo beispielsweise Großzügigkeit oder gar Verschwendungssucht im Konflikt liegen mit Sparsamkeit oder gar Geiz.

Die sparsame Haltung eines Menschen mit Jungfrauanlage hat wohl viel mit dem Prinzip der Selbstbewahrung zu tun, bei dem es darum geht, dass die Ressourcen nicht nur heute, sondern auch morgen reichen und so das Leben auch in Zukunft nicht bedroht ist. Dieses ursprünglich positive Anliegen, nämlich vernünftig und sparsam mit den gegebenen Ressourcen umzugehen, kann, wie schon gesagt, in gewissen Fällen übertrieben werden und in Geiz resultieren, nämlich dann, wenn die Angst vor dem Leben das Vertrauen ins Leben dominiert.

Auch die erwähnte hochpräzise Wahrnehmungsfähigkeit hat wie jede andere Fähigkeit Licht- und Schattenseiten: Nicht selten geht ein Mensch mit einer Jungfrauanlage in einer gesellschaftlichen Situation mit analytischem Scharfsinn vor, wenn vielleicht fröhliches, gemütliches, ungezwungenes Zusammensein adäquater wäre, wodurch dieses versauert werden kann. Bezüglich der eigenen Körperfunktionen kann der gute Bezug zum eigenen Körper und damit auch die präzise Wahrnehmung der kleinsten gesundheitlichen Schwankungen ebenfalls so übertrieben werden, dass schließlich eine Hypochondrie entsteht.

Der Dünndarm als Präzisionsorgan für die Aufschlüsselung von Nahrungsmitteln passt ausgezeichnet zum detailbegabten Jungfrauprinzip.

Nun ist die erste Hälfte des Tierkreises durchschritten. In diesen ersten sechs Zeichen geht es um subjektive und persönliche Notwendigkeiten im menschlichen Leben: Die zielstrebige Eroberung von Aktions- bzw. Lebensraum ist die Stärke der martialischen, feurigen Widderseite, die Absicherung und Abschließung des Eigenraums gegenüber anderen die des venusischen, erdhaften Stierprinzips, die Erkundung der näheren Umgebung und die kommunikative Verknüpfung mit ihr ist die besondere Begabung der merkurialen, luftigen Zwillingeanlage, während das Zurückkehren und Eintauchen in die eigene Seele mit ihren Träumen und Wünschen dem Lebensbedürfnis des mondhaften, wässerigen Krebsprinzips entspricht. Die sonnenhafte, feurige Löweanlage erfreut sich der vollen Kraft, steht mit Selbstvertrauen und Vertrauen in die Welt mitten im Leben und feiert es in vollen Zügen, während das merkuriale, erdhafte Jungfrauprinzip den Alltag für die Zukunft durch kluge Einteilung der Ressourcen sicherstellt. Die ersten sechs Zeichen im Tierkreis stehen also im Dienste des Ichs und repräsentieren die sechs archetypischen Voraussetzungen für den Wendepunkt vom Ich zum Du, der in der Waage zum Hauptthema wird.

♎ *Waage (24. September 2015 bis 23. Oktober 2015)*

Die *Waage* ist ein luftiges, kardinales venusbetontes Tierkreiszeichen.

Nun rückt das Du und damit der andere, ja die ganze Welt mit ihren Schönheiten und Vergnügungsmöglichkeiten in den Fokus. Nach dem vorsichtigen, sachbezogenen, zurückhaltenden, bescheidenen und auf das Detail fokussierten Jungfrauprinzip kommt es unter dem erosgeprägten Waageprinzip zur erwartungsvollen Öffnung gegenüber der Welt als einem Ort, der verfeinerte sinnliche Freuden, Tanz, Spiel und andere Vergnügen bereithält.

Ästhetik, Kunst und Kultur, Genuss, Luxus und Liebe sind zentrale Themen im Leben des tendenziell hedonistischen waagebetonten Menschen. Die Suche nach Harmonie zwischen Ich und Du ist die Haupttriebfeder in all seinem Fühlen, Denken und Handeln. Sein hohes Interesse am Du impliziert, dass er sich auf jedes einzelne Du harmonisch einschwingen möchte, um eine bestmögliche Balance zwischen sich und dem jeweiligen anderen herzustellen.

Dieses Verhalten zeigt sich in privaten und beruflichen Bereichen gleichermaßen. Sobald die waagebetonte Persönlichkeit sich jedoch nicht nur auf ein einzelnes Gegenüber, sondern auf mehrere Personen oder Gruppen mit unterschiedlichen Haltungen beziehen muss, gerät sie in einen Konflikt: Welchem Du mit welcher

Einstellung soll sie nun den Vorzug geben? Die zielstrebige Willensbetontheit des polaren impulsiven Gegenzeichens Widder liegt bei der Waage ja im Schatten, das heißt, die Waage kennt primär keinen eigenen Willen, der ihr die Richtung weist, ganz im Unterschied zum diametral gegenüberliegenden Widderprinzip, das seinem Willen mit Selbstverständlichkeit Ausdruck zu geben vermag. Gelingt es Waagepersönlichkeiten, entscheidungsfreudigere Persönlichkeitskomponenten zu integrieren, findet man glänzende Diagnostiker unter ihnen, gerade wegen ihrer Begabung, die verschiedensten Facetten einer Anzahl von Haltungen, Fakten, Gegebenheiten gleichzeitig zu erfassen.

Fehlt jedoch die Möglichkeit, eine Vielfalt zu erfassen, zu bündeln und darauf basierend zu etwas Eigenem zu kommen, bleibt die waagebetonte Persönlichkeit in einem Hin- und Herschwanken gefangen und verändert ihre Haltung ständig – ganz im Unterschied zum widderbetonten Menschen, der manchmal bis zur Sturheit an seiner Position festhält –, je nachdem, welche Umgebungseinflüsse auf sie einwirken. Oft glaubt ein Individuum mit ausgeprägten Waagequalitäten, es selber lenke die Geschicke, während es tatsächlich Fremdansichten übernommen hat und sich davon bestimmen und steuern lässt. Ganz anders als bei Tierkreiszeichen, die auf einer bestimmten Haltung beharren – sei dies aus einem kämpferischen Willen heraus, das festgesetzte Ziel um jeden Preis zu erreichen (Widder), aus einem persönlichen Dominanzstreben heraus (Löwe) oder gehe es um das Verteidigen des Eigenreviers (Stier) –, gelangt die waagebetonte Reaktion über komplizierte gegenseitige Beeinflussungen zu einer momentanen Einstellung, wobei es jeweils wichtig ist, die Kirche im Dorf zu lassen – ganz im Unterschied zum impulsiven Widderprinzip, das keinen Konflikt scheut, um das gesetzte Ziel schnellstmöglich zu erreichen.

Im ungünstigen Fall erscheint die waagebetonte Persönlichkeit als lau, bequem, konfliktscheu. Auch Verweichlichung und Gefallsucht gehören ins Kapitel der wenig entwickelten Waageattribute. Die Unentschiedenheit des waagebetonten Menschen erzeugt auch viel Leid im Liebesleben, denn das Hin- und Herschwanken zwischen verschiedenen Liebespartnern bringt es nicht selten mit sich, dass ausgerechnet der so sehr auf Liebe und Partnerschaft fokussierte Waagebetonte schließlich allein bleibt.

Das Leiden an der Liebe kann der Waage an die Nieren gehen, an das Organ, das mit ihr assoziiert wird.

♏ *Skorpion (24. Oktober 2015 bis 22. November 2015)*

Der *Skorpion* ist ein wässriges, fixes mars- und plutobetontes Tierkreiszeichen.

Nach dem fröhlich-spielerischen und den verfeinerten Genüssen hingegebenen Waagewesen, das dem Schönen und der Harmonie zugetan ist und sich stilsicher auf dem Parkett der äußeren Welt mit ihren Genussmöglichkeiten aufhält und dessen Schwäche es ist, Konkflikten auszuweichen, folgt die Gegenbewegung durch das Skorpionelement. Hier wird es ernst. Denn es geht um das Erkennen der wahren Hintergründe, der Motive, der letzten Wahrheiten, die unter der Oberfläche des schönen Scheins wirksam sind. Sein Mut lässt den skorpionbetonten Menschen unbeirrt für unbequeme Wahrheiten einstehen und Scheinlösungen verwerfen, auch wenn er Eigenes, Persönliches opfern muss.

Das Skorpionprinzip ist dem »Stirb und Werde«-Prinzip verpflichtet, weshalb es seine Aufgabe ist, alles Scheinhaft-Falsche, Verdorbene und Kranke aufzudecken, damit das Wahre, Echte und Gesunde dessen vergiftender Wirkung enthoben werden kann. Das Skorpionprinzip ist aufgespannt zwischen Himmel und Hölle, kann sich gleichsam auf einer Leiter zwischen diesen beiden Extremen hinauf- und hinunterbewegen. Dies tut es furchtlos, denn es nimmt dies auf sich, um die höchsten Ideale von Wahrheit und Gerechtigkeit, die in himmlischen Höhen blühen, auf die Erde zu bringen. Es scheut sich nicht, in die tiefsten Abgründe der menschlichen und sozialen Höllen hinabzusteigen, um alle Arten von lebensfeindlichen Missständen zu entlarven und das Lebenswerte daraus zu retten. Die Lebenslüge muss sterben, damit das wahre Leben erblühen kann.

Selbstverständlich erzeugt dies Konflikte mit anders ausgerichteten Tierkreiszeichen – sei dies interpersonal oder intrapsychisch zu verstehen. Die dem Skorpion vorausgehende Waage, die aus Konfliktscheu bzw. Harmoniebedürfnis lieber nicht so genau hinschaut und um des lieben Friedens willen lieber alle Fünfe gerade sein lässt, fühlt sich in ihrer lächelnden Ästhetik durch den ethischen Ansatz des Skorpions gestört, der mit instinktsicherem Gespür alles Blendwerk und Verlogene aufdeckt.

Die Skorpionseite im Individuum ist dem Zweifel verpflichtet, dem Nein allem Vordergründigen gegenüber, das mit einem Röntgenblick auf Wertbeständiges hin durchsucht wird. Das Nein soll letztlich zu einem neuen Ja führen. Diese Funktion kann mit der einer Gesundheitspolizei verglichen werden: Mit Blick auf die Gesellschaft geht es um das Aufdecken und Ausrotten von Korruption, sozialen Missständen und Ungerechtigkeiten, wobei keine Abgründe gescheut werden. Wenn es um kollektive Erneuerungsprozesse geht, sind skorpionbetonte Menschen an vorderster Front, denn sie sind die unerschütterlichen Kämpfer für die Optimierung der Maßstäbe der Menschenrechte.

Im diametralen Gegensatz zum Stierprinzip, das im Schatten des Skorpions liegt und darauf ausgerichtet ist, privaten Besitz zu vermehren und zu verteidigen und sich entsprechend schwertut, etwas Gewohntes oder Eigenes aufzugeben, gehört das Loslassen-Können zu den ausgeprägten skorpionischen Fähigkeiten. Während das Stierprinzip ein Meister im Festhalten ist, ist das Skorpionprinzip im Sinne des »Stirb und Werde« ein Meister der Wandlung, was eben auch Loslassen impliziert. Allerdings kann auch das Loslassen übertrieben werden, nämlich dann, wenn zu wenig vom Gegenzeichen Stier integriert worden ist, und es zur Verschwendung von Ressourcen kommt. Im Unterschied zur Stierkomponente, die ganz auf die Verteidigung des Eigenraums spezialisiert ist, sind für das Skorpionprinzip die soziale Symbiose und das gute bzw. das gerechte und für alle Individuen menschenwürdige gesellschaftliche Zusammenleben ein zentrales Anliegen. Dafür setzt er sich ein. Seine Fähigkeiten, ein Problem zu »riechen« und manchmal über lange bis sehr lange Zeiträume hinweg die Konzentration darauf aufrechtzuerhalten sowie Spannungen, die damit einhergehen, auszuhalten, prädestinieren ihn für die Bewältigung von komplexen Problemen, die partiell im Dunkeln liegen.

Fehlt dem Skorpion-Prinzip jedoch ein relevantes Thema, für das er mit seiner unruhigen, martialischen Wasserenergie kämpfen kann, so geschieht es leicht, dass sich seine skeptische Haltung, sein Zweifel und seine mitunter ätzende Kritik entweder auf sich selbst oder auf eine beliebige andere Person oder Situation außerhalb seiner selbst richten und diese quasi »zu Tode« analysieren bzw. kritisieren. Menschen, die ihre Skorpionseite auf eine solche bloß zersetzende Art und Weise ausagieren, sind gefürchtet wegen ihrer Destruktivität. Am traurigsten sind solche Existenzen, die sich mangels sinnvoller Lebensaufgaben in Frustrationen und nagenden Ressentiments eingerichtet haben, denn in solchen Fällen bleibt es bei einer Kritik um der Kritik willen, wobei der zweite Schritt fehlt, einer konstruktiven neuen Möglichkeit Raum zu bieten, sie zum Leben zu erwecken und ihre Entwicklung zu fördern.

Die Themen der Entschlackung und Entgiftung der eigenen Seelentiefen sowie der Gruppenpsyche bzw. der sozialen und gesellschaftlichen Systeme sind wichtige Stichworte, und deshalb ist es passend, dass der Dickdarm dem Skorpion zugeordnet wird.

♐ *Schütze (23. November 2015 bis 22. Dezember 2015)*

Der *Schütze* ist ein feuriges, veränderliches jupiterbetontes Tierkreiszeichen.

Die Begeisterungsfähigkeit eines Menschen mit ausgeprägter Schützeanlage ist leicht und schnell entflammbar, wenn seine Sinnsuche Nahrung erhält. Sein feuriger Geist greift in die Weite und Höhe, er ist von Idealen getragen, die er oft mit einem richtigen Furor verfolgt und vertritt. Auf der rasanten Jagd nach hochgesteckten Zielen fühlt er sich beflügelt. Es kommt aber nicht selten vor, dass er auf seinem stürmischen Höhenflug gestoppt wird – etwa durch die harten Fakten der Realität, mit denen ihn der nachfolgende Steinbock konfrontiert, durch die pure Langsamkeit bis Unbeweglichkeit des Stiers oder durch die gründliche Berücksichtigung jeglicher Details, die die Jungfrau immer wieder vornimmt. Dies alles kann den rasend schnellen Schützen – falls er gebremst wird – in Verzweiflung und Depression fallen lassen. Ebenso schnell jedoch schwingt er sich wieder optimistisch auf, wenn er ein neues sinnvolles Ziel sieht, das er mit neugewonnenem Elan verfolgen kann.

Im Unterschied zu den Erdzeichen interessiert ihn nicht, was ist, sondern was sein sollte. So langweilt ihn denn auch alles Alltägliche zu Tode, er fühlt sich in alltäglichen Abläufen schnell eingesperrt – ganz im Unterschied zu den Erdzeichen, die eine gewisse Regelmäßigkeit von zeitlichen Abläufen brauchen und sich darin einrichten. Beim Schützen dagegen weckt und belebt das Außergewöhnliche all seine Sinne und Geister.

Die Schützeseite im Menschen ist gläubig und optimistisch, vorwärtsgetragen auf der Suche nach Sinn, und diese expansive

Anlage trägt den so geprägten Menschen auf konkreten sowie geistigen Reisen in die fernsten Fernen zu fremden Kulturen, Religionen und Philosophien. Die Schützeanlage unterscheidet sich vom vorausgehenden Skorpionprinzip insofern, als bei ihr der Zweifel nicht so dominant ist und ihr die kämpferische Nachhaltigkeit fehlt, mit der die Skorpionseite sich Konflikten stellt, etwa wenn es um die Verteidigung oder Verbesserung von hohen Werten wie beispielsweise den Menschenrechten geht. Der Schütze-Geprägte verfolgt zwar konzessionslos, von keinem Zweifel geschwächt, seine Willensziele, er vermeidet jedoch den direkten Kampf und sucht eher nach friedlichen Lösungen.

Ganz im Unterschied zur im Schatten des Schützen liegenden Zwillingeanlage, deren Stärke das Nützlichkeitsdenken ist, sind Werte und damit die Ethik das Revier des Schützeprinzips. So tritt die enthusiastische Schützeseite vor allem in Forderungen nach Sollwerten, nach Idealen zum Vorschein. Deren mühevolle, detaillierte Umsetzung in der Alltagsrealität überlässt der schützegeprägte Mensch jedoch lieber anderen – dazu gehören die pragmatischen Erdzeichen wie Jungfrau und Steinbock –, da er die Welt lieber durch geistige Höhenflüge erobern und verbessern möchte. Alles Enge und Kleinliche beengt die unermüdlich auf Expansion gestimmte Schützeanlage, sie braucht Weite und Höhe und damit sehr viel Raum, um sich entfalten zu können.

Eine konstruktive Realisierung des Schützeprinzips zeigt sich, wenn Toleranz gelebt wird, wenn die Vernunft der Maßstab aller Dinge ist, wenn Wertungen mit Augenmaß statt mit Maßlosigkeit vorgenommen werden und die menschliche Realität mit all ihren Schwächen mitberücksichtigt statt überflogen wird. Dies setzt sowohl geistigen Überblick voraus, der das Resultat einer umfassenden Bildung ist, als auch die Zähmung der wilden, feurigen Triebenergie, die im schützebetonten Menschen lodert.

Gelingt Letzteres nicht, finden wir auch Menschen, die »auf dem hohen Roß sitzen«, sich über ihre Mitmenschen stellen, weil sie sich besser oder »edler« vorkommen, ohne ihren reklamierten Vorrang jedoch verdient zu haben, da er ohne Hand und Fuß ist. Belehrendes, besserwisserisches oder auch missionarisches Verhalten ist in solchen Fällen häufig zu beobachten, ebenso wird eine solche selbstverliehene Geltung begleitet durch Prahlerei, Verschwendung von Ressourcen oder gar Hochstapelei.

Da das Schützezeichen mit Sinnsuche und Maß assoziiert wird, die für Balance sorgen, ist auf der Körperebene die Leber mit ihrer Regulierungsfunktion angesprochen.

♑ *Steinbock (23. Dezember 2015 bis 20. Januar 2016)*

Der *Steinbock* ist ein erdiges, kardinales, saturnbetontes Tierkreiszeichen.

Hier geht es um die Realität mit ihren Begrenzungen, Normen und Strukturen. Dazu gehört die Zeit, die in ihrem unaufhaltsamen und unerbittlichen Takt abläuft und damit als ein kostbares Gut erkannt und behandelt wird. Entsprechend sorgsam gehen steinbockgeprägte Menschen üblicherweise mit der Zeit um, und so finden sich unter ihnen wahre Meister in der Konzentration und Verdichtung, denn der Moment wird zum kostbaren Juwel. Das wilde Lodern, ungestüme Fliegen und sehnsuchtsvolle Jagen des Schützen zu fernen Zielen ist ihnen fremd, denn sie sind darauf gestimmt, im Hier und Jetzt ein Resultat zu schaffen, es zu Boden zu bringen. Alles muss Hand und Fuß haben.

Die Eintagsfliegenmentalität des den Neuigkeiten nachflatternden Zwillingeprinzips liegt dem Steinbock fern, denn nicht das Persönliche oder Punktuelle, sondern das Allgemeine und das Überdauernde, das in feste Formen, Regeln und Strukturen Gegossene ist das, was ihm wichtig ist und wofür er sich gerne einsetzt. Deshalb sind ihm auch spontane Einfälle und impulsives Vorgehen fremd, er bevorzugt die Umsetzung seiner Lebensstrategie, die eine Langzeitplanung beinhaltet. Dabei geht er beharrlich, langsam und kontinuierlich vorwärts und kann lange Durststrecken ertragen, immer sein Ziel vor Augen. Seine kühle Zähigkeit und sein Ehrgeiz sind seine treuen Begleiter. So versteht es sich beinahe von selbst, dass ihm das impulsive Vorgehen des Widderelements, die aufflammende Begeisterung des ihm vorausgehenden Schützeprinzips sowie die ständig wechselnden Interessen des Zwillingeprinzips fremd sind. Denn nur fundierte und kontinuierliche Arbeit an einem Projekt bringt seiner Ansicht nach die entsprechenden Früchte.

Mit seiner planvollen Haltung steht er auch in ausgesprochenem Gegensatz zum Krebsprinzip, das gemütsmäßig leicht beindruckbar ist und sich umstimmen und in eine andere Richtung lenken lässt, wenn es sich gefühlsmäßig angesprochen fühlt.

Denn das Tierkreiszeichen Krebs steht mit seiner suchenden, offenen Haltung, der immer etwas Momentanes und Vorläufiges anhaftet, im Schatten des Steinbocks. Gelingt es diesem, etwas von der Flexibilität des gefühlshaften Krebselements zu integrieren, kommt eine Menschlichkeit zum Tragen, die nicht bloß Leistungsanspruch und Pflichterfüllung kennt, sondern auch dem privaten Leben Raum lässt.

Gelingt wenig oder kein Ausgleich durch spontanere und genussfreudigere Tierkreiszeichen, können das Pflichtbewusstsein und die Aufgabentreue so rigide werden, dass der Steinbockgeprägte wie unter einem Joch eingespannt auf seinem mühevollen Weg vor sich her trottet, den Blick weder nach links noch nach rechts wendend. Dabei übergeht er nicht nur seine eigenen Bedürfnisse, sondern auch die der Mitmenschen. Eine so einseitige, das Leben versachlichende und es unterdrückende Haltung und die damit einhergehende konstante Überlastung können sich in Problemen mit dem Skelett, vor allem mit den Knien und dem Rücken äußern, denn das Skelett als strukturgebendes Prinzip, als den Körper tragendes Gerüst, ist dem Steinbock zugeordnet.

♒ *Wassermann (21. Januar 2016 bis 19. Februar 2016)*

Der *Wassermann* ist ein luftiges, fixes, saturn- und uranusbetontes Tierkreiszeichen.

Die Doppelheit der Kontrahenten Saturn und Uranus sowie die Kombination »Luft« und »fix« bringen eine komplexe archetypische Struktur hervor und spiegeln die schwierige Aufgabe des wassermanngeprägten Individuums wider, Körper und Geist zusammenzubringen. Sehr oft liegt eine Art von Spaltung vor, die meistens zugunsten der geistigen Gefilde und auf Kosten der Körperlichkeit geschieht.

Mit seiner uranischen Seite kommt ein ganz bestimmtes Gesicht des Wassermannprinzips zum Vorschein, nämlich seine intuitiven, kreativen, ideenschöpferischen Fähigkeiten, mit denen es gleichsam aus dem saturnalen Gehege ausbricht. Mit seinen spontanen Ideen und Einfällen sprengt es lustvoll die saturnalen Strukturen.

Die saturnalen Qualitäten der Wassermannanlage unterscheiden sich in der Regel beträchtlich von der des erdhaften Steinbockprinzips, das ausschließlich saturngeprägt ist. Während der steinbockgeprägte Mensch unter der Strenge des unerbittlichen Saturns leidet und vor allem in jüngeren Jahren Verpflichtungen oft schwer auf ihm lasten, nimmt die luftige Wassermannanlage ihre Saturnseite gleichsam augenzwinkernd wahr, es kommt eine spielerische Komponente herein, die dem Saturnprinzip seine absolute Härte nimmt.

Es gibt jedoch auch wassermannbetonte Menschen, die einen Hang zu einem gleichzeitig bizarren und rigiden Denken haben, das einen dogmatischen Zug aufweist. Dann können sie an einem Denksystem festhalten, das unter Umständen gegen jeden gesunden Instinkt gerichtet ist und damit lebensfeindlich werden kann. Die mentale Seite liegt dann im Widerspruch zu körperlichen, affektiven und seelischen Notwendigkeiten. In einem solchen Fall ist das dem Wassermann gegenüberliegende kreatürliche Löweprinzip abgespalten statt integriert. Wenn es nicht gelingt, mit der lebendigen, organischen Löwekomponente in Kontakt zu kommen, können nämlich weltfremde und utopische Ideenwelten geboren werden, die Wassermanngeprägte in eine geistige und soziale Isolation, beziehungsmäßig in die Vereinsamung führen können. Sie regieren dann gleichsam in einem Luftschloss ihr Reich der ideellen Möglichkeiten und Dogmen und verharren dort in großer Höhe, weit entfernt von der Wärme der Erde mit ihren Bewohnern, eingesperrt in einer weiträumigen, kalten Luftblase.

Die wahre Funktion des Wassermannzeichens innerhalb des Tierkreises ist jedoch, die Realitäten in Institutionen und Gesellschaft, die in der vorangehenden konservativen Steinbockhaltung oft verhärten, mit neuen Ideen zu reformieren und menschenfreundlicher zu gestalten. Glückt dies, sind Geist und Materie, Idee und Realität miteinander verbunden, und das Leben blüht.

Dem Wassermannprinzip sind die Waden zugeordnet.

♓ *Fische (20. Februar 2016 bis 20. März 2016)*

Die *Fische* sind ein wässriges, veränderliches jupiter- und neptunbetontes Tierkreiszeichen.

Mit dem Fischeprinzip sind wir am Ende des Tierkreises angelangt, hier geht es um die Auflösung aller Strukturen. Hier herrscht eine ganz andere Atmosphäre als im vorausgehenden Luftzeichen Wassermann: Aus luftiger Höhe geht es hinab in die

Tiefen der Emotionen. Ausgeprägte Feinfühligkeit und Sensibilität kennzeichnen das Fischeprinzip, und so sind mitschwingendes, mitfühlendes und mitleidendes Verhalten ganz natürliche Fähigkeiten des fischegeprägten Individuums. Die Auflösung der eigenen Grenzen und der des Mitmenschen bringt es mit sich, dass der fischebetonte Mensch intuitiv weiß, wie es gefühlsmäßig um den anderen steht, auch wenn es diesem selbst nicht bewusst ist. Während das Steinbockprinzip ein Meister im Grenzensetzen ist, ist das Fischeprinzip ein Meister des Grenzenauflösens, des Ineinanderfließens, Durchmischens und der Empathie. Gerade weil Menschen mit einer starken Fischeanlage so leicht und tief Anteil nehmen an der Not des anderen, sind sie auch bereit zu helfen, wo sie können. Diese hohe Reagibilität bringt schnell die Gefahr der Verausgabung und Überbeanspruchung mit sich.

Während das vorausgehende Tierkreiszeichen Wassermann in seiner hellen, geordneten geistigen Welt wohnt und von seinem geistigen Überblick her das Licht der Vernunft und der Humanität gleichmäßig zu streuen sucht, schwebt der Fischegeprägte in Gefühlen, Träumen und Phantasien, die eine kosmische Weite annehmen können. Klare Begrifflichkeit wie beim Wassermannprinzip sucht man beim gefühlvollen Fischeprinzip vergebens, denn Begriffe sind ja so klar wie möglich definiert und voneinander abgegrenzt, da schließlich saubere begriffliche Unterscheidungen sowie Begriffsdefinitionen die Voraussetzung für funktionierende Denkprozesse sind. So ist denn das Denken von fischegeprägten Menschen oft etwas unscharf, was jedoch nicht zu verwechseln ist mit fehlender Intelligenz – man denke an Einstein, dessen Sonnenzeichen die Fische waren! –, da wegen der Begabung zur Unbegrenztheit vielerlei Aspekte erspürt und erahnt werden und ins Blickfeld kommen können, die bei einem durchstrukturierten und geordneten Denkansatz häufig durch die Maschen des Denkkonzepts fallen.

Liebe und Anteilnahme sind die Zauberworte der fischegeprägten Menschen. Wegen ihrer Offenheit für Atmosphärisches sind sie jedoch auch sehr beeinflussbar und berührbar, was sie gerade in ihrem Hauptthema, der Liebe, in Schwierigkeiten bringen kann, da Verführbarkeit und Verführung zu Beziehungsproblemen mit bestehenden Partnern führen können.

Ein weiteres Problem resultiert nicht selten aus der Entgrenzungsthematik des Fischeprinzips: der Wunsch, sich aufzulösen, die harte Realität zum Verschwimmen zu bringen mit Hilfe verschiedenster Suchtmittel wie Alkohol und Drogen. Eine ganz andere Möglichkeit zur Entgrenzung der irdischen Persönlichkeit bieten beispielsweise Meditation und Musik; sie stärken und bereichern die Persönlichkeit in ihrer Sensitivität und Durchlässigkeit, ohne die notwendigen Persönlichkeitsstrukturen aufzulösen, die ein gesundes Funktionieren auf der Erdenwelt erfordert.

Vielleicht weil das Fußfassen in der Realität keine einfache Aufgabe für den fischegeprägten Menschen ist, werden dem Fischeprinzip auf der organischen Ebene die Füße zugeordnet.

Die vier Ich-Funktionen nach C.G. Jung: Denken, Fühlen, Empfindung, Intuition

Das Zusammenspiel der vier Ich-Funktionen kann gut an einer einfachen Skizze veranschaulicht werden, die von C.G. Jungs Mitarbeiterin Jolande Jacobi stammt:

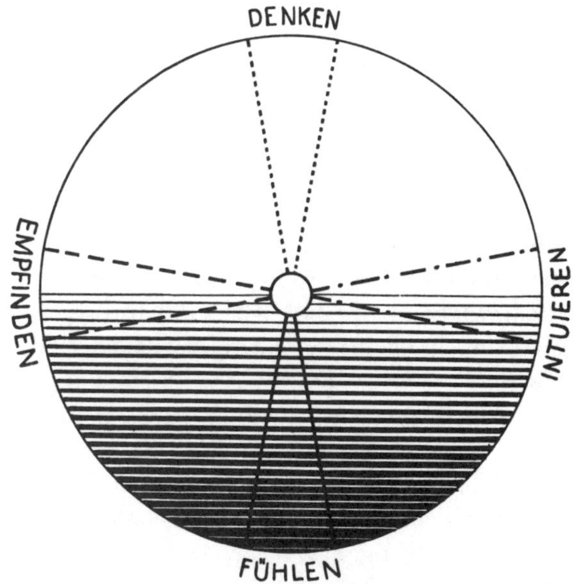

Abb. 6: Die vier Ich-Funktionen (aus: Jacobi 2012)

An dieser Skizze wird deutlich, dass Denken und Fühlen sowie Empfindung und Intuition jeweils Gegensätze sind. Jung spricht von der *Hauptfunktion*, die in der Vertikalen oben und im Bewusstsein ist und damit der sogenannten *inferioren Funktion* gegenüberliegt, die auf der Vertikalen unten und im Unbewussten platziert ist, sowie von den beiden *Hilfsfunktionen*, die in der Horizontalen polar entgegengesetzt sind. Bei extravertierter, also nach außen gerichteter Hauptfunktion ist die inferiore Funktion introvertiert und umgekehrt.[65]

Was hat es also mit diesen vier Funktionen und den entsprechenden vier Funktionstypen Denktyp, Fühltyp, Empfindungstyp und Intuitionstyp auf sich? Jung hatte festgestellt, dass Menschen für ihre Lebensbewältigung und -gestaltung vier verschiedene Grundfunktionen des Agierens und Reagierens in den mannigfaltigen Lebenssituationen zur Verfügung haben, die a priori gegeben und damit archetypischer Natur sind, nämlich Denken, Fühlen, Empfindung und Intuition. Diese Grundfunktionen werden auch »Ich-Funktionen« genannt, weil sie das Ich befähigen, sich in der Welt zu orientieren und zurechtzufinden. Es handelt sich um angeborene, unterschiedlich gut bewusstseinsnahe Fähigkeiten des Menschen, ins Leben einzutauchen und Erfahrungen zu machen.

Jung war aufgefallen, dass diese vier Zugänge zur Welt beim Einzelnen verschieden stark ausgeprägt sind, so dass der eine Mensch die Tendenz hat, immer zuerst mit seinem Denken auf das, was er vorfindet, zu antworten, während andere Menschen habituell gefühlsmäßig reagieren, sich hauptsächlich über die Intuition oder die Empfindung – bei dieser Funktion handelt es sich um die sinnlichen Wahrnehmungs-Fähigkeiten, die nicht mit dem Fühlen zu verwechseln sind – im Leben einbringen. In der Anpassung an die Umweltbedingungen zeigen gemäß Jung deshalb die meisten Menschen in der ersten Lebenshälfte eine gewisse Einseitigkeit, indem sie in der gesamten Lebensorientierung bevorzugt auf ihre am stärksten entwickelte Funktion – die Hauptfunktion – zurückgreifen.

Ein wesentliches Kriterium für die Definition der Hauptfunktion ist, dass sie in der willentlichen Lebensgestaltung zum Tragen kommt. Jung ist es wichtig, dass Folgendes klar ist: »Bewußt können die Produkte aller Funktionen sein; wir sprechen aber nur dann von Bewußtheit einer Funktion, wenn nicht nur ihre Ausübung dem Willen zur Verfügung steht, sondern auch ihr Prinzip für die Orientierung des Bewußtseins maßgebend ist.«[66] Es kann also nur eine Funktion bewusst im Sinne von »leitend« sein, eben die Hauptfunktion, während die am wenigsten entwickelte Funktion, die sogenannte *inferiore Funktion*, im Unbewussten liegt und im Vergleich zu den drei anderen Funktionen weniger zur Realitätsbewältigung beisteuert.[67] Die beiden anderen Funktionen können als Hilfsfunktionen dienen.

Hilfsfunktion nennt Jung eine Funktion, die nicht so bewusst ist wie die Hauptfunktion und daher die Lebensführung nicht so sehr bestimmt wie jene. Sie ist aber ebenfalls zu einem relativ hohen Grad bewusst und kann die Hauptfunktion, von der sie sich essentiell unterscheidet, durch ihre zusätzlichen Qualitäten unterstützen.[68] So kommt zum Beispiel ein Student, dessen Hauptfunktion die Intuition oder das Empfinden ist, nicht ohne ein gut entwickeltes Denkvermögen aus, wenn er erfolgreich sein will. Eine verlässlich zur Verfügung stehende Denkfunktion als erste Hilfsfunktion ist sowohl für einen Intuitions- als auch für einen Empfindungstyp notwendig, indem sie die jeweilige Hauptfunktion unterstützt. In manchen Fällen kann auch die zweite Hilfsfunktion – im obigen Beispiel wäre das die Fühlfunktion – recht gut entwickelt sein, oft steht sie jedoch tendenziell der bewussten Steuerung weniger verlässlich zur Verfügung als die Hauptfunktion oder die erste Hilfsfunktion.

Die sogenannte inferiore Funktion ist gemäß Jung am wenigsten entwickelt und entsprechend archaisch bzw. primitiv im Sinne von undifferenziert. Wegen ihrer tendenziellen Unbewusstheit entzieht sie sich weitgehend der bewussten Steuerung. Je unbewusster sie ist, desto autonomer bringt sie sich ein und kann sich gegen den Willen des betreffenden Menschen auf sehr unliebsame Art bemerkbar machen. Im Rahmen einer Jung'schen Analyse, deren Ziel die größtmögliche Ganzwerdung und damit auch die Bewusstmachung von unbewussten Eigenschaften und Fähigkeiten ist, kann es dann darum gehen, an der im Schatten der bewussten Persönlichkeit liegenden inferioren Funktion zu arbeiten, um sie als Ressource nutzen zu können.[69]

Jung unterscheidet alle vier Funktionstypen nach *Extraversion* und *Introversion* – eine Unterteilung, die auch in Kapitel 4 noch im Zusammenhang mit den astrologischen Häusern thematisiert werden wird.[70] Kurz gesagt orientieren sich Menschen mit einer extravertierten Einstellung an der Außenwelt und bewerten diese somit hoch. Die Aufgabe eines extravertierten Menschen ist es, dafür zu sorgen, dass er seinen subjektiven Standpunkt unter dem Einfluss der äußeren Objekte nicht völlig verliert. Ein introvertierter, also nach innen orientierter Mensch dagegen nimmt das äußere Objekt nicht an sich, das heißt in seiner umfassenden Gegebenheit wahr, sondern vor allem seine eigene subjektive Reaktion auf dieses. Gemäß Jungs Auffassung kommt dies einer Entwertung des betreffenden Objekts gleich, das dem introvertierten Menschen jedoch gleichsam als Anstoß für das eigene subjektive Erleben dient.[71] Die Wendung der Aufmerksamkeit nach innen muss allerdings nicht heißen, dass es bloß um persönliche und subjektive Themen geht, sondern ganz generell um Vorkommnisse in der inneren Realität, um innere Objekte, beispielsweise Bilder, wie sie aus der Traumwelt bestens bekannt sind. Es können auch Visionen oder Gefühle sein, Empfindungen und Ideen. Ihr objektiver Charakter ist speziell dann offenkundig, wenn sie kollektiver Natur sind und damit also dem kollektiven Unbewussten entstammen. Für den extravertierten Menschen besteht die Gefahr, sich in der äußeren Objektwelt zu verlieren und schlimmstenfalls zu dissoziieren; der Introvertierte kann hingegen völlig in der inneren Objektwelt versinken und damit den Bezug zur äußeren Welt verlieren.

Im vorliegenden Unterkapitel sollen die vier Ich-Funktionen als Hauptfunktionen nun jeweils unter Einbezug der extravertierten und introvertierten Einstellung so kurz und verständlich wie möglich einzeln dargestellt werden, wobei die Konstellation der anderen drei Funktionen stets im Auge behalten wird.

Ganz ähnlich, wie die zwölf Tierkreiszeichen in der astrologischen Typologie immer nur als funktionelle Facetten der Persönlichkeitsstruktur aufzufassen und niemals mit dem Individuum selbst zu verwechseln sind, muss auch Jungs Typologie richtig verstanden werden: In der Praxis wird man diese Typen kaum in solcher Reinform vorfinden. Vielmehr ist es bei allen Typen so, dass sie einen gemeinsamen und eben deshalb typischen Zug besitzen, der dadurch wiederum unverhältnismäßig betont wird, während die individuellen Züge dahinter zurücktreten.[72]

Eine Typologie betont also den Typus und beschreibt nicht das jeweilige Individuum, das stets gewisse typologische Züge ausgeprägter zeigt und andere weniger. Es darf also nicht zu einer Gleichsetzung von Funktionstyp und Individuum kommen.

Das Denken in der extravertierten und introvertierten Einstellung – der Denktypus

Logik, Folgerichtigkeit, Rationalität, kritisches Denken, Urteilen – Urteil im Unterschied zum affektgesteuerten Vorurteil – sind einige wichtige Stichworte zum Thema »Denken«. Unsere Fähigkeit, logisch zu denken und unsere Umwelt sowie uns selbst unter Einsatz des Intellekts zu verstehen – unsere gesamten kognitiven Fähigkeiten also –, ist für jedes Individuum notwendig, um sich erfolgreich an die jeweiligen Umweltbedingungen anzupassen. Jung bezeichnet einen Menschen als »Denktyp«, wenn das Denken stärker entwickelt ist als die drei anderen Funktionen und er »seine Lebensleistung hauptsächlich unter der Führung denkender Überlegung vollbringt, so dass alle irgendwie wichtigen Handlungen aus intellektuell gedachten Motiven hervorgehen oder doch wenigstens der Tendenz gemäß hervorgehen sollten«[73].

Das Denken kann sich sowohl auf Objekte und Ideen aus der Außenwelt beziehen – wie es beim extravertierten Denken der Fall ist – oder sich auf die innere Realität eines Menschen richten, und damit auch auf Ideen, die zum Gegenstand der Reflexion gemacht werden. Dies ist der Fall beim introvertierten Denken.[74] Das extravertierte Denken ist stark gefragt in der wissenschaftlichen Forschung, in der objektive und rational nachvollziehbare Denkleistungen vollbracht werden müssen, während das introvertierte Denken sich laut Jung auf subjektive, das heißt innere Vorgänge bezieht.[75]

Die *extravertierte Einstellung* eines Denktyps zeigt sich also darin, dass er sein Denken und Urteilen auf objektiv erfassbare Daten, auf »von außen Entlehntes« richtet und sich in seiner ganzen Lebensführung an der äußeren Welt orientiert. Allerdings kann der Gegenstand, der für den Denktyp im Mittelpunkt des Interesses steht, ein konkretes Objekt oder eine konkrete Situation sein, wie beispielsweise in der naturwissenschaftlichen und medizinischen Forschung. Es kann sich aber auch um Ideen handeln, die vielleicht im Rahmen eines aktuellen philosophischen Diskurses[76], in Politik oder Kunst und Kultur diskutiert werden. Das

Hauptkriterium für Jungs Definition des extravertierten Denkens ist, dass dessen Gegenstand – also das, womit sich das Denken beschäftigt – von außen vermittelt ist.[77] Dabei spielt es keine Rolle, ob dieser Gegenstand konkret oder abstrakt ist. Natürlich gehört nicht nur das Denken auf hoher intellektueller Ebene in das Feld des extravertierten Denkens, als praktisches Denken ist es in vielen Berufen unabdingbar, sei es für die Kauffrau oder den Techniker. Auch für alle Privatpersonen, die ihren Haushalt und ihr Budget im Auge behalten wollen, kann ein praktisches Denkvermögen von Vorteil sein.

Im Prinzip vermag die äußere Welt in ihrer ganzen Vielfalt den extravertierten Denktypus zum Denken anzuregen. Die für ihn gültige Realität besteht jedoch nicht nur aus der reinen Tatsächlichkeit von konkreten Objekten und Situationen, die er denkend erfasst und bewertet, sondern auch aus allgemeingültigen Ideen – ein wichtiger Aspekt auch besonders in der heutigen Zeit der Rationalisierung und Digitalisierung. Die hohe Unpersönlichkeit der bewussten Haltung des extravertierten Denktyps bringt es mit sich, dass seine unbewusste persönliche und gefühlshafte Seite dagegen meist entsprechend archaisch, infantil und empfindlich ist. Für sein soziales Umfeld kann dadurch ein doppeltes Problem entstehen: zum einen, wenn der extravertierte Denktyp seine rational-intellektuelle Einstellung auch für seine Partnerin, seinen Partner oder seine Kinder zum Maßstab des richtigen Denkens und Verhaltens erhebt. Er beharrt dann rechthaberisch darauf, dass nur logisch stringentes Reden und Verhalten »richtig« ist und terrorisiert seine Familie richtiggehend mit seiner Rationalität, weil diese quasi das unumstößliche Weltgesetz darstellt, dem nicht nur er selbst, sondern auch alle anderen sich zu unterwerfen haben.

Auf der anderen Seite kann ein extravertierter Denktypus durch die Undifferenziertheit und Empfindlichkeit seiner inferioren Gefühlsseite oft großen Druck auf die anderen Menschen in seinem Umfeld ausüben. Das heißt, diese sind gezwungen, sich entsprechend stark zurückzuhalten und an die Launen und Empfindlichkeiten des extravertierten Denktyps anzupassen, wenn sie unangenehme Konsequenzen vermeiden wollen. Denn: »Je stärker die Gefühle verdrängt sind, desto schlimmer und heimlicher beeinflussen sie das Denken, das sonst in tadelloser Verfassung sein kann«[78], und lassen es starr und dogmatisch werden. Es ist leicht nachvollziehbar, wie fruchtlos eine Diskussion mit jemandem ist, der unflexibel auf seiner eigenen Weltanschauung beharrt und anderen Ansichten keinen Raum zu geben vermag.

Eine ebenfalls unschöne Äußerungsform des Denktypus kann der Nörgler sein, in dessen Augen niemand seiner Umgebung die Dinge richtig, stringent und effektiv genug tut, da sie vielleicht anderen Lebensmaßstäben folgen und folgen müssen, um sich selbst treu zu bleiben. Wenn die Rationalität das oberste Gesetz ist und absolut gilt, wird viel lebendiges, kreatives Potential unterdrückt und abgeschnitten, so dass das Leben seicht und banal werden kann. Ein lustiges Beispiel für einen versauerten, nörglerischen Denktypen finden wir in der Figur des Schreibers in Novalis' Heinrich von Ofterdingen, der schreibt und schreibt, aber wenn Sophia, die Personifikation der Weisheit, seine Blätter gelegentlich ins Weisheitswasser tunkt, bleibt jeweils kaum ein Wort darauf stehen.[79]

Sehr leicht werden Familienmitglieder, Freunde und Freundinnen oder Kollegen, die in einer der drei anderen Funktionen am stärksten sind, als »dumm« bezeichnet. Konflikte sind vor allem dann vorprogrammiert, wenn es sich um Fühltypen handelt, deren Denkfunktion gemäß Jungs Auffassung inferior ist. Denn die verstandesmäßige und gefühlshafte Haltung in der Hauptfunktion sind diametral verschieden voneinander, wobei die Hauptstärke des Gegenübers jeweils die eigene inferiore Funktion ist. In der Begegnung zwischen einem Fühl- und einem Denktypen wird die inferiore Funktion sehr leicht gegenseitig getriggert, was meistens zu einer undifferenzierten und unfruchtbaren Streiterei oder zumindest zu einem intensiven Erleben von Nicht-Verstandensein führen kann. Der extravertierte Denktypus kann seine Qualitäten jedoch sehr konstruktiv entfalten, wenn er sie beruflich beispielsweise für das Planen und Organisieren von gut funktionierenden Institutionen aller Art einbringt.

Im Gegensatz zum extravertierten Denken, das in seiner Aktivität nach außen gerichtet ist, wendet das *introvertierte Denken* sich für seine Urteilsbildung nach innen. Laut Jung kann es sich – wie das extravertierte Denken auch – »mit konkreten und abstrakten Größen befassen«, orientiert sich dabei aber immer am subjektiv Gegebenen, am sogenannten »subjektiven Faktor«[80]. Die Stärke dieser Einstellung liegt im Entwickeln von Fragestellungen, Anschauungen, Theorien aus einer subjektiven Idee heraus. Jung beschreibt die Leistung des introvertierten Denkens als einen eigentlich schöpferischen Vorgang, bei dem es ein anfänglich symbolisches Bild, »das mehr oder weniger dunkel vor seinem inneren Blick steht«, zu einer »lichtvollen Idee«[81] auszugestalten fähig ist. Dieses Denken strebt danach, einen passenden abstrakten Ausdruck für seine schöpferische Idee, die nicht in den äußeren Tatsachen zu finden ist, zu schaffen. Während der extravertierte Denktyp gefährdet ist, sich in einer rein empirischen sinnlosen Tatsachenanhäufung zu verlieren, besteht für den introvertierten Denker die Gefahr, in inneren Bildern und Symbolen, in die dann äußere Tatsachen hineininterpretiert werden, zu versinken. Wenn kraftvolle innere Bilder – je archetypischer, desto kraftvoller – das introvertierte Denken erfassen und in den Bann ziehen und gleichzeitig der Bezug zur äußeren Realität verloren geht, kann die Anpassung an ebendiese äußere Welt bedroht sein. Das introvertierte Denken kann dann »mystisch und genauso unfruchtbar«[82] wie das extravertierte Denken werden, wenn dieses ausschließlich objektive Fakten berücksichtigt.[83] Mit Darwin und Kant führt Jung zwei sehr prominente Vertreter der beiden Denktypen als Beispiel an: Darwin bezeichnet er als extravertierten und Kant als introvertierten Denktypus.[84]

Im Unterschied zum extravertierten Denktypus, der im Extremfall in der Betrachtung des Objekts aufgeht und sich selbst dabei völlig vergisst, weist der introvertierte Denktypus den äußeren Gegenstand ab, denn er lenkt ihn vom Wesentlichen ab, das letztlich nur in seiner eigenen Innenwelt zu finden ist. Jung beschreibt ihn folgendermaßen: »Diese negative Beziehung zum Objekt, Indifferenz bis Ablehnung, charakterisiert jeden Introvertierten und macht auch die Beschreibung des introvertierten Typus überhaupt äußerst schwierig. Es tendiert in ihm alles zum Verschwinden und zur Verborgenheit. Sein Urteil erscheint als kalt, unbeugsam, willkürlich und rücksichtslos, weil es weniger auf das Objekt als auf das Subjekt bezogen ist.«[85] Jung schließt jedoch nicht aus, dass sich auch ein Introvertierter höflich, liebenswürdig und freundlich verhalten kann. Aber wenn das Objekt nicht eine Idee, sondern ein Mitmensch sei, fühle dieser immer eine leichte Entwertung.[86]

Verfolgt der introvertiert Denkende eine Idee und möchte sie in die Welt bringen, fällt ihm dies meistens schwerer als dem Extravertierten, und zwar wegen seiner tendenziellen Unbezogenheit auf die realen äußeren Bedingungen. So zeigt der introvertierte Denker in der Wahl der Menschen, mit denen er in Kontakt tritt, oft kein besonderes Geschick – denn »entweder ist er schweigsam, oder er verfällt Leuten, die ihn nicht verstehen; damit sammelt er Beweisstücke für die unergründliche Dummheit der Menschen. Wird er zufälligerweise einmal verstanden, so verfällt er leichtgläubiger Überschätzung.«[87]

Aufgrund seiner schwachen Beziehung zur Realität der Außenwelt sowie seiner wenig differenzierten Fühlfunktion lauern im mitmenschlichen Kontakt oft vielerlei Stolperfallen für den introvertierten Denktyp. Ist er männlich, wird er nicht selten das Opfer von Frauen, die wegen seiner gefühlsmäßigen Naivität und Kindlichkeit mit ihm ein leichtes Spiel haben und ihn ausnutzen, wenn nicht gar in die Gosse treiben, wie es in Heinrich Manns Roman *Professor Unrat* und in dessen Verfilmung *Der blaue Engel* dargestellt wird. Ein anderer wird zum misanthropischen und sozial isolierten Junggesellen – anschaulich beschrieben in der Novelle *Der Hagestolz* von Stifter. Ein aktuelles populäres Beispiel für den (extrovertierten) Denker wäre z. B. Dr. House, der brillante Diagnostiker in der gleichnamigen US-Fernsehserie.

Ich möchte die Beschreibung des introvertierten Denktypus mit dem Hinweis auf Jungs eigene Zusammenfassung in seinem Essay »Allgemeine Beschreibung der Typen« (speziell §§ 620 bis 637) beenden, die sein ausführliches Porträt dieses Typs abrundet und die sich durchaus zu lesen lohnt.[88]

Das Fühlen in der extravertierten und introvertierten Einstellung – der Fühltypus

Fühlen, Gefühl, sich einfühlen, »passendes Gefühlsurteil«, »Bewertung«, »Einpassung« sind Stichwörter zu dieser Funktion.[89] Gemäß Jung gehört das Fühlen zu den *rationalen* Funktionen. In der Einleitung zur Jung'schen Typologie wurde bereits kurz angesprochen und präzisiert, was Jung damit meint, dass die Fühlfunktion »vernünftig« sei: »Ihre Vernünftigkeit entspricht dem, was kollektiv als vernünftig gilt.«[90] Das ergibt allerdings keinen sehr schmeichelhaften Eindruck von der Fühlfunktion, denn auch in menschenverachtenden politischen Gebilden konstellieren sich kollektive Werte. Man kann sich die Frage stellen, was daran »vernünftig« sein soll, sich an solche wohlbekannten, jede menschliche Würde mit Füßen tretenden kollektiven Tendenzen anzupassen. Möglicherweise wird dadurch das eigene ungeschorene Überleben sichergestellt. Bei seinen Bemühungen, die Fühlfunktion zu definieren, scheint sich Jung vor deutlich größere Rätsel gestellt gesehen zu haben als in der Beschreibung der Denkfunktion. Vielleicht, weil das Fühlen nicht seine große Stärke war und er dabei durch die eigene inferiore Gefühlsbrille blickte?

Die extravertierte Fühlfunktion ist nach außen orientiert, das heißt die äußere Realität und ihre Objekte bestimmen die Art des Fühlens. Entsprechend richtet sich das Fühlen auch nach Werten, die von außen vorgegeben sind.[91] Der extravertierte Fühltyp passt sich mit seinem Werturteil also stets dem an, was je nach Situation stimmig ist. Jung bringt das Beispiel eines Gemäldes, das der Fühltyp nicht offen als »hässlich« bezeichnen könne, weil er vielleicht den Gastgeber und Besitzer des Bildes kränken könnte. Der Fühltyp könne sich jedoch nicht so taktlos verhalten, vielmehr liege ihm sehr viel daran, eine angenehme Gefühlsatmosphäre zu erzeugen, so dass es ein gemütlicher, geselliger und harmonischer Abend werde.

Nach Jung ist es auch die an kollektiven Werten orientierte extravertierte Fühlfunktion, die so viele Menschen dazu bringt, »ins Theater oder ins Konzert oder in die Kirche zu gehen, und zwar mit richtig abgemessenen positiven Gefühlen«[92], um in der Gemeinschaft Emotionen zu teilen. Wie im Fall jeder extravertierten Funktion droht auch dem betreffenden Fühltypen, dem Einfluss der Außenwelt zu erliegen und so vom Objekt vereinnahmt zu werden. Die Authentizität der Persönlichkeit und damit die lebendige Natürlichkeit des Fühlens können verloren gehen. Da das Fühlen sich quasi situationsbedingt beliebig angepasst zeigt, geht es in Richtung Schauspielerei und wird letztlich kalt, sachlich und unglaubwürdig. Eine solche beliebige Anpassung an wechselnde Bedingungen birgt die Gefahr einer Dissoziation und kann schließlich in Hysterie münden.[93]

Jungs Konzept entsprechend wird die extravertierte Fühlfunktion, welche für die Anpassungsfähigkeit an die äußere Lebenswelt zuständig ist, durch ein introvertiertes, undifferenziertes, archaisches und infantiles Denken kompensiert, das sich entsprechend meinungshaft, vorurteilshaft und aufgrund seiner Nähe zum kollektiven Unbewussten mit phantastischen Projektionen vermengt äußert. Wenn die inferiore Funktion – hier das introvertierte Denken – die Oberhand gewinnt, ist mit ihm das kollektive Unbewusste mit seinen archetypischen Bildern konstelliert. Wird dies bewusst gemacht, besteht die Möglichkeit der Bearbeitung und Differenzierung der unbewussten Seite; im anderen Fall kann dies zur Dissoziation bzw. hysterischen Neurose führen.[94]

Das *introvertiert eingestellte Fühlen* definiert Jung hauptsächlich als durch den bereits erwähnten subjektiven Faktor bestimmt – im Gegensatz zu der Orientierung an äußeren Gegebenheiten und Werten des extravertierten Fühltyps. Der introvertiert fühlende Mensch interessiert sich eben weniger für die äußeren als für die inneren, also subjektiven Objekte. Entsprechend hoch ist für ihn jedoch deren Wertigkeit, da die Energie seiner Ich-Funktion sich ja auf die innere Realität richtet.

Jung bringt das introvertierte Fühlen – wie schon das introvertierte Denken – ebenfalls in Verbindung mit dem kollektiven Unbewussten: »Die urtümlichen Bilder sind bekanntlich ebensosehr Idee wie Gefühl.«[95] So wie der introvertierte Denktyp sich eben denkend mit dem Reichtum der inneren Objektwelt beschäftigt, setzt der introvertiert Fühlende sich entsprechend fühlend damit auseinander. Der introvertierte Fühltyp kann laut Jung jedoch Schwierigkeiten haben, seine innere Gefühlswelt seiner Umwelt adäquat zu vermitteln: »Das Primat des introvertierten Fühlens habe ich hauptsächlich bei Frauen angetroffen. Das Sprichwort ›Stille Wasser gründen tief‹ gilt von diesen Frauen. Sie sind meist still, schwer zugänglich, unverständlich, öfters hinter einer kindlichen Maske verborgen, öfters auch von melancholischem Temperament. Sie scheinen nicht und treten nicht auf. Da sie sich überwiegend von ihrem subjektiven Gefühl leiten lassen, so bleiben ihre wahren Motive meistens verborgen.«[96] Diese Beschreibung gilt allerdings mehr dem oberflächlichen Eindruck, den Fühltypen offenbar auf Jung machen und weniger der Art ihres Funktionierens.[97]

So kommt der introvertiert fühlende Mensch bei Jungs Charakterisierung dieses Typs nicht gut weg: Der introvertierte Fühltypus zeige »keine Liebenswürdigkeit, kein warmes Entgegenkommen, sondern eine indifferent erscheinende, kühle bis abweisende Art. […] Eine anstürmende Emotion aber kann mit mörderischer

Kälte schroff niedergeschlagen werden, wenn sie nicht zufälligerweise das Individuum vom Unbewussten her erfasst, […] irgend ein urtümliches Gefühlsbild belebt und damit das Fühlen dieses Typus gefangen nimmt.«[98]

Der zur Schau getragenen Kühle und Reserviertheit, die zu dem oberflächlichen Urteil führen könne, dem introvertierten Fühltypus jedes Gefühl abzusprechen, fügt Jung schließlich eine andere Seite hinzu, die er als charakteristisch erachtet, nämlich die Intensität des Fühlens, welche die mangelnde Expressivität kompensiere: »Sie entwickeln sich in die Tiefe.«[99] Am Beispiel, wie die zwei Fühltypen mit dem Gefühl des Mitleids umgehen, versucht Jung, ihren Unterschied zu verdeutlichen. So vermöge ein extravertierter Fühltypus sein Mitleid adäquat zum Ausdruck zu bringen und sich danach bald wieder davon zu befreien, während der introvertierte Fühltypus ein dermaßen intensives Mitleid spüre, dass er nicht fähig sei, dieses zum Ausdruck zu bringen, sondern erstarre. »Es mag vielleicht im Übermaß herausbrechen und zu einer verblüffenden Tat sozusagen heroischen Charakters führen, zu der aber weder das Objekt noch das Subjekt ein richtiges Verhältnis finden können.«[100]

Zwei Beispiele mögen diesen Vorgang illustrieren: Im Gegenzug zu Jungs Assoziation des introvertierten Fühltypus mit Frauen, möchte ich das Beispiel zweier Männer im besten Alter anführen, die beide einer jungen Frau, in die sie sich während einer Fortbildung quasi aus der Ferne verliebt hatten, aus heiterem Himmel auf offener Straße einen Heiratsantrag machten. Beide waren introvertierte Fühltypen und hatten in der Tiefe ihrer Seele ihre Liebe zu dieser jungen Frau so lange genährt, bis sie in ihrer Gegenwart damit herausplatzen mussten. Das geschah für die betroffene Frau völlig überraschend, hatte sie doch weder von der Existenz dieser Männer noch von deren immer stärker werdenden Gefühlen ihr gegenüber etwas geahnt. Die ganze Situation – auf offener Straße – verstärkte das Inadäquate der beiden hoffnungslos Verliebten. Das klingt nun alles eher tragikomisch, und es stellt sich die Frage, wer nach der Lektüre dieser Beschreibung noch gerne zu seiner Hauptfunktion steht, falls diese zufälligerweise introvertiertes Fühlen sein sollte.

Wie bei allen Introvertierten besteht jedoch auch für die introvertiert Fühlenden die Möglichkeit, in schöpferischer Weise mit der eigenen seelischen Tiefe umzugehen. Durch kreative Auseinandersetzung mit der Gefühlstiefe können die Schwierigkeiten des introvertierten Fühltypus, seine Gefühlswelt und -bewegungen der Umwelt adäquat und verständlich zu vermitteln, am ehesten überwunden werden. Jung selbst erwähnt die poetische Gestaltung als Möglichkeit des Selbstausdrucks. Wenn die oben erwähnten unglücklich Liebenden versucht hätten, sich der jungen Frau beispielsweise durch gefühlvolle Briefe oder Gedichte, auf die sie hätte reagieren können, anzunähern, hätte einer von ihnen vielleicht sogar Gehör finden können. An dieser Stelle möchte ich Marcel Proust als ein sehr bedeutendes Beispiel für einen introvertierten Fühltypus nennen. Er schrieb ganze vierzehn Jahre an seinem weltberühmten Roman *Auf der Suche nach der verlorenen Zeit*, in dem er seine Kindheitserinnerungen gestaltet. Sehr berühmt ist die Stelle, an der er den Duft der frisch gebackenen Madeleines aus seiner Kindheit lebendig werden lässt.[101]Dieses Beispiel zeigt, dass die Innenwelt eines introvertierten Fühltypen seinen Mitmenschen durchaus nahegebracht werden kann, auch wenn dies im alltäglichen Leben seltener auf so reiche und talentierte Weise geschieht wie durch einen genialen Schriftsteller, sondern einfacher ausfallen wird.

Wenn die Denkfunktion bei einem Fühltypus so inferior ist, dass sie völlig unterdrückt und damit gänzlich unbewusst ist, erscheint sie in der Opposition und wird in ein Objekt der Außenwelt projiziert. Diese Projektionen sind entsprechend dunkel, werden gemäß Jung doch »alle möglichen Gemeinheiten« projiziert, indem von den Mitmenschen angenommen wird, sie »planen Übles, hetzen und intrigieren im geheimen usw.«[102]. Es entsteht ein Teufelskreis, denn der introvertierte Fühltyp versucht, den anderen präventiv mit Intrigen und Verdächtigungen zuvorzukommen: »Es entstehen endlose Rivalitäten geheimer Natur, und in diesen erbitterten Kämpfen wird nicht nur kein schlechtes oder gemeines Mittel gescheut, sondern auch die Tugenden werden missbraucht, nur um einen Trumpf ausspielen zu können.«[103] Die Folge für den Betreffenden sind starke Erschöpfung und neurasthenische Neurosen.

Jungs kritische Darstellung des Fühltyps fällt stellenweise sehr einseitig kritisch aus und zeigt den Entwurfcharakter seiner Typologie. Denn indem er die Fühlfunktion, die gleichwertig neben den drei anderen Ich-Funktionen stehen sollte, so sehr entwertet, widerspricht er seinem eigenen Anliegen, die vier Funktionen als Anpassungsmechanismen für die Lebensbewältigung darzustellen. Diese Typologie, so interessant ihr Ansatz auch ist, bedarf meiner Ansicht nach einer ausbalancierenden Überarbeitung, obwohl Adam[104] hierzu schon viel geleistet hat.

Das Empfinden in der extravertierten und in der introvertierten Einstellung – der Empfindungstypus

Tasten, Schmecken, Riechen, Sehen, Hören sind dank unserer Sinnesorgane ganz natürliche Fähigkeiten, mit der Welt in Kontakt zu treten. Die psychologische Basisfunktion der Empfindung ist deshalb besonders bei kleinen Kindern ausgeprägt.[105] Das Empfinden gehört wie die Intuition zu den irrationalen Funktionen, die im Unterschied zu den beiden rationalen Funktionen – Denken und Fühlen – nicht in erster Linie werten, sondern einfach wahrnehmen.

Je stärker ausgeprägt die Empfindungsfunktion ist und je schwächer damit andererseits die Denk- und Fühlfunktion, desto umfassender wird die äußere Welt über Hören, Sehen, Tasten und Schmecken erfasst. Wie jede extravertierte Funktion wird auch das Empfinden durch äußere Objekte bestimmt, und an diejenigen, welche die stärkste sensorische Wahrnehmung auslösen, entsteht eine ausgesprochen *sinnliche* Bindung. Jung definiert die extravertierte Empfindung als »eine vitale Funktion, die mit dem stärksten Lebenstrieb ausgerüstet wird«[106]. Ist das extravertierte Empfinden die Hauptfunktion, so zählt für den Betreffenden allein die Stärke der Empfindung, die gewisse konkrete, sinnlich wahrnehmbare Objekte in ihm auslösen. Neben den äußeren Reizen werden aber auch innere Stimuli wie organische Prozesse und Veränderungen wahrgenommen.

Setzt ein Mensch sich hauptsächlich in der oben beschriebenen Weise mit der Welt in Beziehung, so haben wir es mit einem *extravertierten Empfindungstypus* zu tun. Dessen Stärken sind sein Realismus und sein objektiver Tatsachensinn. Jung hält es für einen verbreiteten Irrtum, eine solche ausgeprägte Orientierung an konkreten Tatsachen als *rational* einzustufen, denn der extravertierte Empfindungstypus schere sich nicht um die Vernünftigkeit oder Unvernünftigkeit einer Empfindung, da allein deren Intensität für ihn von Bedeutung sei. Sinnengenuss – wie gutes Essen in schöner Kleidung an einem stilvoll gedeckten Tisch bis hin zum erotisch-sexuellen Genuss mit einem entsprechend attraktiven Objekt – fehlt deshalb auch selten in seiner Lebenswelt.

In seiner Beschreibung zeigt sich Jung auch an dieser Stelle vom Geist seiner Zeit beeinflusst und bezieht den extravertierten Empfindungstypus vorrangig auf Männer, vor allem, wenn neben der ästhetischen auch die sexuelle Ebene angesprochen ist.[107] Es wäre allerdings zu untersuchen – speziell in der heutigen Zeit –, ob es tatsächlich mehr Männer als Frauen gibt, die diesem Empfindungstypus angehören. Bei Frauen zeigt sich die Wichtigkeit der Objektwelt möglicherweise nicht immer in derselben Weise; das sinnliche Vergnügen wird vielleicht nicht so akzentuiert auf der Sexualität liegen, sondern auf einem luxuriösen oder zumindest qualitativ einwandfreien Alltag, angefangen bei Wohnkomfort über kulinarischen Genuss, extravagante Kleidung und Schmuck bis hin zu kulturellen Interessen. Dabei können einzelne Aspekte im Vordergrund stehen und andere weniger wichtig sein.[108] Selbstverständlich können auch männliche Empfindungstypen an dieser Art von Objekten Gefallen finden. Jung erwähnt die ganze Bandbreite der Erscheinungsformen des extravertierten Empfindungstypen, die vom verfeinerten Ästheten bis zum rohen Genussmenschen reicht, wobei von Letzterem das genussbringende Objekt »ruchlos vergewaltigt und ausgepreßt« und »überhaupt nur noch als Anlaß zur Empfindung gebraucht wird«[109]. Es bleibt der Phantasie des Lesers oder der Leserin überlassen, für welche Arten von Milieu die verschiedenen Empfindungstypen eine besondere Affinität haben mögen.

Wie für jeden Extravertierten besteht auch für den nach außen orientierten Empfindungstyp die Gefahr, sich an das äußere Objekt zu verlieren, nämlich, wenn er selbst als empfindendes Subjekt quasi »hinter der Sensation verschwindet«[110]. Eine Besessenheit von dem Objekt bedeutet Freiheitsverlust für das Subjekt. Der Betreffende versucht dann in zwanghafter und unbezogener Weise, sich Genuss zu verschaffen. Blinder Genuss geht aber einher mit der totalen Entwertung des genussspendenden Objekts. Die vorherige Hochbewertung des Objekts schlägt also in ihr Gegenteil um: »Die Bindung an das Objekt wird aufs Äußerste betrieben. Dadurch aber wird auch das Unbewußte aus der kompensatorischen Rolle in die offene Opposition gedrängt. Vor allem machen sich die verdrängten Intuitionen geltend in Form von Projektionen auf das Objekt. Die abenteuerlichsten Vermutungen entstehen; handelt es sich um ein Sexualobjekt, so spielen Eifersuchtsphantasien eine große Rolle, ebenso Angstzustände.«[111] Aus der bewussten moralischen Zwanglosigkeit einer bloß empfindenden Einstellung kann sich also eine Zwanghaftigkeit entwickeln.[112] Resultate können Depression, Phobien und Zwangsstörungen sein, die allerdings oft nur schwer behandelbar sind, weil bei diesem Typus aufgrund der höchstens als Hilfsfunktionen zur Verfügung stehenden urteilenden Funktionen – Fühlen und Denken – folgerichtig auch die Fähigkeit zur Selbstreflexion tendenziell unbewusst und daher oft eingeschränkt ist.

Auch in der *introvertierten Einstellung* ist das Empfinden auf den objektiven Reiz ausgerichtet, es verändert sich jedoch beträchtlich, da wieder der subjektive Faktor mit hineinspielt. Jung erläutert dies anhand des Beispiels der bildenden Kunst. Ein und dieselbe Landschaft oder Person, die von verschiedenen Malern so objektiv wie möglich gemalt wird, sieht in den diversen künstlerischen Reproduktionen dennoch jeweils anders aus, und zwar nicht aufgrund einer unterschiedlichen Begabung der Künstler, sondern infolge des unterschiedlichen Sehens: Der subjektive Faktor kann sogar so stark sein, dass das Objekt zwar als solches erfasst, aber nicht mehr als solches erkennbar dargestellt wird. Es dient nur noch als Anreiz für die subjektive Wahrnehmung.

Damit unterscheidet sich der Zugang des introvertiert Empfindenden zur Objektwelt beträchtlich von dem des extravertiert Eingestellten. »Das introvertierte Empfinden vermittelt ein Bild, welches weniger das Objekt reproduziert, als dass es das Objekt überkleidet mit dem Niederschlag uralter und zukünftiger subjektiver Erfahrung. Dadurch wird der bloße Sinneseindruck entwickelt nach der Tiefe des Ahnungsreichen, während die extravertierte Empfindung das momentane und offen zutage liegende Sein der Dinge erfasst.«[113]

Für den extravertierten Empfindungstypus ist die Stärke der Wirkung, die ein Objekt auf ihn ausübt, bestimmend. Der Introvertierte orientiert sich dagegen an der Intensität der subjektiven Empfindung, die durch den objektiven Reiz ausgelöst wird. Dabei muss gar kein proportionaler Zusammenhang zwischen Objekt und Wahrnehmung bestehen. Es entsteht ein gewisses Moment der Willkürlichkeit, da die Außenwelt, also das Umfeld des betreffenden introvertierten Empfindungstypen, nie weiß, was auf ihn Eindruck macht, wie dieser den Eindruck verarbeitet und ihn wiederum selbst nach außen zum Ausdruck bringen könnte. Er ist – wie alle Introvertierten – in seiner Reaktion auf Reize von außen nicht gut einschätzbar. Äußere Gegebenheiten dienen ihm nur als Katalysator für die eigene subjektive Reaktion – nach Jung abermals eine Entwertung dieser Objekte, da sie nicht in ihrer eigenen Wertigkeit gesehen werden. In krankhaften Fällen kann das so weit gehen, dass der Betreffende gar nicht mehr »zwischen dem wirklichen Objekt und der subjektiven Wahrnehmung zu unterscheiden«[114] vermag.

Jung hebt sehr stark die Irrationalität dieses Typus hervor, die jedoch für seine Umgebung nur schwer erkennbar ist, eben wegen dessen Undurchschaubarkeit, die mit einer Haltung von Ruhe, Passivität und »vernünftig« wirkender Selbstbeherrschung einhergeht. Sein äußeres Umfeld lernt die Irrationalität des introvertierten Empfindungstyps erst kennen, wenn sein Inneres durch ein Objekt so intensiv berührt und aktiviert wird, dass er »nach seiner unbewußten Vorlage«[115] handelt, wodurch sich seine wahre Natur auch dem Außenstehenden zeigt. Ein Beispiel aus dem Alltag könnte ein Stalker sein, der eine junge Frau, von der er sinnlich angezogen und besessen ist, hartnäckig verfolgt und dies für Liebe hält, ohne zu merken, dass er sie dadurch nur belästigt und verletzt.

Auf der anderen Seite können introvertierte Empfindungstypen durchaus auch selbst in die Opferrolle geraten. Nach außen zeigt dieser Typus kaum Anteilnahme, sondern eine neutrale Haltung und ist stets um Ausgleich bemüht – »um die Objekteinwirkung in den nötigen Schranken zu halten«[116]. Durch sein harmloses Auftreten wird er jedoch »leicht Opfer der Aggressivität und Herrschsucht anderer. Solche Menschen lassen sich in der Regel mißbrauchen und rächen sich dafür an ungeeigneter Stelle durch vermehrte Resistenz und Störrigkeit.«[117]

Die intuitive Funktion ist bei diesem Typus verdrängt und äußert sich entsprechend archaisch, wenn sie hervorbricht. Jung beschreibt, dass die archaische Intuition zweideutige, schmutzige und gefährliche Hintergründe der Wirklichkeit wittere. Statt Ahnungen zeigen sich dann verzerrte und wahnhafte unbewusste

Wahrnehmungen, die sich keineswegs auf die Realität beziehen – ganz im Unterschied zur hochdifferenzierten Intuition, die richtige, d.h. realitätsgerechte unbewusste Wahrnehmungen hat.[118] Beginnt der introvertierte Empfindungstyp sich jedoch mit seiner archaischen Schattenseite gründlich auseinanderzusetzen, kann ein schrittweises Bekanntwerden mit den unbewussten Abgründen gelingen und damit schließlich eine Kompensation der oben beschriebenen Tendenz seiner bewussten Einstellung zu Phantasterei und Leichtgläubigkeit eingeleitet werden. Bleibt die inferiore extravertierte Intuition jedoch von der bewussten introvertierten Empfindungsfunktion, der Hauptfunktion, abgespalten, können Zwangsvorstellungen entstehen, die sich zur Zwangsneurose entwickeln können.

Ich möchte dieses Unterkapitel mit einem schönen Vergleich zwischen dem extravertierten und dem introvertierten Empfindungstypus enden lassen, und zwar am Beispiel der Wahrnehmung einer roten Blume, das Jung in den Definitionen erwähnt[119]: Er unterscheidet dort zwischen der »sinnlichen« oder »konkreten« und der »abstrakten« Empfindung. Die »konkrete Empfindung«, die mit Ideen, Gefühlen und Gedanken gemischt ist, scheint ganz gut zum extravertierten Empfindungstyp zu passen, der ja ganz auf die Tatsächlichkeit eines Objekts ausgerichtet ist. Die rote Blume nimmt er in ihrer Ganzheit als botanisches Gewächs wahr, samt Stängel und Blättern. Ihr Aussehen weckt in ihm Gefühle von Lust oder Unlust, ebenso die Geruchswahrnehmungen, und vielleicht entwickelt er sogar ein paar Gedanken zu ihrer botanischen Klassifikation. Die »abstrakte Empfindung« ist dagegen eine differenzierte Form von Wahrnehmung. Sie folgt ästhetischen Prinzipien, die vom Betrachter, der vielleicht ein Künstler ist, subjektiv als wichtig empfunden werden und die er vom konkreten Objekt abstrahiert und so eine »reine« Form herausdestilliert. Am Beispiel der Blume könnte es das brillante Rot sein, das den Hauptinhalt der bewussten Wahrnehmung ausmacht, während alle anderen möglichen Qualitäten der Blume aus dem Fokus der Aufmerksamkeit fallen. Diese Art von konzentrierter Benutzung des Objekts durch die subjektive Wahrnehmung entspricht dem Umgang des introvertierten Empfindungstypus mit den äußeren Objekten.

Die Intuition in der extravertierten und in der introvertierten Einstellung – der intuitive Typus

Ahnungen, Visionen, neue Möglichkeiten, unmittelbares und unvermitteltes Wissen, der Blick fürs Ganze, Reichtum innerer Bilder, Phantasie und Kreativität, Mystik, Prophetie – solche Begriffe klingen an, wenn man sich mit der Welt der Intuition beschäftigt. Jung leitet seine Definition der Intuition mit einer etymologischen Erklärung ein, wohl deshalb, weil diese die Kernbedeutung trifft, denn Intuition – von lateinisch *intueri*, »anschauen« – vermittelt unbewusste Wahrnehmungen und Anschauungen. Diese erscheinen in Form von fertigen Bildern, fertigem Ganzen als Ahnungen und Visionen und machen das schwer mitteilbare Vermögen der Intuition aus. Sie ist »eine Art instinktiven Erfassens«[120] und zählt wie die Empfindung als irrationale Wahrnehmungsfunktion. Es ist typisch für die beiden irrationalen Funktionen Intuition und Empfindung, dass sie eine Gewissheit bezüglich der Wahrnehmungen vermitteln – diese sind einfach da, gegeben. Diese Sicherheit des Wissens unterscheidet die beiden irrationalen Funktionen von den beiden rationalen Funktionen Denken und Fühlen, deren Inhalte abgeleitet sind.

Die intuitive Erkenntnis erscheint als psychischer Tatbestand, der auf unbewusstem Weg entstanden und plötzlich da ist. Aus der Sicht des Bewusstseins ist ein solches plötzliches Wissen rational nicht sofort nachvollziehbar. Allerdings können viele Intuitionen nachträglich in ihre Komponenten zerlegt und in oft mühevoller Kleinarbeit logisch rational nachvollzogen werden. Der Philosoph Spinoza hat die intuitive Erkenntnis wegen ihres Charakters von unmittelbarer Sicherheit und Gewissheit für die höchste Form der Erkenntnis gehalten.

Da die Intuition hauptsächlich ein unbewusster Prozess ist, so ist auch ihr Wesen auf bewusstem Weg schwer zu erfassen und klar zu definieren. Deshalb sollen nachfolgende Erklärungsansätze in Jungs Originalton die intuitive Funktionsweise etwas erhellen: »Die Intuition vermittelt […] zunächst bloß Bilder oder Anschauungen von Beziehungen und Verhältnissen, die mittels anderer Funktionen entweder gar nicht oder nur auf großen Umwegen erreicht werden können. Diese Bilder haben den Wert bestimmter Erkenntnisse, welche das Handeln ausschlaggebend beeinflussen, insofern der Intuition das Hauptgewicht zufällt.«[121]

Jung erklärt auch, warum Intuition und Empfindung einander polar gegenüberstehen: »Damit aber die Intuition funktionieren kann, muss die Empfindung in hohem Maße unterdrückt werden. Unter Empfindung verstehe ich in diesem Fall die einfache und direkte Sinnesempfindung als ein fest umrissenes physiologisches und psychisches Datum.«[122] Im Unterschied zum Empfindungstyp, für den der *physiologisch* stärkste Reiz am wichtigsten ist, wirkt für den intuitiven Typen unbewusst eine andere, schwer bestimmbare Empfindung, die durch unbewusste subjektive Faktoren ins Zentrum gerückt wird, als Auslöser für seine Anschauung. Diese erscheint dem Intuitiven möglicherweise so, »als ob sie eine reine Empfindung wäre. Sie ist es aber tatsächlich nicht.«[123] Im Gegensatz zur Empfindungsfunktion, die auf konkreten Sinneswahrnehmungen basiert, handelt es sich bei der Intuition nämlich um eine *unbewusste* Wahrnehmung. Anders als erstere, die in der extravertierten Einstellung auf das bewusste Erfassen von objektiven Tatsachen ausgerichtet ist, erfasst die intuitive Funktion auf unbewusstem Weg blitzschnell vorhandene *Möglichkeiten.* Intuitive Typen erleben es auch oft, dass sie *Ahnungen* von einem zukünftigen Ereignis haben, das rational nicht voraussehbar ist, das sich später jedoch mit unterschiedlich großer zeitlicher Verzögerung meistens als wahr herausstellt. »Hat die Intuition das Primat, so erscheinen alle gewöhnlichen Lebenssituationen so, als ob sie verschlossene Räume wären, welche die Intuition zu öffnen hat. Sie sucht beständig Auswege und neue Möglichkeiten äußeren Lebens.«[124]

Die *Intuition* in der *extravertierten Einstellung* richtet sich ganz auf äußere Objekte und Gegebenheiten, indem sie – als Funktion unbewusster Wahrnehmung – diese als Sprungbrett für Möglichkeiten sieht. Niemand hat eine so »feine Witterung für Keimendes und Zukunftversprechendes«[125]. So ist ein extrovertiert eingestellter intuitiver Mensch immer bereit, sein ganzes Leben einer neuen Möglichkeit zu verschreiben, umso mehr, als er stabile Situationen schnell als Gefängnis empfindet, aus denen er sich befreien muss.

Wenn die intuitive Funktion die Hauptfunktion ist, sind Denken und Fühlen weniger differenziert und darum nicht in der Lage, der Intuition mit einem nachhaltigen Widerstand zu begegnen. Wie wichtig es ist, dass extravertierte intuitive Typen durch die Entwicklung der beiden rationalen Funktionen ein Urteilsvermögen erwerben, das ihrem Möglichkeitsdenken realistische

Grenzen setzen kann, zeigt sich, wenn man sich vor Augen führt, in welchen Berufen die betreffenden Menschen besonders häufig anzutreffen sind. Mit ihren Fähigkeiten, äußere Möglichkeiten zu erahnen, sind sie erfolgreich als Kaufleute und Spekulanten, Unternehmerinnen, Agenten, Politikerinnen und Ähnliches.[126]

Ein extravertierter intuitiver Typus ist prädestiniert dafür, Initiator und Förderer von wichtigen zukunftsversprechenden gesellschaftlichen Projekten oder Anwalt von Minoritäten zu sein. Dabei gelingt es dem extravertierten Intuitiven, seinen Mitmenschen Mut zu machen, sie mit seiner Begeisterung für seine Visionen anzustecken und zum Handeln zu motivieren.[127] Für den Betreffenden selbst kann sein unermüdlicher Einsatz für neue Möglichkeiten in Kultur und Gesellschaft jedoch große Nachteile mit sich bringen, denn »allzu leicht verzettelt der Intuitive sein Leben, indem er Menschen und Dinge belebt und eine Fülle des Lebens um sich verbreitet, das aber nicht er, sondern die anderen leben.«[128] Er läuft Gefahr, die Früchte seiner Arbeit nicht selbst zu ernten, weil er sich bereits neuen Möglichkeiten zuwendet.[129] Schließlich kann sich sein Unbewusstes gegen ihn wenden.

Ähnlich wie beim Empfindungstypus sind beim Intuitiven Denken und Fühlen »relativ verdrängt und bilden im Unbewußten infantil-archaische Gedanken und Gefühle, die sich mit denen des Gegentypus vergleichen lassen. Sie sind ebenso absurd wie die des Gegentypus, nur fehlt ihnen, wie es mir scheint, der mystische Charakter; sie betreffen meistens konkrete, quasi reale Dinge, wie sexuelle, finanzielle und andere Vermutungen wie zum Beispiel Krankheitswitterungen«[130]. Im Falle einer nur einseitig gelebten extravertierten Intuition melden sich nämlich früher oder später die unterdrückten und wenig entwickelten Realempfindungen, und diese können – in Kombination mit dem unzureichend entwickelten gefühlsmäßigen und denkerischen Urteil – in der Projektion auf die Außenwelt beispielsweise auch zu einer unpassenden Partnerwahl führen. Solche »Mesalliance« genannten, meist auch stark sexuell geprägten Verbindungen mit oft bildungsmäßig und sozial schwächeren Partnern sind nicht selten anzutreffen bei öffentlichen Personen, die in Kultur, Gesellschaft und Politik eine herausragende Rolle spielen und sich oft große Verdienste erworben haben.

Als Kompensation für die Vernachlässigung der konkreten Objektwelt – sei es ein Partner oder der eigene Körper – »verfällt« der betreffende Intuitive »in der Neurose dem unbewußten Zwang, der Vernünftelei, Tüftelei und der Zwangsbindung an die Empfindung des Objekts. Im Bewußtsein behandelt er die Empfindung und das empfundene Objekt mit souveräner Überlegenheit und Rücksichtslosigkeit.«[131] Dies geschieht deshalb, weil er einfach nicht in der Lage ist, das für alle anderen sichtbare Objekt bzw. die Person so wahrzunehmen, wie es oder sie tatsächlich ist. Ganz ähnlich wie sein Gegentyp, der Empfindungstyp, der im problematischen Fall die Seele des Objekts nicht sieht und es dadurch entwertet und ausbeutet, entwickelt der einseitig Intuitive Phobien und Zwänge, allerdings sind diese bei ihm hypochondrischer Art, und die unbewusste archaische und unbestimmte Empfindungsfunktion drängt sich durch vielerlei »absurde[n] Körperempfindungen«[132] auf.

Im Unterschied zur extravertierten richtet sich die *introvertiert eingestellte Intuition* wieder auf innere Objekte, in diesem Fall auf »die Elemente des Unbewußten«[133]. In der introvertierten Einstellung der intuitiven Funktion zeigt sich das Offensein für sämtliche auftauchenden Möglichkeiten in der psychischen Innenwelt, in der Welt der Phantasie und der damit einhergehenden inneren Bilder. Wie auch die äußere Welt ist die innere Welt weitaus älter als das einzelne Individuum. Auf diesen uralten inneren Kosmos bezieht sich Jung mit seinem Konzept des kollektiven Unbewussten und der Archetypen, der angeborenen strukturellen Möglichkeiten von Erfahrung. Es ist die introvertierte Intuition, die mittels Anschauung Zugang findet zur Welt der a priori gegebenen Archetypen, die Niederschläge aller Erfahrungen sind, die auf unserem Planeten je gemacht worden sind. Um solche Bilder, wie sie in Träumen und Visionen aufscheinen, wahrzunehmen und zu verstehen, ist die introvertierte Intuition eine höchst geeignete Begabung.

Jung sieht den Nutzen der introvertierten Intuition darin, dass sie durch die Wahrnehmung der inneren Vorgänge zu Informationen gelangen kann, die »von hervorragender Wichtigkeit für die Auffassung des allgemeinen Geschehens sein können; sie kann sogar die neuen Möglichkeiten sowohl wie das später tatsächlich Eintreffende in mehr oder weniger klarer Weise voraussehen. Ihre prophetische Voraussicht ist erklärbar aus ihrer Beziehung zu den

Archetypen, welche den gesetzmäßigen Ablauf aller erfahrbaren Dinge darstellen.«[134] Aufgrund des Bezugs zur inneren Welt der Bilder ist es nicht erstaunlich, wenn unter dem introvertiert intuitiven Typus oft Träumer, Mystikerinnen und Seher sowie Phantasten und Künstlerinnen zu finden sind.[135] Auch die verkannten Genies verortet Jung hier. Jedenfalls ist der introvertierte Intuitive meist recht weltfremd und somit nicht sehr gut in der Alltagsbewältigung.

Jung definiert dann noch eine Spielart des in der Regel rein ästhetisch funktionierenden Intuitiven, die dann zustande kommen könne, wenn dessen Denken eine gewisse Differenziertheit erreiche. Auf diese Weise könne er zu einem moralischen Urteil gelangen, und zwar indem er sich die Frage nach der Bedeutung einer Vision stelle und nach der Verantwortung, die diese für ihn selbst oder für die Welt mit sich bringe. Andernfalls beraube er sich selbst und die Welt der Möglichkeit, mit seiner Vision etwas zu bewegen. Sein Leben erscheine dann rein symbolisch, unangepasst »an die gegenwärtige tatsächliche Wirklichkeit«[136]. Warum ist das so? Jung meint, weil seine Sprache subjektiver Natur und nicht allgemeinverständlich sei, da es ihr an den nötigen rationalen Argumenten fehle. »Er kann nur bekennen oder verkünden. Er ist die Stimme des Predigers in der Wüste.«[137] Dieses Bild impliziert eine große Einsamkeit, was nicht erstaunlich ist, wenn man bedenkt, dass der introvertierte Intuitive am weitesten weg vom Objekt ist, da er die Empfindung vollkommen verdrängt. Deshalb besteht für ihn auch eine Gefahr der Abspaltung vom Körper mit seinen Bedürfnissen. Dem wirkt sein Unbewusstes in der Weise entgegen, dass es kompensatorisch zu seiner ausgeprägten bewussten intuitiven Einstellung unbewusste archaische und extravertierte Empfindungen hervorbringt. Wie alle stark verdrängten Möglichkeiten ist die unbewusste Empfindungsfunktion entsprechend maßlos und triebhaft sowie stark an die sinnliche Erfahrung gebunden. Die geistige Entrücktheit des introvertiert Intuitiven wird so durch die erdenschwere Triebwelt kompensiert und bringt diesen Typus mit der irdisch-animalischen Komponente in Kontakt. Misslingt diese Kompensation jedoch, weil die bewusste Einstellung weiterhin forciert wird, so kann eine Zwangsneurose entstehen.

Dieser kurze Einblick in die vier Funktionstypen, jeweils kombiniert mit den zwei Einstellungsweisen, zeigt zum einen, dass sie von Jung unterschiedlich differenziert beschrieben werden. Zweitens ist es auffällig, dass er deutliche Unterschiede in der Bewertung der vier Funktionen macht: Während der introvertierte Fühltypus von Jung überwiegend entwertend dargestellt wird, ist sein Porträt des introvertierten Intuitiven äußerst glanzvoll ausgefallen. Kein Wunder, dass viele Jungianer introvertierte Intuitive sein wollen, jedoch kaum einer von sich sagen möchte, er sei ein introvertierter Fühltyp. Ich möchte hierzu anmerken, dass alle Typen und Funktionen den gleichen Wert haben und somit keine der vier Funktionen – bzw. der vier Typen – »besser« oder wichtiger ist als die anderen. Einen optimalen Umgang mit sich selbst und mit der Welt erreicht der Mensch nämlich nur dann, wenn er möglichst ganzheitlich und differenziert funktionieren kann – wenn er also Fühlen, Denken, Empfinden und Intuition sowie auch die beiden Einstellungen Introversion und Extraversion zur Verfügung hat. Es spielt im Hinblick auf das Erreichen einer größtmöglichen Ganzheit keine Rolle, welche Funktion die Hauptfunktion ist, dagegen ist es eminent wichtig, sich darum zu bemühen, die weniger bewussten Funktionen zu differenzieren. Es ist wie in der Astrologie, in der keines der zwölf Tierkreiszeichen »besser« als das andere ist, denn jedes hat eine bestimmte Funktion im Ganzen. Wie man mit seiner Anlage umgeht, ob man die Freiheit zu einer umfassenden und bestmöglichen Entfaltung – wozu auch ethisches Handeln sich selbst und der Umwelt gegenüber gehören – lebt oder nicht, liegt letztlich beim Individuum – unabhängig, von welchem typologischen Blickwinkel aus man es zu erfassen versucht.

Zusammenschau: Die vier Grundcharaktere (Feuer/Intuition, Erde/Empfindung, Luft/Denken, Wasser/Fühlen)

Nach dem vorangegangenen Streifzug durch die astrologische und die Jung'sche Typologie fallen vielerlei Ähnlichkeiten zwischen beiden auf, auch wenn in der Typologie der Planeten und Tierkreiszeichen die Frage von Introversion und Extraversion noch ausgespart geblieben ist. Dieses Thema folgt in Kapitel 3 im Zusammenhang mit dem Thema der astrologischen Quadranten und Häuser.

Auch ohne Einbezug der astrologischen Introversions- und Extraversionstendenzen sind gewisse Parallelen zwischen den astrologischen Charakterisierungen der Feuerzeichen Widder, Löwe, Schütze und der Beschreibung von Jungs intuitivem Typus augenfällig. Dasselbe gilt für die Erdzeichen Stier, Jungfrau, Steinbock und Jungs Empfindungstyp, für die Luftzeichen Zwillinge, Waage, Wassermann und Jungs Denktyp sowie für die Wasserzeichen Krebs, Skorpion, Fische und Jungs Fühltypus. Allerdings gibt es einen sehr wichtigen Unterschied darin, wie differenziert die vier Jung'schen Funktionstypen und die astrologischen Typen erfasst sind: Ohne Jungs Verdienste um seine Typologie schmälern zu wollen, möchte ich festhalten, dass die Astrologie eine facettenreichere Charakteristik zur Verfügung stellt, indem sie jedes Element in drei spezifischen Abwandlungen kennt, da jedem der vier Elemente jeweils drei archetypische Ausprägungen angehören. Zudem kann jedem Tierkreiszeichen eine organische Ebene zugeordnet werden, was in der Jung'schen Typologie kein Thema ist.

Die Entsprechung zwischen den astrologischen Typen und den Jung'schen Funktionstypen ist folgendermaßen:

- Feuertyp (Widder, Löwe, Schütze): Intuitiver Typ
- Erdtyp (Stier, Jungfrau, Steinbock): Empfindungstyp
- Lufttyp (Zwillinge, Waage, Wassermann): Denktyp
- Wassertyp (Krebs, Skorpion, Fische): Fühltyp

Selbstverständlich ließen sich in einer anderen, umfangreicheren und eigens dem Vergleich der beiden Typologien gewidmeten Arbeit die Ähnlichkeiten und Unterschiede viel genauer herausarbeiten, was im Rahmen dieses Buches nicht möglich ist. So soll die obige grobe Zuordnung wenigstens andeutungsweise durch folgende Überlegungen erweitert werden:

Die Astrologie ist ein uraltes und sehr viel feiner ausdifferenziertes System mit einer sehr großen Anzahl von Kombinationsmöglichkeiten, der gegenüber die Typologie Jungs eine gewisse Skizzenhaftigkeit oder Unvollständigkeit aufweist. Dies macht es auch vielen Menschen schwer, sich in seiner Typologie wiederzufinden und anhand dieser besser zu verstehen. Vielleicht liegt es auch daran, dass Jungs Typologie – im Vergleich zur Astrologie – relativ jung ist und noch weiterreifen bzw. weiterentwickelt werden muss.[138] Aus all diesen Gründen kann der obige Vergleich nicht vollständig sein, sondern muss im Rahmen dieses Kapitels ein Versuch bleiben. Dennoch scheint es mir wichtig festzuhalten, dass die obige Übersicht noch erweitert werden sollte. So zeigen die Ausführungen im Unterkapitel »Die vier Elemente in der Astrologie: Feuer, Erde, Luft, Wasser in den zwölf 12 Tierkreiszeichen« (Kapitel 2), dass zwar beispielsweise die drei Erdelemente mit ihrer materialistischen und tatsachenorientierten Einstellung in vielem Jungs Empfindungsfunktion entsprechen, die beiden Typologien jedoch nicht in allem deckungsgleich sind. Die Empfindungsfunktion scheint nämlich nicht allein auf die drei Erdzeichen Stier, Jungfrau und Steinbock beschränkbar, da in einem Geburtshoroskop auch die Aspektkonstellationen, d.h. die Beziehungen der Planeten zueinander, eine große Rolle spielen.

Im Unterkapitel »Die zehn Planeten in der Astrologie« (Kapitel 1) werden die Charakteristika der einzelnen Planeten als Archetypen thematisiert, und je nachdem, welche dieser »Götter« nun im Geburtshoroskop eines Menschen eine zentrale Rolle spielen, wird mitbeststimmt, ob der oder die Betreffende eher dem Empfindungstyp, dem intuitiven Typ, dem Denk- oder Fühltyp entspricht. Zudem gibt es vor allem in der astrologischen Typologie vielerlei Mischformen. Eine beschränkte Anzahl solcher Mischformen finden wir jedoch auch in der Jung'schen Typologie, und zwar je nachdem, wie stark die jeweiligen Hilfsfunktionen ausgeprägt sind: »Für alle praktisch vorkommenden Typen nun gilt der Grundsatz, daß sie neben der bewußten Hauptfunktion noch eine relativ bewußte, auxiliäre Funktion besitzen, welche in jeder Hinsicht vom Wesen der Hauptfunktion verschieden ist. Aus diesen Mischungen entstehen wohlbekannte Bilder, zum Beispiel der praktische Intellekt, der mit Empfindung gepaart ist, der spekulative Intellekt, der mit Intuitionen durchsetzt ist, die künstlerische Intuition, welche mittels Gefühlsurteils ihre Bilder auswählt und darstellt, die philosophische Intuition, die vermöge eines kräftigen Intellektes ihre Vision in die Sphäre des Verstehbaren übersetzt.«[139]

Wir haben Jungs Denktypus dem astrologischen Luftelement zugeordnet. Es spielt aber auch eine große Rolle, in welchem Element – und noch genauer: in welchem der drei möglichen Tierkreiszeichen eines Elements – der Planet Merkur steht, denn dieser wird davon »eingefärbt«, was wiederum den jeweiligen Denkstil stark prägt. Aus Sicht der Astrologie bestimmen verschiedene Gesichtspunkte das Zustandekommen einer spezifischen Denkanlage und des Intellekts: Neben der Betonung der Luftzeichen Zwillinge, Waage und Wassermann steht an erster Stelle der Planet Merkur, der Götterbote, mit seinen mannigfaltigen Aspektierungsmöglichkeiten. Ebenfalls von einer gewissen Bedeutung ist das astrologische Haus, da jedes der zwölf Häuser über die darin stehenden Planeten – in unserem Beispiel Merkur – einem Menschen eine andere interessensmäßige Ausrichtung verleiht. Auch zur Frage von Introversion oder Extraversion gibt das astrologische Haus Auskunft (vgl. Kapitel 4 und 5).

Eine Person mit einem dominanten Saturneinfluss wird dagegen die Charakteristika der Empfindungsfunktion zeigen; das Gleiche gilt, wenn die Erdelemente in einem Geburtshoroskop besonders ausgeprägt vorhanden sind. Die erdhafte Anlage oder auch eine ausgeprägte Saturn-Konstellation entspricht dem Empfindungstyp, über Introversion und Extraversion kann wiederum die Häuserbesetzung Auskunft geben.

Auch zum Thema Intuition muss ergänzend gesagt werden, dass sich die typischen Merkmale der intuitiven Funktion in ihrer Ausprägung nicht auf die drei Abwandlungen der Feuerzeichen Widder, Löwe, Schütze beschränken lassen, sondern auch in Horoskopen ohne Feueranlage vorzufinden sind. Nämlich dann, wenn die Planeten Uranus und Jupiter – denen ebenfalls zugeschrieben wird, intuitive Fähigkeiten zu begünstigen – in einem Horoskop eine dominante Rolle spielen. Oft ist die Intuition auch sehr ausgeprägt bei Menschen mit Wassermannprägung, obwohl Wassermann ein Luftzeichen ist. Warum ist das so? Dem Wassermann sind zwei Planeten zugeordnet, Saturn und Uranus. Wenn nun die Uranuskomponente dominanter ist als die Saturnkomponente, ist das Denken des Luftzeichens Wassermann stärker intuitiv und ideensprühend als streng logisch und tatsachenbezogen. Wahrscheinlich fühlen sich deshalb gewisse Menschen im Zeichen Wassermann nicht richtig verortet, wenn sie hören, sie seien »Denktypen« – es ist eben ein intuitives Denken, so wie es auch ein Fühl-Denken gibt, z.B. wenn Merkur in einem Wasserzeichen steht, das ja dem Fühltyp zugeordnet werden kann, oder mit dem für das Weibliche, Einfühlsame zuständigen Mond im Aspekt steht.

Ich möchte an dieser Stelle diese Diskussion, die ein eigenes Buch füllen könnte, beenden, wir werden jedoch die Anwendung des astrologischen Systems und damit die Kombination von Sonnenzeichen, Planeten in den Häusern sowie die Planetenaspekte in den Kapiteln 4 und 5 kennenlernen.

3. Die zwei Lebensrichtungen nach außen und nach innen

Jung hatte in seiner Typologie die vier Funktionstypen mit den beiden Einstellungstypen kombiniert, indem er jeden Funktionstyp jeweils in der extravertierten und introvertierten Einstellung einzeln charakterisiert hat. Im astrologischen System dagegen sind der Funktionstyp, der sich aus dem Vorherrschen bestimmter Tierkreiszeichen sowie aus dem Gewicht spezifischer Planeten und ihrer Aspektierung ergibt, und der Einstellungstyp nicht fest miteinander verbunden. Vielmehr ist die Frage von Extraversion und Introversion in der Astrologie gar nicht so einfach zu beantworten, denn es spielen viele Faktoren zusammen: Auch hier sind die beteiligten Tierkreiszeichen, die Art und Anzahl der Planeten in den Quadranten des Kreises bzw. in den zwölf Häusern, die Aspektierung der Planeten und ihre Bewegungsrichtung, die vorwärts gerichtet oder rückläufig sein kann, relevant. Im letzteren Fall spricht man von retrograden Planeten, und diese bringen in Bezug auf ihre Funktion, ihre Färbung durch das Tierkreiszeichen und hinsichtlich des Hauses, das sie beleben, eine Introversionstendenz hervor. Alle diese Faktoren müssen bei der Interpretation eines Geburtshoroskops sowohl einzeln als auch in ihrer Kombination betrachtet werden. Dieses Vorgehen soll mehr oder weniger detailliert und umfassend an den acht Horoskopbeispielen in Kapitel 5 aufgezeigt werden.

Die vier Quadranten mit ihren jeweils drei Häusern können also nur ganz allgemein gewisse Hinweise auf eine extravertierte oder introvertierte Einstellung geben. Zentral wichtig für die Feststellung einer Extraversions- oder Introversionsneigung werden sie jedoch dann, wenn sie sozusagen von Planeten »bewohnt« sind: Da es schließlich diese archetypischen Kräfte sind, die den Quadranten und Häusern Energie zuströmen lassen, spielt ihre Verteilung in den Feldern des Kreises eine wesentliche Rolle. Anhand von Anzahl und Art der Planeten (Wesenskräfte) kann dann eine Tendenz zu Introversion oder Extraversion abgeleitet werden.

Extraversion und Introversion nach C. G. Jung

Jung definiert einen extravertiert orientierten Menschen als jemanden, der sich für die in der Außenwelt vorfindbaren Objekte[140] interessiert und sie dadurch hoch bewertet. Die Gefahr, die dabei bestehen kann, ist nach Jung das völlige Aufgehen im Objekt und damit der Verlust des eigenen Standpunkts des Betreffenden, was bis zur Dissoziation gehen kann.

Der introvertierte Mensch dagegen interessiert sich nicht für die objektive Realität und »entwertet« dadurch das äußere Objekt. Der Introvertierte ist laut Jung vom »subjektiven Faktor« geleitet und nimmt das äußere Objekt lediglich als Anstoß für eine eigene, subjektive Idee davon. Jungs Definition ist jedoch insoweit zu ergänzen, als dass der Introvertierte sich ebenfalls auf hochbewertete Objekte bezieht, und zwar auf solche der inneren Realität. Das können beispielsweise Ideen, Gefühle, Empfindungen oder innere Bilder sein, die dem kollektiven Unbewussten entstammen und damit ebenfalls Objektivitätswert haben. Diesen Bezug zu den archetypischen Tiefen erwähnt Jung auch selbst beispielsweise in der Beschreibung der introvertierten Intuition und Empfindung.

Im Rahmen dieser Einführung in die Tiefenpsychologische Astrologie ist das wesentliche Kriterium für die Frage von Extraversion und Introversion die Unterscheidung zwischen zwei Einstellungen: Auf der einen Seite gibt es die Haltung, das Interesse dem äußeren Objekt als solchem zu widmen bzw. von subjektiven Regungen zugunsten des objektiven Soseins und der Notwendigkeiten der äußeren Realität zu abstrahieren. Auf der anderen Seite steht die Einstellung, die von subjektiven, persönlichen Motiven getragen ist und den Objektbezug immer hinter die Eigeninteressen stellt. Allerdings ist dieser Definitionsversuch in Bezug auf die Astrologie mit Vorsicht zu betrachten, was vor allem auch an der immensen Komplexität jedes einzelnen Horoskops liegt. Es werden also nur relativ allgemeine Zuordnungen möglich sein, die im Einzelfall immer sorgfältig geprüft werden müssen – umso mehr, als in vielen Horoskopen beide Tendenzen, sowohl zu einer introvertierten als auch zu einer extravertierten Einstellung, in der einen oder anderen Hinsicht zu finden sind.

Der Kreis mit seinen Kreishälften, Quadranten und Häusern in der Astrologie

Die zwölf Tierkreiszeichen in ihrer gegenuhrzeigerförmigen Abfolge, die mit Widder beginnt und mit den Fischen endet, bilden einen Ring. Jedes konkrete Horoskop ist zusätzlich in zwölf Segmente eingeteilt, die man »Häuser«, »Interessensgebiete« oder »Felder« nennt. Sie werden ausgehend vom Aszendenten nummeriert, und zwar ebenfalls, wie die Tierkreiszeichen, gegen den Uhrzeigersinn.

Der sogenannte Aszendent (von lat. *ascendere* – aufsteigen) ist das im Augenblick der Geburt über dem Osthorizont aufsteigende Sternbild eines Tierkreiszeichens. Er kann, wie Thomas Ring erläutert,[141] von jedem der zwölf Tierkreiszeichen geprägt sein: Jeder Punkt auf der Eklipitik – das ist die Bahn aller astrologisch relevanten Phänomene (Tierkreiszeichen und Planeten) aus der Perspektive des Erdstandpunkts – geht im Osten über dem Horizont auf (Aszendent, AC), bewegt sich im Gegenuhrzeigersinn zum oberen Meridian, dem Kulminationspunkt, der als Himmelsmitte (Medium Coeli, MC) bezeichnet wird, steigt ab zum westlichsten Punkt (Deszendent, DC), sinkt unter den Horizont bis zum unteren Meridian, der auf der vertikalen Achse gegenüber dem MC liegt, und damit zum tiefsten Punkt, der »Himmelstiefe« (Imum Coeli, IC), beginnt wieder aufzusteigen und erreicht gegen den Morgen wieder den Horizont im östlichsten Punkt.[142]

Der Aszendent ist der Schnittpunkt zwischen dem östlichen Horizont und einem bestimmten Punkt in der Ekliptik, und zwar dem dort aufsteigenden Tierkreiszeichen zum Zeitpunkt der Geburt. Er wird aus den Geburtsdaten errechnet. Jedes der zwölf Tierkreisen kann den Aszendenten einfärben und somit auch das erste Haus, das ja beim AC als erstem Eckpunkt einsetzt.

Jedem Haus ist meist ein bestimmtes Tierkreiszeichen zugeordnet, entsprechend der Reihenfolge des Tierkreises im Gegenuhrzeigersinn. Ein Haus kann, wie bereits oben erwähnt, verschieden groß sein und weniger oder auch weitaus mehr als 30° umfassen und dadurch auch von zwei oder sogar von drei Tierkreiszeichen geprägt sein. Sobald man nämlich konkrete Horoskopbeispiele vergleicht, fällt einem auf, dass die Häuser ganz verschieden groß sein können: Große Häuser gehen über zwei oder gar drei verschiedene Tierkreiszeichen, während ganz schmale Häuser in einem einzigen Tierkreiszeichen liegen oder andere durch zwei verschiedene Tierkreiszeichen gehen. Die Größe der Häuser hängt von bestimmten astronomischen Faktoren ab, die im Rahmen dieses Buches wegen ihrer Komplexität nicht erläutert werden können. Das Phänomen sehr großer Häuser wird gut deutlich im ersten Horoskopbeispiel »Johannes«, wo das erste Haus bei 13° 52' des Tierkreiszeichens Wassermann beginnt, die ganzen 30° der Fische umfasst und erst bei 8° 40' des nachfolgenden Tierkreiszeichens Widder endet. Dasselbe gilt für das im Häuserkreis gegenüberliegende siebte Haus, das bei 13° 53' Löwe beginnt, die ganzen 30° Jungfrau umfasst und bei 8° 40' des Tierkreiszeichens Waage endet. Dies führt zum Phänomen der sogenannten »eingeschlossenen Tierkreiszeichen« wie im Horoskopbeispiel 1 von »Johannes«, wo das erste Haus im Wassermann beginnt, die Fische einschließt und im Widder endet und das gegenüberliegende siebte Haus mit Löwe beginnt, die Jungfrau einschließt und in der Waage endet. Das erste Haus wird mit dem ersten Zeichen im Tierkreis assoziiert, dem Widder, das zweite Haus mit dem zweiten Tierkreiszeichen, dem Stier, das dritte Haus ist mit den Zwillingen verwandt usw. Nur wenn der Aszendent im ersten Tierkreiszeichen Widder liegt, decken sich Häuserkreis und Tierkreis, der ja mit 0° im Widder beginnt, entsprechend der den Häusern zugeschriebenen Tierkreiszeichen. In allen anderen Fällen sind die beiden Kreise gegeneinander verschoben.

Es bilden immer drei Häuser zusammen einen der vier Quadranten des ganzen Horoskops, indem die Häuser 1, 2 und 3 den ersten, die Häuser 4, 5 und 6 den zweiten, die Häuser 7, 8 und 9 den dritten und die Häuser 10, 11 und 12 den vierten Quadranten bilden (siehe Abb. 9). In einem konkreten Horoskopbild überlagern sich dann die 12 Tierkreiszeichen und die 12 Häuser und bilden verschiedene Kombinationen, abhängig vom Aszendenten.

Der Kreis symbolisiert das Ganze, und die vier Quadranten und ihre Unterteilung in je drei, also insgesamt zwölf Häuser oder Felder[143], stehen für bestimmte archetypische und damit natürliche Bereiche bzw. Motivationsgebiete des menschlichen Lebens. Je mehr Planeten in einem Quadranten und seinen Häusern liegen, desto stärker sind diese Lebensbereiche energetisch geladen, und zwar gemäß der jeweiligen Charakteristik der betreffenden »Götter« – wie ja die Planeten wegen ihrer archetypischen Qualität auch genannt werden. Es fließt also mehr Energie in den von Planeten »bewohnten« Quadranten und Feldern als in solchen, die »leer« sind. »Leer« bedeutet allerdings nicht, dass diese Wertdimensionen und Interessensgebiete im Leben des betreffenden Menschen nicht vorhanden sind, sondern nur, dass der Energiefokus nicht besonders darauf gerichtet ist[144] und dass sie dadurch weniger belebt sind.

Die vier Quadranten und ihr Bezug zu Extraversion und Introversion

Zunächst soll eine kleine Zeichnung den Kreis mit seinen Quadranten veranschaulichen:

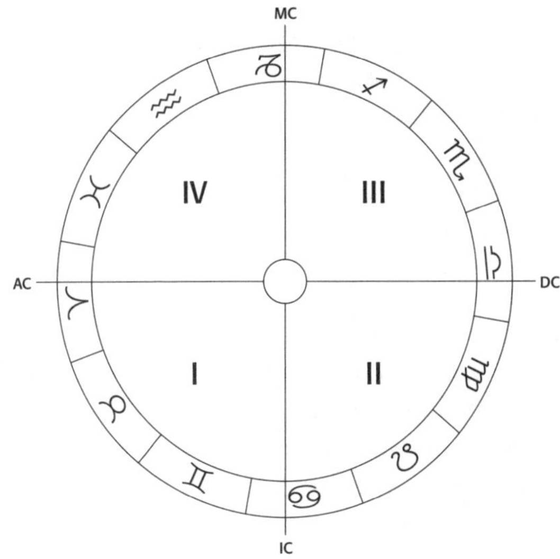

Abb. 7: Der Kreis mit den vier Quadranten als Lebens- und Wertdimensionen[145]

I. Quadrant *AC – Aszendent,* 6 Uhr morgens, Tagesanbruch (Zeit des I. Quadranten: zwischen 24 Uhr und 6 Uhr).
»Ich-Quadrant«, Geburt des Ichs, Ich-Durchsetzung gegen die Welt, »Einer gegen alle«, Überlebenskampf.

Ich-Person, Einzelwesen, Subjekt, Persönliches.
Ernährung, Eigentum, Existenzsicherung.
Zugeordnete Tierkreiszeichen: Widder, Stier, Zwillinge.

Die Zuordnung eines Tierkreiszeichens zu einem Quadranten gilt für den allgemeinen Tierkreis, der ja mit Widder beginnt. In einem konkreten Horoskop kommt es jedoch zu verschiedensten Kombinationen und Abwandlungen. Es kann nämlich jedes der zwölf Tierkreiszeichen der Aszendent sein, was von verschiedenen Faktoren abhängig ist und errechnet wird. Im Horoskopbeispiel 1 »Johannes« (siehe Kapitel 5) ist etwa Wassermann der Aszendent, und das erste Haus umfasst Wassermann und Fische sowie ein wenig Widder, das zweite Haus Widder und Stier und das dritte Haus Stier und Zwillinge. Das bedeutet, dass die Widder-Qualitäten des ersten Hauses, bei dem es ja um die Selbstdurchsetzung geht, entsprechend dem Stil von Wassermann inklusive Fische (und nur etwas Widder) abgewandelt werden. Diese Kurzerklärung soll an dieser Stelle genügen, Kapitel 5 vermittelt dann auf anschauliche Weise ein paar mögliche Varianten von Kombinationsmöglichkeiten zwischen Tierkreiszeichen und den 12 Häusern.

II. Quadrant *IC – Imum Coeli (Himmelstiefe)*[146]: 24 Uhr Mitternacht (Zeit des II. Quadranten: zwischen 18 und 24 Uhr).
»Familienquadrant«, Privatleben, Familie, Blutsverwandte.
Naturwesen, seelische und körperliche Intimität, Bezug zum Unbewussten, Innenwelt, Traum, Phantasie, Instinkte und Emotionen.
Zeugung und Pflege von neuem Leben, Arterhaltung.
Zugeordnete Tierkreiszeichen: Krebs, Löwe, Jungfrau.

III. Quadrant: *DC – Descendent*, 18 Uhr abends, Sonnenuntergang (Zeit des III. Quadranten: zwischen 12 und 18 Uhr).

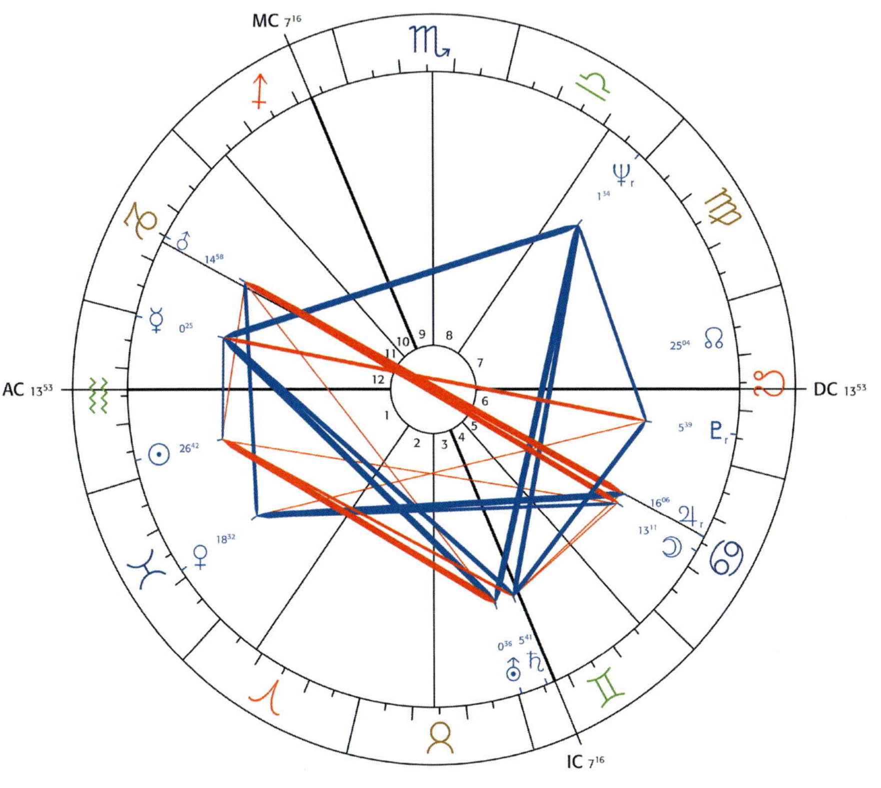

Bild 1: Johannes

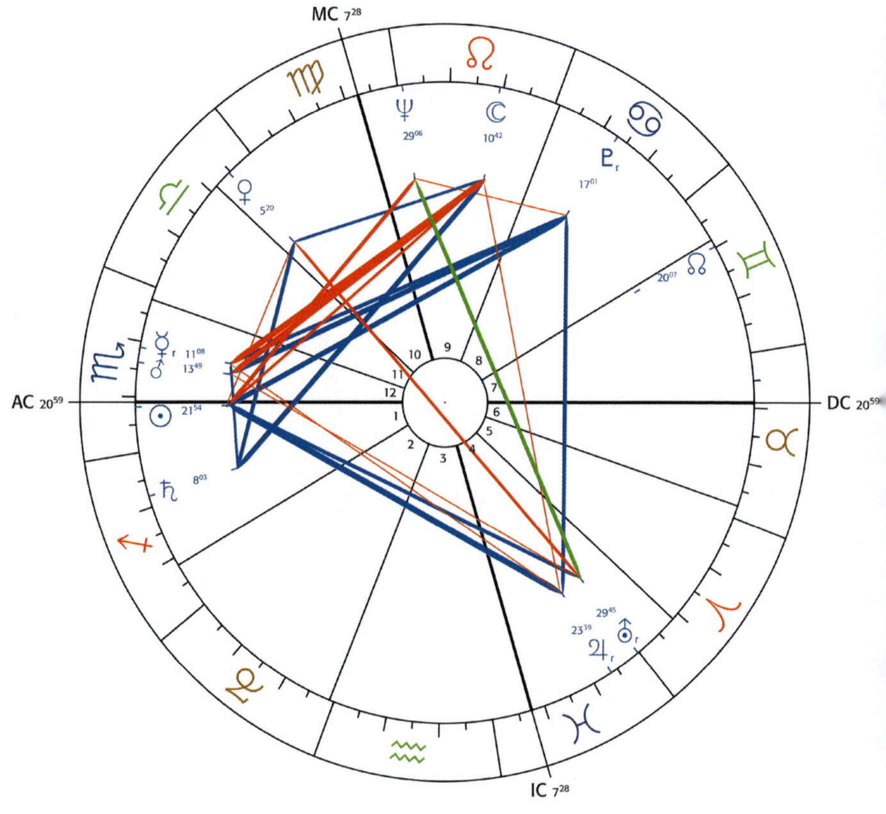

Bild 2: Theodor

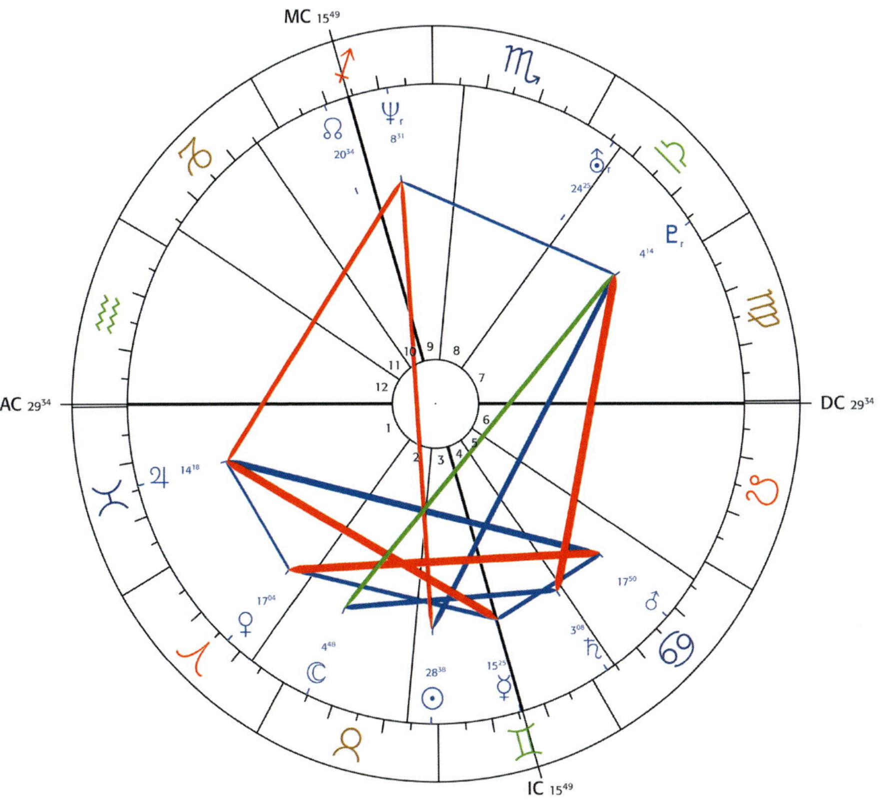

Bild 3: Anton

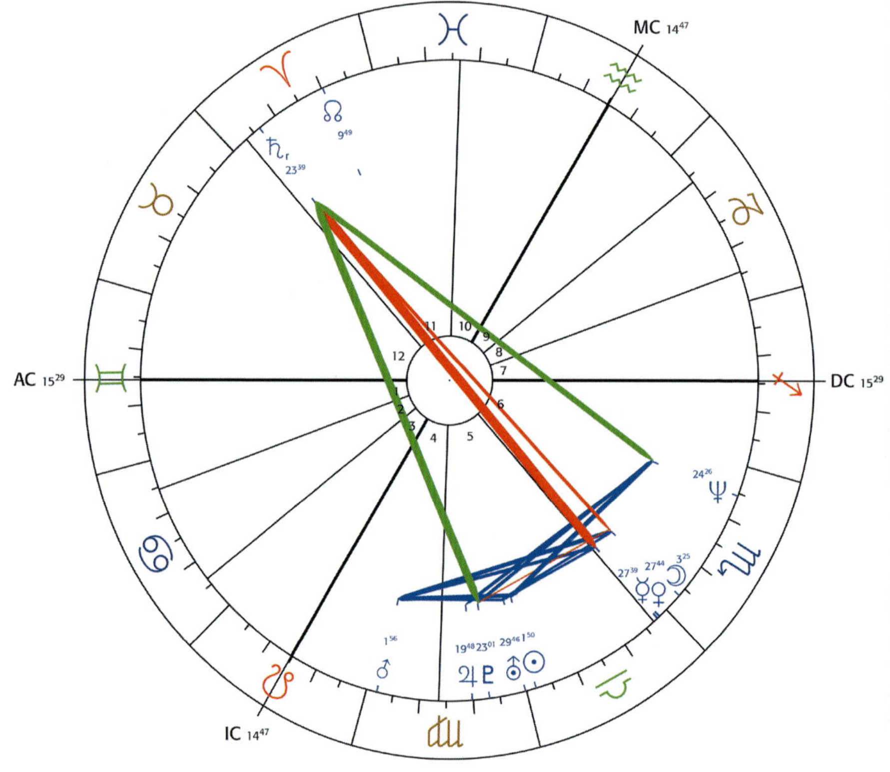

MC 14^{47}
AC 15^{29}
DC 15^{29}
IC 14^{47}
9^{49}
23^{39}
24^{26}
27^{39} 27^{44} 3^{25}
1^{56}
19^{48} 23^{01} 29^{46} 1^{50}
1
2
3
4
5
6
7
8
9
10
11
12

Bild 4: Eva

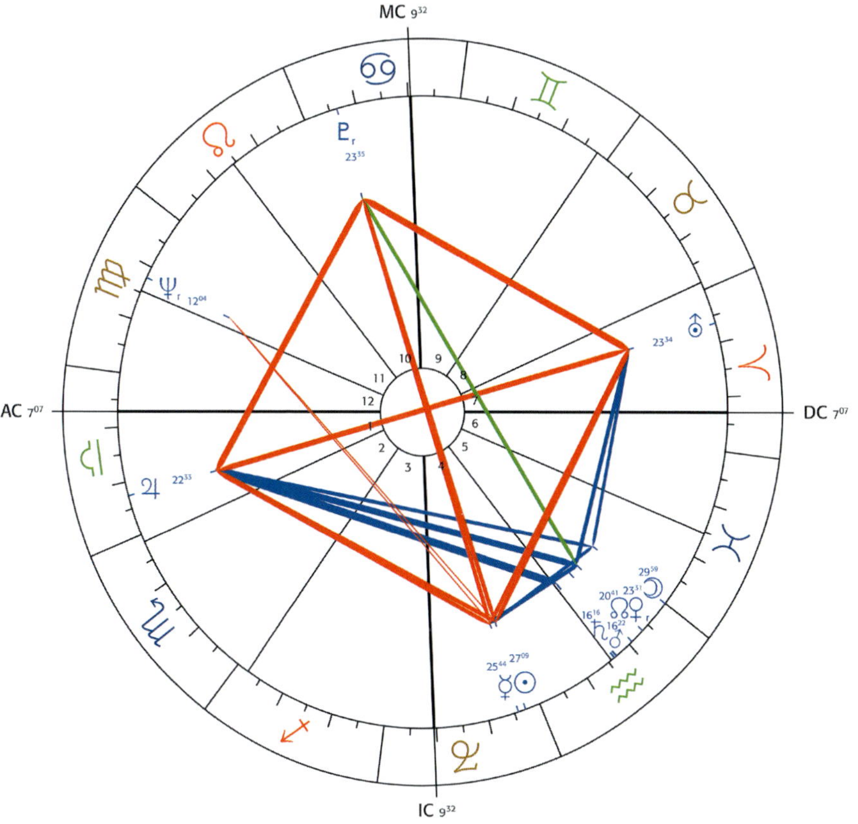
MC 9³²
AC 7⁰⁷
DC 7⁰⁷
IC 9³²
23³⁵
12⁰⁴
23³⁴
22³³
29⁵⁹
20⁴¹ 23³¹
16¹⁶
16²²
25⁴⁴ 27⁰⁹
1
2
3
4
5
6
7
8
9
10
11
12

Bild 5: Heidi

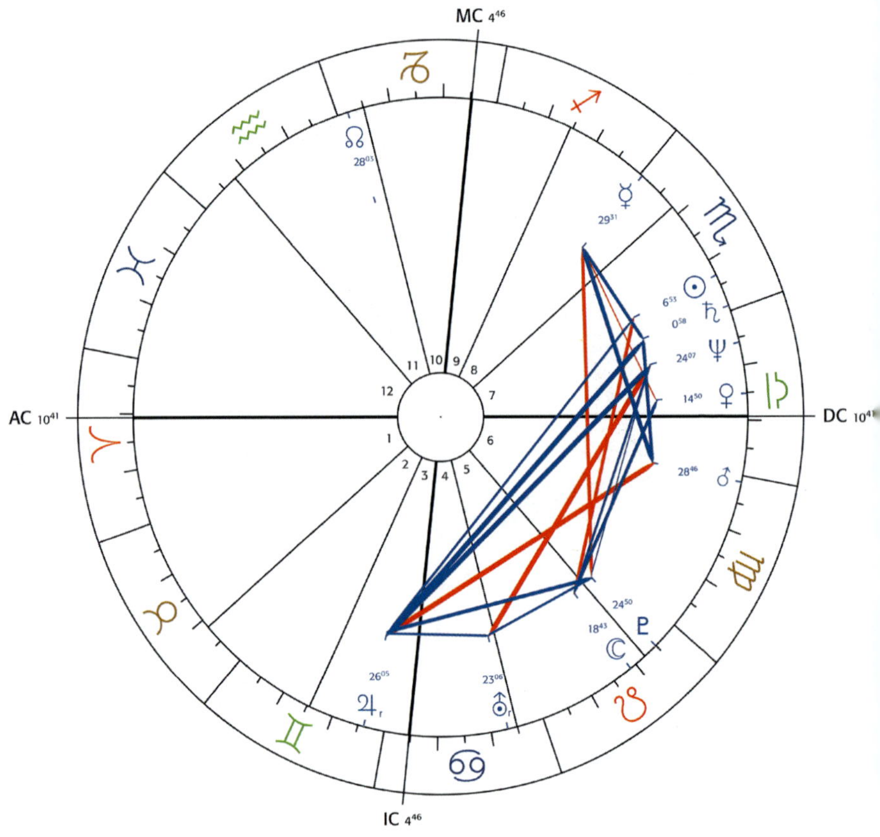
MC 4⁴⁶
AC 10⁴¹
DC 10⁴¹
IC 4⁴⁶
28⁰³
29³¹
6⁵³
0⁵⁸
24⁰⁷
14⁵⁰
28⁴⁶
24⁵⁰
18⁴³
26⁰⁵
23⁰⁶
1
2
3
4
5
6
7
8
9
10
11
12

Bild 6: Paul

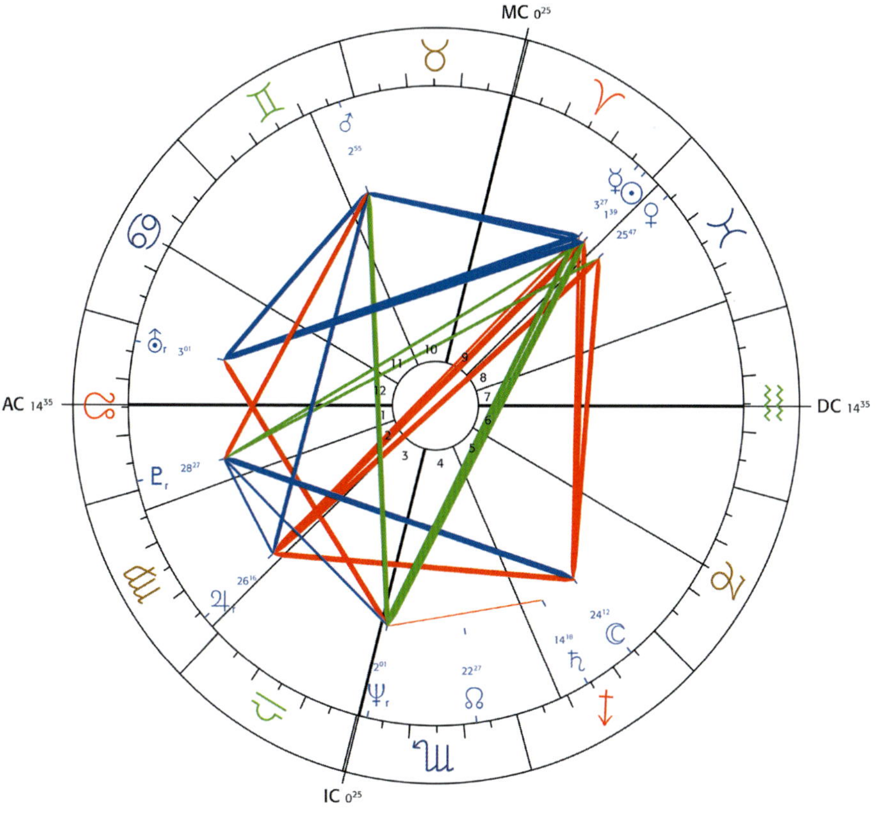

Bild 7: Charlotte

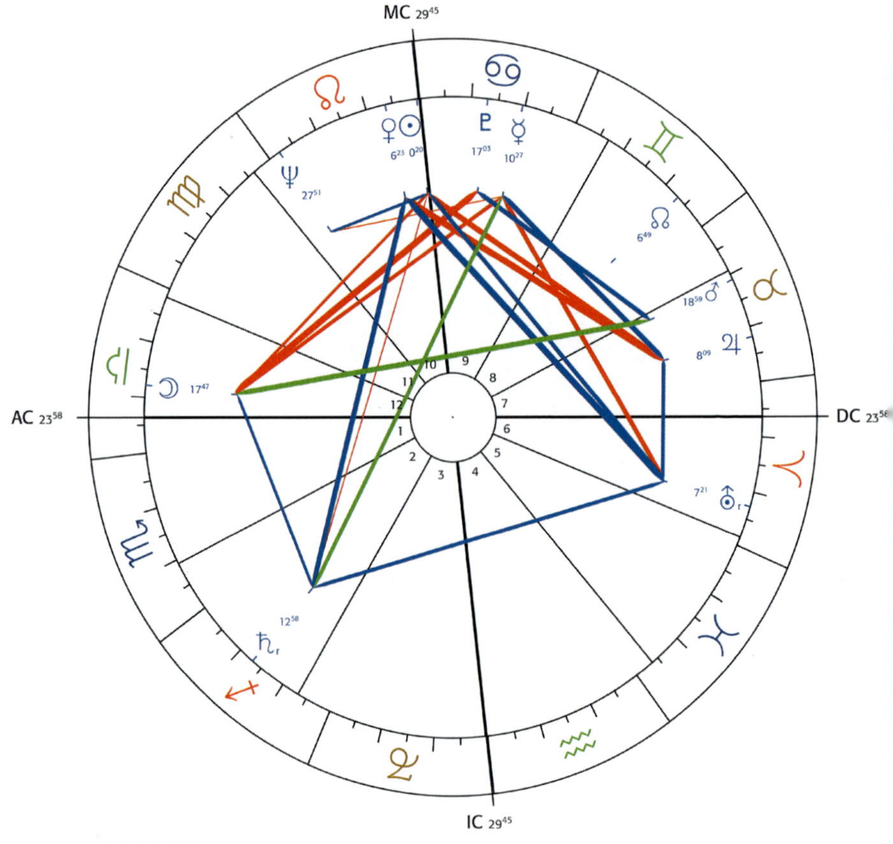

MC 29⁴⁵
AC 23⁵⁸
DC 23⁵⁸
IC 29⁴⁵
6²³ 0²⁰
17⁰³
10²⁷
27⁵¹
6⁴⁹
18⁵⁹
8⁰⁹
17⁴⁷
7²¹
12⁵⁸
1
2
3
4
5
6
7
8
9
10
11
12

Bild 8: Maria

»Gemeinschaftsquadrant«, Begegnung mit dem anderen, Du, Wahlverwandte, Freund und Feind, Partnerschaften, Symbiose.
Fernweh, Reisen, fremde Kulturen, weltweites Beziehungsnetz.
Überblick, Philosophien, Religionen.
Menschheitsfortschritt, Idealismus.
Zugeordnete Tierkreiszeichen: Waage, Skorpion, Schütze.

IV. Quadrant: *MC – Medium Coeli*, 12 Uhr Mittag (Zeit des IV. Quadranten: zwischen 6 Uhr und 12 Uhr).
»man«, Kollektive Normen und Gesetze, Allgemeinheit, Gesellschaft, Öffentlichkeit, Repräsentativperson.
Politik, Technik und Kultur, Fenster zur Welt, Weltbühne.
Anonymität.
Zugeordnete Tierkreiszeichen: Steinbock, Wassermann, Fische.

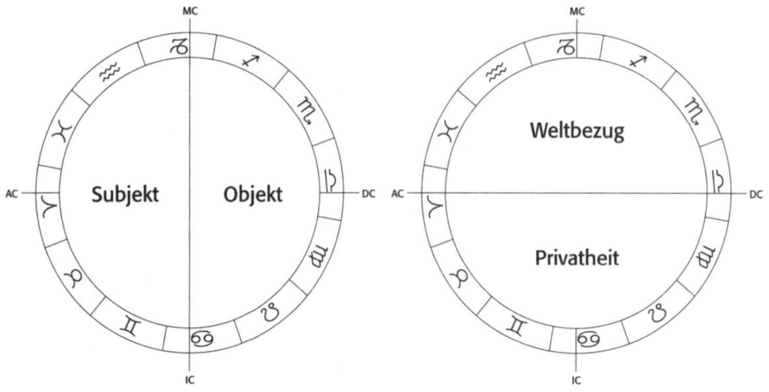

Abb. 8: Der Kreis mit Links-und-rechts- sowie mit Unten-und-oben-Unterteilung

In den oben stehenden Skizzen wird deutlich, dass es eine horizontale und eine vertikale Achse gibt, die den Kreis in zwei mal zwei Kreishälften und damit auch in vier Quadranten unterteilen. Die horizontale Polarität spannt sich zwischen dem Aszendenten

(AC) links / im Osten und dem Deszendenten (DC) rechts / im Westen auf, und die vertikale Achse zwischen Imum Coeli (IC) unten / im Norden und Medium Coeli (MC) oben / im Süden.

Ring ordnet der unteren Kreishälfte – unter dem Horizont – die privaten Lebensbereiche zu und der oberen Kreishälfte – über dem Horizont – einen Bezug zur Welt. Angesichts der beiden Skizzen stellt sich die Frage, ob die Privatheit der unteren Kreishälfte mit Jungs Definitionsansätzen zur introvertierten Einstellung zusammenpasst und ob umgekehrt der Weltbezug der oberen Kreishälfte mit Jungs Extraversion gleichgesetzt werden kann. Ob und inwieweit die linke Kreishälfte – von Ring als »organisch kontaktlos«[147] bezeichnet – und die rechte Kreishälfte – von Ring als »organischer Kontakt«[148] definiert – mit Jungs Theorie zusammenhängen könnten, soll im Kontext der folgenden Beschreibung der einzelnen Quadranten erläutert werden. Es ist jedenfalls bei der Deutung des Geburtsbilds eines Menschen sehr wichtig, in welcher Kreishälfte bzw. in welchem Quadranten die Planeten bei seiner Geburt liegen.

Im Folgenden will ich einen kurzen Überblick über die Bedeutung der vier Quadranten geben.

I. Quadrant

Das Einzelwesen mit seinen existentiellen Bedürfnissen wird geboren und will im Weltendschungel überleben. Deshalb geht es im ersten Quadranten um den Willen zur Selbstdurchsetzung, um Nahrungsaufnahme und die Assimilation von allem, was der Mensch zum Erstarken und Überleben braucht, und zwar auf körperlicher, seelischer und geistiger Ebene. Menschen mit starker Betonung des ersten Quadranten, bei denen also viele Planeten in den drei ersten, unteren links liegenden Feldern sitzen, äußern deshalb nur dann ein Interesse an der Umwelt, solange sie ihnen zur Stillung ihrer jeweils aktuellen Bedürfnisse und ihres Eigenwillens nützlich ist. Wenn dies nicht der Fall ist, zeigen sie sich gleichgültig und blocken die Außenwelt ab. Schon ein Kleinkind macht sich bemerkbar, wenn es körperliche und seelische Bedürfnisse wie Hunger und Durst hat oder wenn es in den Arm genommen, gewiegt und gepflegt werden will oder Unterhaltung braucht. Je älter es wird, desto mehr erwacht der Wissensdurst des Kindes, und es will auch seine manuellen und kognitiven Fähigkeiten erproben und aufbauen. Diese Lust, Neues zu lernen und sich zu entwickeln, bleibt ein lebenslanges Thema, auch beim Erwachsenen – oftmals schon aus beruflichen Gründen. Dieser muss schließlich mit seiner Berufstätigkeit seine Existenz sichern. Mit dem Geld, das er verdient, kann er sich wiederum materiellen Besitz leisten, der für das Gefühl, im Leben abgesichert zu sein, wichtig ist.

Ein Mensch mit einer starken Anlage im ersten Quadranten handelt subjektiv motiviert und spontan, um seine momentanen Eigeninteressen durchzusetzen, die sich nach dem Motto »Was mir nützt, ist gut« laufend verändern können. Er nutzt die Gelegenheit, um sich durchzusetzen, zu ernähren, zu bereichern. Weil sich ein Mensch mit der Betonung des ersten Quadranten in seinen Entscheidungen nur auf sich selbst und seine subjektiven Bedürfnisse bezieht bzw. die äußeren Objekte in diesem Sinne funktionalisiert, nennt Ring ihn auch »organisch kontaktlos«[149]. Da im ersten Quadranten das Ich, das Subjekt mit all seinen Bedürfnissen im Mittelpunkt steht, lässt sich diesem somit eher eine Introversionstendenz zuordnen.

II. Quadrant

Astrologen sprechen auch vom »Familienquadranten«, wodurch die Themen der Privatheit und der Arterhaltung gleichermaßen angesprochen werden, weil zu einer Familie ja meist auch Kinder gehören. Die Familie und das Leben mit ihr ist der eine wichtige Aspekt im zweiten Quadranten, der Bezug zu den eigenen psychisch-geistigen Wurzeln mit seinen schöpferischen Tiefen ist der andere. Die Innenwelt, das Unbewusste mit seinen Emotionen, die sich in Traumbildern und Phantasien ausdrücken, die Verbindung mit der natur- und instinkthaften Seite, vermag dem Menschen eine Verankerung in sich selbst zu geben. Je sicherer der Mensch in sich selbst wurzeln kann, desto besser kann er seine seelische und körperliche Intimität in sein familiäres Zusammenleben und in Freundschaften einbringen.

Denn dies ist ein sehr wichtiger Aspekt für viele Menschen: die Verwurzelung, die im Zusammenleben mit blutsverwandten und vertrauten Menschen in einem privaten Rahmen gefunden werden kann. Wohnen, sich zu Hause fühlen, Verwurzelung im eigenen Nest – das alles gehört zu einer privaten Atmosphäre und wird jeweils sehr persönlich gestaltet. Auch das Thema der intimen Liebe und Sexualität ist in diesem Quadranten von Bedeutung, wozu ebenfalls die Thematik von Fruchtbarkeit und Potenz zählt.

Zum wärmenden Nest, zum Geborgenheitsgefühl in der eigenen Familie gehört für alle Angehörigen ganz natürlich auch die notwendige Zuwendung und Pflege. Ein häuslich und privat veranlagter Mensch kann in der Rolle als Mutter oder Vater den zentralen Lebenssinn finden. Allerdings gibt es auch eher problematische Formen wie beispielsweise den »Hausdrachen« oder den »Haustyrannen«. Für die jeweilige Ausprägung spielen wiederum die Tierkreiszeichen und vor allem die Art der Planeten in ihrer Aspektierung sowie natürlich die eigenen Erfahrungen, die man im Kreis der Herkunftsfamilie gemacht hat, eine wesentliche Rolle.

Zum Privatleben gehören neben der Familienthematik auch die Pflege von intimen Freundschaften und sexuellen Begegnungen, darüber hinaus alle Arten von Spiel und Spaß, Sport, Musik und weitere kreative Betätigungsfelder. Dies alles kann hobbymäßig oder auf hohem künstlerischen Niveau ausgeführt werden. Es geht dabei immer um den kreativen Selbstausdruck: Bekanntlich werden ja nicht nur biologische, sondern auch geistige Kinder, z. B. Kunstwerke erschaffen.[150]

Der Fokus auf das Private, Persönliche, die Verbindung zu den schöpferischen Quellen im Unbewussten und die dadurch beeinflusste Lebensführung kann als Hinweis auf eine introvertierte Einstellung aufgefasst werden. Andererseits sind auch andere Menschen im Spiel – Familienangehörige, Freunde und Freundinnen, Liebespartner –, auf die sich das Individuum bezieht. Entsprechend ordnet Thomas Ring der rechten Kreishälfte »das Kontakt-Unmittelbare«[151] zu, was heißt, dass der so veranlagte Mensch mit seiner Umwelt in einem organischen, unmittelbaren Kontakt steht und sich als Subjekt kontinuierlich auf das Objekt, was unter anderem ein Mitmensch sein kann, bezieht. Im Mittelpunkt steht nicht mehr das Subjekt mit seinen eigenen individuellen Bedürfnissen der Selbstdurchsetzung gegen den Rest der Welt, wie im ersten Quadranten, sondern der Einzelne als Naturwesen, der sowohl in intimem Kontakt mit seiner eigenen seelisch-geistigen Tiefe als auch mit dem familiären und vertrauten freundschaftlichen Umfeld steht und sich dem zentralen Lebenserfordernis des Generationenerhalts stellt.

Diese Überlegungen zeigen, dass zwar eine deutliche Tendenz in Richtung Introversion festgestellt werden kann, wenn der Fokus auf dem Persönlichen als Wurzel allen Seins und Tuns liegt. Je nach der Art der Tierkreiszeichen und Planeten, die im zweiten Quadranten wirken, können sich jedoch auch gewisse Extraversionstendenzen zeigen. Möglicherweise lässt sich Jungs Theorie der Einstellungstypen hinsichtlich des zweiten Quadranten auch nicht wirklich eins zu eins auf die Astrologie übertragen. In der Zusammenfassung am Ende dieses Unterkapitels werde ich auf diesen Aspekt noch näher eingehen.

III. Quadrant

In diesem Quadranten tritt das Du, das Fremde, das andere und damit die Außenwelt in den Fokus des Subjekts und zieht sein Interesse auf sich. Es kommt zu intensiven Begegnungen, die oft in langjährige und sogar lebenslängliche Partnerschaften münden, und zwar auf beruflicher wie privater Ebene. Es geht also um das Zusammenleben von Ich und Du in einem erweiterten, nichtfamiliären Kontext. Gerechtes Geben und Nehmen, der faire Austausch und gegenseitige Zuverlässigkeit und Verpflichtung sind hier ein Thema, was auch mit dem Begriff der Symbiose ausgedrückt werden kann. Das Zusammenleben im gesellschaftlichen Kontext ist sehr facettenreich und bringt neben Freunden und Freundinnen auch Feinde und Feindinnen, mit denen sich der Einzelne auseinandersetzen muss. Auch Täter und Opfer bilden eine Art von Paar. Es geht also auch um das Erleben von Macht und Ohnmacht in der Begegnung mit dem anderen und um den Umgang mit dieser Erfahrung.

Dieser kurze Einblick in die Vielfalt möglicher Beziehungsmuster zeigt, dass sowohl gegenseitige Unterstützung als auch gegenseitige Bekämpfung eine Rolle spielen können. Meist ist bei einem Menschen mit einem betonten dritten Quadranten ein ausgeprägtes Gespür für die Umweltbedingungen vorhanden. Die familiären Bande vom zweiten Quadranten, die im dritten Quadranten zugunsten von verpflichtenden Verbindungen mit einem anfänglich fremden Du überschritten werden, weiten sich über Beziehungen in kleineren und größeren Gruppen aus und gipfeln im weltumspannenden Beziehungsaufbau.

Menschen mit einer starken Betonung des dritten Quadranten

stehen im Spannungsfeld von ethischen Werten und deren Verletzungen, es geht um die eigenen Rechte und um die Rechte des anderen, womit letztlich auch das Thema »Gerechtigkeit« und die damit verbundenen humanitären Anliegen angesprochen sind.[152] Die starke Ausrichtung der Interessensfelder des dritten Quadranten auf die äußere Objektwelt weist eine große Parallele zu Jungs Begriff der Extraversion auf, deren Hauptcharakteristikum ja ebenfalls das hohe Interesse für das äußere Objekt ist.

IV. Quadrant

Im vierten Quadranten zieht es den entsprechend veranlagten Menschen auf die Weltbühne. Um sich im öffentlichen Leben einen Platz zu erobern und sich dort auch halten zu können, muss der Betreffende die kollektiven Normen und Werte verinnerlichen. Der Leitsatz »Man tut, man soll, man muss« klingt ihm stets im Ohr. Das Über-Ich ist bei Menschen mit einer prägnanten Anlage im vierten Quadranten sehr stark konstelliert. Damit gehen sehr viel Selbstkontrolle und Verdrängung persönlicher Anliegen einher, was bis zu einem Verlust des lebendigen Bezugs zum eigenen Körper und seinen Instinkten sowie des unmittelbaren Kontakts zur Farbigkeit der Gefühlswelt gehen kann. Für den betreffenden Menschen besteht die Gefahr, sich zugunsten der Anforderungen von außen selbst zu funktionalisieren und sprichwörtlich über seine eigene Leiche zu gehen. Denn persönliche Wünsche und Bedürfnisse, alles Private muss zurückgestellt werden zugunsten von Versachlichung, allgemeinen Werten und Regeln, wie sie in den jeweiligen öffentlichen institutionellen Einrichtungen gelten oder wie ganz allgemein die kollektive Stimmung sie erfordert. Freundschaften sind – im Unterschied zur Intimität, die den zweiten Quadranten bestimmt – weniger persönlich und emotional, sondern sachlicher geprägt und funktionalisiert. Sie ergeben sich durch gesellschaftliche und berufliche Anlässe, bei denen neben Sachthemen auch der Smalltalk als oberflächliche und gerade deshalb beziehungsstiftende Kunst beherrscht werden muss.

Typisch für Menschen mit betontem vierten Quadranten ist also der abstrakte Bezug zum Objekt oder zu anderen Personen, indem die Kontakte immer durch eine gewisse Unpersönlichkeit charakterisiert sind. Diese Fähigkeit, persönliche Regungen zu versachlichen, bedingt, sich von der Privat- zur Repräsentativperson entwickeln zu müssen. Diese Opferung von Privatem geht im besten Falle gleichzeitig einher mit dem notwendigen Kompetenzaufbau, der erforderlich ist, um sich zu einer Führungspersönlichkeit zu entwickeln, sei es in Wirtschaft, Wissenschaft, Kultur oder Politik. Sowohl bei menschenfreundlichen Politikern und Politikerinnen als auch bei despotischen Diktatoren finden sich oftmals gehäuft Planeten im vierten Quadranten. Das Opfern der privaten Persönlichkeit kann jedoch auch eine ganz andere Dimension annehmen, beispielsweise im Falle eines Mystikers, der in kosmische Dimensionen hineinwächst, in denen sich das einzelne Individuum mit seinen subjektiven Bedürfnissen gleichsam auflöst.

Die Orientierung an der Außenwelt mit ihren kollektiven Werten und Normen legt es nahe, den vierten Quadranten der extravertierten Einstellung zuzuordnen. Obwohl er jedoch zur linken Kreishälfte gehört und somit laut Ring als »organisch kontaktlos«[153] definiert wird, was im eher mittelbaren, abstrahierenden und funktionalisierenden Bezug zum Objekt zum Ausdruck kommt, kann er besser mit einer Tendenz zur Extraversion als zur Introversion in Verbindung gebracht werden. Ebenso kann es viel Sinn machen, das zwölfte Haus, das im vierten Quadranten liegt, eher mit Extraversion als mit Introversion in Beziehung zu bringen, da es um die Auflösung des Ichs in ein größeres Ganzes geht, was besonders gut beim Mystiker zum Ausdruck kommt, der sein Ich transzendiert und in eine umfassendere Wirklichkeit eingeht, die das menschliche Ego übersteigt. An dieser Stelle muss jedoch die Frage nach einer klaren Zuordnung des vierten Quadranten zu einem der Jung'schen Einstellungstypen offen bleiben – weitere Überlegungen folgen unten in der Zusammenfassung.

Zusammenschau

Die Frage der Introversion und Extraversion mit Bezug auf die vier Quadranten lässt sich also in einem ersten Ansatz beantworten, obwohl noch nicht alle Diskussionen dazu abgeschlossen sind. In der Astrologie ist nämlich eine Persönlichkeitsstruktur aufgrund der mannigfaltigen Kombinationsmöglichkeiten von Tierkreiszeichen, Quadranten, Häusern und Planeten, die unterschiedlich auf die Häuser verteilt sind und verschiedene Aspektierungen aufweisen, sehr komplex darstellbar, so dass sich typologische Parameter wie Extraversion oder Introversion nur bedingt allgemein verbindlich auf einzelne Strukturelemente, wie z.B. die Quadranten, anwenden lassen. Durch die Kombination der strukturellen Anlage des betreffenden Menschen mit den persönlichen Erfahrungen und Umwelteinflüssen kommt es zu zusätzlichen Differenzierungen und Modifikationen. Erst am sorgfältig untersuchten Einzelfall ist der Einstellungstyp meist relativ deutlich erkennbar.

Folgende Tendenzen lassen sich jedoch zusammenfassend feststellen: Wenn man sich vergegenwärtigt, wie Jung den introvertierten Typus als durch das Subjekt determiniert charakterisiert, passt dies weitgehend zur Beschreibung einer Planetenanlage im ersten Quadranten. In beiden Fällen steht das Subjekt bzw. die Einzelperson im Zentrum des Interesses und nicht das äußere Objekt. Diesem wird nur ein partielles Interesse entgegengebracht, das so lange anhält, wie es dem Subjekt zur Erfüllung der eigenen Bedürfnisse nützt, es wird nicht in seinem vollen Sosein gewürdigt. Um mit Jung zu sprechen, wird das Objekt dadurch »entwertet«. Der Fokus des Interesses liegt sowohl beim introvertierten Typus Jungs als auch bei Menschen mit einer starken Disposition im ersten Quadranten auf dem Subjekt.

Genau umgekehrt verhält es sich mit dem polar entgegengesetzten dritten Quadranten: Das Hauptkennzeichen eines Menschen mit Planetenanlage in diesem Quadranten ist sein Interesse für das Du, den Anderen, das Fremde, das Nicht-Ich. Diese Beschreibung stimmt gut überein mit Jungs Charakterisierung des extravertierten Typus, der mit seinem vollen Interesse auf die Tatsächlichkeit des äußeren Objekts bezogen ist.

Die beiden anderen polar entgegengesetzten Quadranten zwei und vier lassen sich nicht so offensichtlich zuordnen und verlangen ein paar zusätzliche Überlegungen: Wir finden unter Menschen mit einem stark betonten zweiten Quadranten sowohl Personen, die sich intensiv für die eigene Psyche als Wurzelgrund interessieren, als auch Künstler oder Künstlerinnen, für die das Ausleben der eigenen Kreativität im konkreten wie im übertragenen Sinne als schöpferischer Mensch die Hauptmotivation im Leben ist. Zwar ist nicht jeder Mensch, der mit seinen Träumen und Phantasien arbeitet, ein Künstler, aber Letzterer wiederum kommt nicht ohne einen authentischen Bezug zu sich selbst aus.

Die meisten Menschen mit einer prägnanten Konstellation im zweiten Quadranten sind jedoch sehr stark auf die Familienthematik ausgerichtet, auf die Verwurzelung in der Familie und Verwandtschaft – und die möglichen Probleme mit dieser – und beschäftigen sich mit Themen, die den engen Freundeskreis oder auch sexuelle Liebespartner oder -partnerinnen betreffen. Das könnte auf den ersten Blick mit einer extravertierten Einstellung zusammenhängen. Es fällt aber auf, dass stets die persönliche Passung eine wichtige Rolle spielt, indem es um die Teilhabe an intimem Erleben geht, das in der Instinktwelt und in der emotionalen Welt der Beteiligten wurzelt. Auch Künstlerinnen und Künstler drücken sich in ihren Werken schöpferisch und damit authentisch aus. Dieser Anker in der Subjektivität lässt also eher auf eine introvertierte Einstellung schließen.

Weniger positive Ausgestaltungen, die jedoch recht häufig anzutreffen sind und die ebenfalls auf Introversion hindeuten, seien ebenfalls erwähnt. Das Interesse an sich selbst auf Kosten des Bezugs auf den Partner tritt besonders deutlich zutage, wenn das narzisstisch gefärbte Thema der eigenen erotisch-sexuellen Verführungskraft, Fruchtbarkeit oder Potenz in den Vordergrund rückt und der Fokus auf den eigenen Triebwünschen, Eitelkeiten und Ängsten (und anderen narzisstischen Anliegen) des Subjekts liegt. Jedoch nicht nur die Selbstinszenierung als Person mit unwiderstehlichem Sex-Appeal, die sämtliche Liebespartner zur Selbstbestätigung braucht und sie damit entwertet, sondern auch die Überhöhung von Vater oder Mutter als Zentrum der Familie entwertet die anderen Bezugspersonen – in diesem Fall die Kinder, die ja wegen ihrer Abhängigkeit von den Eltern um diese kreisen und sich anpassen müssen, um ein Minimum an Zuwendung zu bekommen.

Menschen mit einem betonten zweiten Quadranten stehen zwar im organischen Kontakt mit der Umwelt, da aber die Motivation persönlicher und subjektiver Natur ist, würde ich den zweiten Quadranten eher der introvertierten Einstellung zuordnen – wenn auch nicht so eindeutig wie den ersten Quadranten.

Wie steht es nun mit Menschen, die eine Planetenanlage im vierten Quadranten haben? Mit ihrer das Persönliche und Private zugunsten eines größeren Ganzen versachlichenden Neigung, mit ihrer Orientierung an kollektiven Normen und Themen sowie ihrem Gespür für den politischen und gesellschaftlichen Zeitgeist – kurz: mit ihrer ganzen Ausrichtung auf die äußere Welt –

kommen sie auf den ersten Blick Jungs extravertiertem Typus sehr nahe. Dies stimmt möglicherweise sogar für einen speziellen Bereich im vierten Quadranten, nämlich das zwölfte Haus, dessen auflösende Tendenz sich darin zeigen kann, dass sich ein Individuum ebenfalls an ein Objekt verliert, völlig in ihm aufgeht, auch wenn es sich dabei um ein abstraktes Objekt handelt, das beispielsweise »Gott« genannt werden kann – wie es bei den Mystikerinnen und Mystikern der Fall ist.

Menschen mit einer Planetenanlage im vierten Quadranten erscheinen laut Ring als »organisch kontaktlos«[154], denn die Objekte – und damit auch die Mitmenschen – sind für sie nicht als solche in ihrem Eigenwert und Sosein interessant, sondern werden im Rahmen eines größeren Ganzen funktionalisiert. Damit werden sie im Sinne des planenden Subjekts gewissermaßen als Schachfiguren benutzt. Besonders deutlich kommt dies zum Ausdruck, wenn ein Staatsoberhaupt einen Krieg anzettelt und den Tod von Tausenden Menschen in Kauf nimmt, oder bei Managern und Managerinnen, die Firmen eröffnen und schließen und Menschen einzig gemäß ihrer funktionalen Nützlichkeit nach übergeordneten Gesichtspunkten einstellen oder entlassen.

Führt man sich die Opferung des privaten, individuellen Subjekts zugunsten einer Selbstfunktionalisierung mit dem Ziel, sich in die Anforderungen und Gepflogenheiten in öffentlichen Bereichen einzupassen, vor Augen, außerdem die intensive interessenmäßige Ausrichtung auf Gesellschaft und Öffentlichkeit – einschließlich des Objektbezugs, der zwar funktionalisiert, aber dennoch gegeben ist –, so kann man sagen, dass der vierte Quadrant am ehesten der extravertierten Einstellung zuzuordnen ist.

Allerdings veranlasst das zwölfte Haus noch zu weiteren Überlegungen, da es weit häufiger mit introvertiert wirkenden Individuen assoziiert wird als die beiden vorausgehenden Interessensfelder zehn und elf des vierten Quadranten. Haus zwölf unterscheidet sich in punkto Sichtbarkeit von den Häusern zehn und elf, die mit dem Rampenlicht der Öffentlichkeit assoziiert sind. Eine Betonung des zwölften Hauses verwirklicht sich dagegen im Verborgenen, bleibt dem Auge der Öffentlichkeit weitgehend entzogen. Man denke beispielsweise an die sogenannten »grauen Eminenzen«, die im Dienste einer Sache stehen und viel Macht aus dem Hintergrund ausüben können, ohne dass die Öffentlichkeit davon etwas weiß. Hier geht es quasi um eine tendenziell unsichtbare extravertierte Einstellung.

Verbindlichere Aussagen zur Lebensrichtung nach außen oder innen sind letztlich – und das gilt in Bezug auf jeden der vier Quadranten – jedoch nur am individuellen Horoskop möglich.

Die zwölf Häuser als archetypische Lebensfelder

Wie bereits angedeutet, wird ein bestimmtes Haus oder Interessensgebiet entsprechend der wesenseigenen Energie des Planeten, der es »bewohnt«, aktiviert.

Damit dies nicht zu abstrakt bleibt, möchte ich zwei Beispiele geben: Handelt es sich etwa um die Sonne, geht es im entsprechenden Haus bzw. Feld um das zentrale Lebensthema, um den eigenen Lebenswillen, um die Entfaltung der eigenen Persönlichkeit und die eigene schöpferische Energie sowie um einen bewussten Umgang damit. Es besteht ein Bezug zum Thema »Vater«. Wenn aber der Mond, der mit dem Thema »Mutter« und »Kind« assoziiert wird, in diesem Feld liegt, ist das Beziehungsthema konstelliert und damit auch Gefühle und ganz allgemein unbewusste Themen, wie sie sich beispielsweise in Träumen offenbaren können (siehe in Kapitel 1, Abschnitt »Der Mond« unter »Die zehn Planeten in der Astrologie«).[155]

Die Verteilung der Planeten im Felderkreis lässt also auf den ersten Blick erkennen, welche der zwölf Lebensgebiete individuell wichtiger und welche es weniger sind, und es wird ebenfalls deutlich, wo Konflikte und Blockaden vorprogrammiert sind oder wo das Leben unbeschwerter ablaufen kann.

»Besetzte« und »leere« Felder: Wie weiter oben schon dargelegt, sind von Planeten besetzte Häuser stärker betont und damit wichtiger als solche Häuser, die »leer« sind bzw. in denen kein Planet steht. Das heißt jedoch nicht, dass die Themen von solchen »leeren« Feldern nicht auch gelebt werden können. So kann ein Mensch mit einem »leeren« vierten Haus – das Familienhaus – trotzdem eine Familie haben, er wird dieses jedoch anders gestalten als jemand mit einer starken Betonung des vierten Hauses.

Die unterschiedliche Größe der Häuser und eingeschlossene Tierkreiszeichen: Sobald man einige Horoskope zu vergleichen beginnt, erkennt man, dass die zwölf Häuser in ihrer Größe sehr verschieden sein können, worauf am Anfang dieses Kapitels schon kurz hingewiesen wurde. Ein Haus kann so klein sein, dass es weniger als 30° ist, wodurch es möglich ist, dass zwei Häuser im selben Tierkreiszeichen beginnen. Natürlich kann ein sehr schmales Feld auch in einem Tierkreiszeichen beginnen und im drauffolgenden enden. In der Regel gilt das Tierkreiszeichen am Anfang eines Felds als tonangebend für das gesamte entsprechende Feld bzw. Lebensgebiet. Manchmal kommt es auch zu sehr großen Häusern, die weit über 30° haben, was zum Phänomen der eingeschlossenen Tierkreiszeichen führen kann. Dies ist etwa im Horoskopbeispiel 1, »Johannes« (siehe Kapitel 5), der Fall, wo das erste Haus mit Wassermann beginnt, das ganze Tierkreiszeichen Fische beinhaltet und im Widder endet. Ein solch eingeschlossenes Zeichen kann sich nicht genügend manifestieren – außer, wenn es von einem Planeten »besetzt« ist wie die eingeschlossenen Fische von der Liebesgöttin Venus in unserem Beispiel 1 »Johannes«.

Stärke eines Planeten und Feldspitze: Planeten, die an der Feldspitze stehen, das heißt am Beginn des jeweiligen Hauses, haben eine besonders große Wirksamkeit. Dies gilt auch, wenn sie sich noch 5° vor der Linie, die die einzelnen Felder voneinander trennt, befinden. Beim Aszendenten kann dies auf 8–10° erweitert werden, und bei den anderen drei Übergängen von einem Quadranten zum nächsten – also beim Imum Coeli, Deszendenten und Medium Coeli – liegt der Toleranzbereich zwischen den beiden Größen.

Zwei Beispiele hierzu: Wenn etwa die Sonne auf der Aszendentenlinie liegt oder sich bis zu 10° davor oder danach befindet, entfaltet sie eine sehr starke Wirksamkeit, was zu einer Persönlichkeit führt, die selbst eine große Strahlkraft hat, expansiv ins Leben hinausdrängt, sich einen Platz erobert und dort selbst inszeniert. Handelt es sich jedoch um den Gegenspieler Saturn mit seiner konzentrativen und eher lebenshemmenden Energie, entsteht eine ganz andere Grundhaltung, mit der ins Leben hinausgetreten wird und die geprägt ist durch Zurückhaltung, Pragmatismus und der Schwierigkeit, die eigenen Ressourcen fließen zu lassen (vgl. in Kapitel 1, »Die zehn Planeten in der Astrologie«).

Kombinatorik: Sehr wichtig für das konkrete Verständnis eines Horoskops ist die Art und Weise, in der die Planeten (Wesenskräfte) mit den Häusern (Lebensfeldern) und dem Tierkreis kombiniert werden können und sich gegenseitig in ihrer Wirksamkeit beeinflussen. Dies entspricht dem Aspektbild, das man sich auch als Götterkonferenz vorstellen kann und auf das in den Kapiteln 4 und 5 noch näher eingegangen wird.

Die zwölf archetypischen Lebensfelder und die zwölf Tierkreiszeichen: Im Folgenden werden in Kurzform die zwölf Häuser oder Interessensgebiete vorgestellt, denen die Planeten, die sie bewohnen, jeweils intensiviertes Leben einhauchen. Je mehr Häuser in dieser Weise belebt sind, desto facettenreicher und ganzheitlicher ist ein Horoskop angelegt. Es macht Sinn, sich beim Gang durch die zwölf Motivationsgebiete, wie ich die Häuser auch gerne benenne, die zwölf Tierkreiszeichen bzw. den Tierkreis in seiner funktionel-

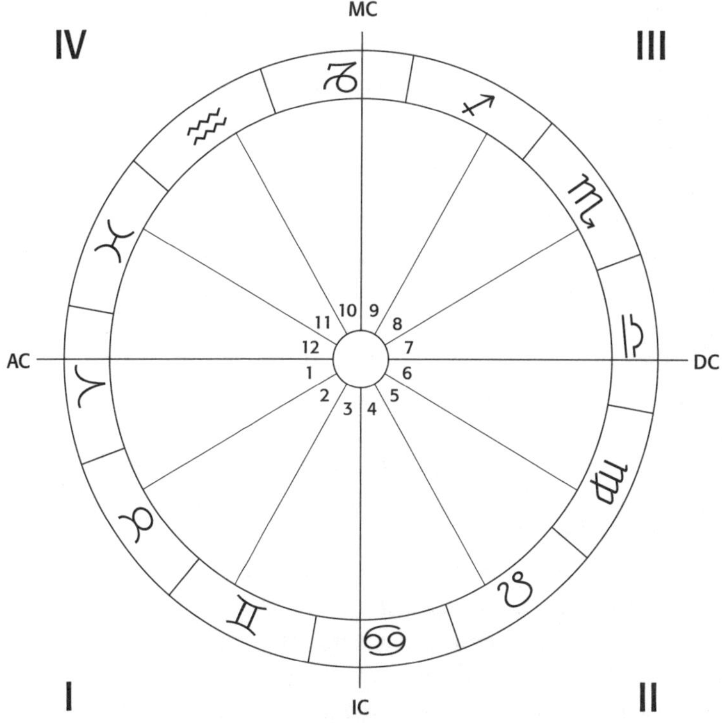

Abb. 9: Der Kreis mit den zwölf Häusern[156]

len Abfolge zu vergegenwärtigen (vgl. Kapitel 2), da dieser die Qualitäten der zwölf Häuser quasi modellhaft vorgibt. So wird beispielsweise das erste Haus mit den Eigenschaften des energiegeladenen Widders assoziiert, da es in diesem Feld immer um Aufbruch und Welteroberung geht, auch wenn ein ganz anderes Zeichen im Aszendenten liegt. Der Stil des Hinaustretens in die Welt und der Selbstdurchsetzung wird durch das jeweilige Tierkreiszeichen, das im ersten Haus liegt, geprägt und abgewandelt. Entsprechend der zwölf charakteristischen Eigenarten der Tierkreiszeichen ist er bei den Menschen verschieden.

I. Haus: »Persönlichkeit«[157]

Das erste Haus leitet den ersten Quadranten ein und setzt mit dem *Aszendenten*[158] ein. Der Aszendent ist ein sehr wesentlicher Punkt in jedem Horoskop, und seine Prägnanz steigt, wenn er von Planeten besetzt ist. Selbstverständlich ist er auch sehr gut spürbar und erlebbar, wenn das erste Haus »leer« ist, wenn also keine Planeten in der Nähe des Aszendenten liegen und er nur durch das Tierkreiszeichen, in dem er liegt, geprägt ist. Seine Wichtigkeit in einem Horoskop wird jedoch verständlicherweise erhöht durch die Art und Anzahl der Planeten um die Aszendentenlinie herum, denn Planeten sind ja energetische Brennpunkte und bringen ihre spezifischen Qualitäten in die Häuser, die sie »bewohnen«.

Weil der Aszendent eigentlich das unbewusste Wesen eines Menschen anzeigt und ihm deshalb eine ähnlich Wichtigkeit zukommt wie der Sonne als bewusstseinsnaher und bewusstseinsfähiger Zentrale im Horoskop, werde ich ihn in die Ausführungen zum ersten Haus mit einbeziehen, wodurch diese etwas mehr Raum einnehmen als diejenigen zu den anderen elf Lebensgebieten.

Die Aszendentlinie markiert den Anfang des ersten Hauses, und analog zum Tierkreis, der mit dem Feuerzeichen Widder beginnt, werden dem ersten Haus Widderqualitäten (siehe in Kapitel 2, »Die vier Elemente in der Astrologie«) zugeschrieben, auch dann, wenn eines der elf anderen Tierkreiszeichen der Aszendent ist. Je nach Tierkreiszeichen, das dem Aszendenten die Farbe gibt, drückt sich die Aufbruchsenergie des ersten Lebensbereichs entsprechend seiner Elementenzugehörigkeit abgewandelt aus: Alle drei Feuerzeichen zeigen ein offenes Hinaustreten in die Welt,

Widder und Schütze zudem ein sehr elanvolles; die Erdzeichen dagegen sind eher abwartend und zeigen eine gewisse Schwere und Reserviertheit, das dritte Erdzeichen, Jungfrau, ist zudem eher ängstlich; die Luftzeichen hingegen tänzeln mit einer gewissen Leichtigkeit und Offenheit in die Welt hinaus; während das Wasserelement wieder eher abwartend und oft auch verschlossen zum Ausdruck kommt und wenig greifbar ist.

Den Aszendenten eines Menschen sowie die in diesem Tierkreiszeichen stehenden Planeten kann das geübte Auge sowohl an gewissen physiognomischen Merkmalen erkennen[159] sowie an den unmittelbaren und instinktiven Reaktionen des Betreffenden auf Umweltfaktoren. Dazu gehört auch der stimmliche und bewegungsmäßige Ausdruck.[160]

Der Aszendent beeinflusst die Art und Weise, wie wir uns tendenziell unwillkürlich und unreflektiert mit der Welt in Beziehung setzen – ganz im Unterschied zur Beziehungsaufnahme durch den Mond, die eher bewusst gemacht werden kann. Hat jemand beispielsweise einen Feueraszendenten, wie Widder, und steht der Mond in der Jungfrau im 6. Haus, ist das unwillkürliche Hinaustreten spontan, mutig und unbekümmert. Die bewusstere Beziehungsgestaltung durch den Mond dagegen ist in diesem Fall aufmerksam beobachtend und sorgsam jedes Detail berücksichtigend und beantwortend. So müssen also der Aszendent und das Zeichen, in dem der Mond steht, gar nicht übereinstimmen, sondern können wie im erwähnten Beispiel sehr verschieden sein. Derartige Unterschiede führen zu einer Farbigkeit des Individuums und fordern es zu einer facettenreicheren Ganzheitsentwicklung auf, als es der Fall ist, wenn nur ein Element vorherrscht.

Der Aszendent bzw. das erste Haus leitet den ersten Quadranten ein, über dem die Flagge des Ichs, der Egozentrizität, weht. Das Hauptinteresse richtet sich auf die eigene Person. Deshalb schaut ein Mensch mit einer ausgeprägten Betonung des ersten Hauses sehr stark durch seine subjektive Brille, denn er lässt nur zu, was seiner persönlichen Motivation dient. Hat er beispielsweise gar die Sonne im ersten Haus, scheut er auch keinen Aufwand, um sich selbst in Erscheinung zu bringen, und stilisiert sich dabei in Kleidung und Benehmen gemäß seiner eigenen Vorstellung von sich selbst und von der Wirkung, die er auf die Umwelt machen möchte. Eine vom ersten Haus geprägte Person versteht es meist ausgezeichnet, sich mit ihren ganz persönlichen Motiven in Szene zu setzen, was entweder völlig eigenständig geschieht (vor allem bei Menschen mit einem Feueraszendenten) oder in Anpassung an die Erwartungen des sozialen Umfelds (besonders bei Erd- und Wasseraszendenten).

Je mehr Planeten im ersten Haus bzw. um den Aszendenten herum stehen, der auch »Ich-Punkt« genannt wird, desto egozentrischer verhält sich der betreffende Mensch und kann sich selbst im Extremfall als Nabel der Welt verstehen, um den sich alles zu drehen hat.[161] Jedenfalls ist die subjektive Haltung der Maßstab aller Dinge. Das Bedürfnis, alles selbst zu bestimmen, seine eigenen Bedürfnisse und Interessen, seine subjektive Weltsicht zu verteidigen, kann aus einer starken Planetenkonstellation im ersten Haus resultieren. Die Umwelt ist für einen solchen Menschen auch nur insofern interessant, als sie für die Verfolgung der Eigeninteressen nützlich und dienlich sein kann. Dies führt zu einem immerwährenden Kampf mit Umwelt und Mitmenschen, die ihre eigenen Wünsche, Vorstellungen und Ansichten haben und vielleicht ganz andere Ziele verfolgen als der Mensch mit der starken Prägung durch das erste Haus.

2. Haus: »Eigentum«[162]

Das zweite Haus ist dem erdhaften und materiell geprägten Stierprinzip verwandt, denn hier geht es um die Aufnahme und Assimilation der Aufbaustoffe und Mittel, die das Ich befähigen, in der realen Welt Fuß zu fassen und seinen Platz zu sichern.

Dies beginnt mit der körperlichen Ernährung, die durchaus nicht nur gesund, sondern auch genussreich sein kann. Der Instinkt für eine gute Qualität der Nahrungsmittel ist tendenziell gut ausgebildet, wenn er nicht gestört wird durch schwierige Konstellationen. Die körperliche Gesundheit setzt auch genügend Schlaf und maßvolle Bewegung voraus, und zur existentiellen Sicherung gehört auch ein Ort, der einem Schutz bietet. Mit der Sicherstellung der körperlichen Bedürfnisse allein ist es jedoch nicht getan, denn der Mensch braucht auch seelische und intellektuelle Nahrung, die schon mit der Förderung im Elternhaus beginnt.

Beim zweiten Haus handelt es sich um das erste Berufshaus von insgesamt dreien, und im zweiten Feld liegt der Akzent auf dem Beruf als Existenzsicherung. Je nach Prägungen des zweiten

Hauses kann das Bedürfnis des betreffenden Menschen nach Eigentum sehr groß sein. So kann sich das Habenwollen bzw. Habenmüssen im Anhäufen von Geld und materiellen Dingen aller Art manifestieren, wozu auch das Horten von Eigenbesitz gehört. Denn Eigentum vermittelt Menschen mit dieser strukturellen Anlage Sicherheit.[163] Diese primär auf Materielles ausgerichtete Anlage ergibt eine Affinität zu Berufen, die mit Finanzen und ihrer Verwaltung zu tun haben, wobei weniger gepokert als auf sichere Anlagen geschaut wird, handle es sich um den Ankauf und Verkauf von Wertpapieren oder von Grundstücken und Immobilien oder ähnlichen Produkten. Im zweiten Feld ist das Thema der finanziellen Reserve ein zentraler Aspekt und damit auch eine geregelte Einnahmen- und Ausgabenpolitik von Bedeutung.

Auch das Unabhängigkeitsgefühl ist bei Menschen mit Anlage im zweiten Haus oft sehr ausgeprägt. Es leitet sich sehr stark ab vom Privateigentum, das man selbst erworben hat, wozu neben Immobilien Wertobjekte aller Art gehören, seien es Möbel, Kunstgegenstände, Schmuck oder vieles mehr. Aber auch das Recht auf den eigenen Körper spielt eine zentrale Rolle für das persönliche Unabhängigkeitsgefühl: der eigene Körper als Privateigentum.

Natürlich kann das Habenwollen auch im übertragenen Sinn gelebt werden, nämlich in der Hortung und Dogmatisierung von geistigem Besitz, im Besitzanspruch auf bestimmte Menschen, die meist eifersüchtig kontrolliert werden, in alltäglichen Gewohnheiten oder in der geregelten Wiederkehr von Lustbedürfnissen und ihrer Befriedigung – alles wird zum »Ding für mich«[164].

3. Haus: »Werdegang«[165]

Das dritte Lebensfeld ist affin zum Luftzeichen Zwillinge und gibt Aufschluss über die lebenslange Lernfreude und den unermüdlichen Drang nach persönlicher und bildungsmäßiger Weiterentwicklung.

Neugier und Kommunikationsfreude zeigen sich schon auf ganz natürliche Weise im Kindesalter, und so ist der spielerische Umgang mit Geschwistern und Nachbarskindern das erste Lernfeld in der Kindheit. Der Wissensdrang kann auf verschiedene Weise gestillt werden, sei es im Austausch von Neuigkeiten aller Art, über das Lesen von Büchern oder das Surfen im Internet. Systematischer erworben wird Wissen in Ausbildungen durch Schule,

Lehre und Studium, ergänzt in Weiterbildungen und allen Arten von Fortbildungen. Für Menschen mit einer Betonung des dritten Hauses haben das Lernen von Sprachen, das Lesen, Schreiben und Reisen hohe Priorität. Aber auch die Ausbildung der logisch-formalen Intelligenz ist ein wichtiges Thema; allgemein ist die durch das dritte Feld geprägte Art des Denkens logisch-rational, weshalb sich für das Individuum immer die Frage nach der Nützlichkeit seines Tuns stellt.

Neben linear verlaufenden Entwicklungen kommt es in vielen Fällen zu Krisen und neuen Wendungen, zu Standpunktwechseln. Zusammenfassend lässt sich ein Mensch mit einem betonten dritten Feld beschreiben als stets interessiert an der eigenen lebenslangen Persönlichkeitsentwicklung, die auch mancherlei Veränderungen mit sich bringt. Im dritten Feld liegt der Akzent auf dem spontanen Aufgreifen von nützlichen Anregungen, die sich im alltäglichen Lebensfluss ergeben.

4. Haus: »Wurzelboden«[166]

Das vierte Feld steht in Beziehung zum Wasserzeichen Krebs und leitet mit dem Imum Coeli an seiner Spitze den zweiten Quadranten ein, in dem es um die Ausgestaltung des Privatlebens geht. Im vierten Haus wird der seelische Innenraum zum Thema, die eigene Verwurzelung darin sowie auch die Verankerung in der Familie. Je mehr Planeten um das Imum Coeli[167] liegen, desto wichtiger wird ein persönlicher, privater Rahmen für die Entfaltung des Individuums. Die Rückverbindung zum Elternhaus und die Heimat, das gesamte angestammte Milieu sind zentrale Werte. Auch ererbter Besitz, vor allem Häuser und Boden, bilden ein gutes Biotop für die Entwicklung eines Menschen mit einem betonten vierten Feld. Es besteht ein intimer Bezug zur Natur.

Archetypisch gesehen, handelt es sich um Heim und Herd als mütterliche Region – inzwischen wissen wir jedoch, dass dies nicht auf Frauen eingeschränkt verstanden werden muss, da ja auch Männer starke mütterliche Qualitäten haben können und reges Interesse an der Pflege und Instandhaltung des Heims zeigen können. Wenn es gut läuft, wird jedem einzelnen Familienmitglied eine individuelle Entfaltungsmöglichkeit im Rahmen des Organismus »Familie« geboten, wozu als Voraussetzung eine gute Atmosphäre und gewisse Regeln gehören, die dem Einzelnen einen bestimmten, begrenzten Raum zugestehen. Der Rückzug in die private Sphäre ermöglicht dem Menschen, zu sich zu kommen und sich selbst zu finden.

Parallel zur Entfaltung der eigenen Naturanlagen erwirbt der vom vierten Haus geprägte Mensch seine persönlichen Maßstäbe. Der Wesensgrund mit seinen frühkindlichen Erinnerungsbildern spielt im vierten Feld eine zentrale Rolle. Denn das Unbewusste mit seinen verschiedenen Schichten – der persönlichen und der archetypischen – ist eine zentrale Macht für die Selbstfindung.[168]

Im vierten Haus beginnt und endet das Leben, wir werden als Baby in einen familiären Kontext hineingeboren und ernten im Alter die Früchte oder Probleme entsprechend der gelebten oder ungelebten Selbstverwirklichung.

5. Haus: »Fortzeugung«[169]

Analog zum feurigen Löweprinzip geht es im fünften Haus um alle Themen des spielerischen Ausdrucks seiner selbst. Dies umfasst den Sexualtrieb im Rahmen von Liebesbeziehungen und -abenteuern, Fragen der Potenz und Konzeptionsfähigkeit bei Kinderwunsch, und wenn Kinder da sind, geht es um die Frage des Verhältnisses zum Kind: Dient dieses als Hoffnungsträger für die eigenen Vorstellungen? Oder gelingt es den Eltern, die Anlagen und Talente des Kindes zu fördern? Der Pflege und Erziehung von Kindern – seien es eigene oder Schülerinnen und Schüler – haftet im fünften Feld immer etwas Spielerisches an, weshalb man dieses Feld auch als Spielwiese bezeichnen könnte.

Bei Planeten im fünften Feld stellt sich zudem immer die Frage nach einer möglichen künstlerischen Begabung des betreffenden Menschen, nach dem Zeugen und Gebären von Kindern im Sinn von schöpferischen Werken oder Projekten. Dabei können alle expansiven Planeten wie Sonne, Mars, Jupiter oder auch Mond und Neptun und selbstverständlich das ästhetische Prinzip, die Venus, eine solche Begabung fördern. Ob diese entwickelt wird, hängt dann von ihrer Ausbildung und Förderung ab. Zentral ist in jedem Fall die Möglichkeit, die vitalen Triebe zu sublimieren und sie durch gestalterische Selbstinszenierung auszudrücken. Doch nur wenige erreichen dabei ein hohes ästhetisches Niveau, weitaus häufiger erschöpft sich das kreative Potential in Dilettantismus und Pflege von allerlei Liebhabereien.

Zu den Problemen, die sich im fünften Feld konstellieren können und die bewältigt werden müssen, zählt die Maßlosigkeit in Spiel und Genuss, sei es beim Essen und Trinken, in der Sexualität, beim Spielen und im spekulativen Umgang mit Geld und anderen Ressourcen: Genussfreude kann leicht in Sucht und Verschwendung ausufern, beispielsweise wenn die Sonne, Jupiter, Mond, Neptun oder Pluto einzeln oder in Konjunktion miteinander im fünften Haus stehen. Es geht also auch um die Aufgabe der Selbsterziehung hin zum Maßhalten auf allen Ebenen.

6. Haus: »Arbeit«[170]

Das Jungfrauhaus ist das zweite Berufshaus, und hier geht es primär um Dienstleistung. Der eigene Körper, seine Pflege und Gesunderhaltung stehen dabei im Fokus, da nur ein gesunder Körper leistungsfähig ist. Themen wie bekömmliche und regelmäßige Ernährung, maßvolle Bewegung, genügend Schlaf sind im sechsten Feld wichtig, wie auch die Wiederherstellung des körperlichen Gleichgewichts nach einer Krankheit.

Im sechsten Haus geht es, analog zum zugehörigen Jungfrauprinzip, um den Erwerb von manuellen und intellektuellen Fertigkeiten sowie um Leistungsspezialisierung und ihre methodische und technische Anwendung. Dazu gehört die konsequent richtige Pflege und Instandhaltung des Arbeitsmaterials wie auch der Umgang mit Kolleginnen und Kollegen, mit Angestellten oder Chefs im Beruf. Denn im Falle von Reibereien wird der ökonomische Ablauf der Arbeitsprozesse gestört und viele Ressourcen liegen brach oder werden verschwendet.

Als letztes Feld des Familienquadranten spielt es auch eine wesentliche Rolle für sämtliche Facetten der Haushaltführung, angefangen bei der Beschaffung von alltagsnützlichen Dingen bis zum gekonnten und maßvollen Umgang mit dem Geld. Das Ordnunghalten auf allen Gebieten der Alltagsbewältigung in Beruf und Privatleben ermöglicht effektives und reibungsloses Arbeiten. Auch die adäquate Bekleidung, um sich an die jeweilige Temperatur und Situation anzupassen, gehört zum sechsten Lebensbereich sowie alle Fragen der Hygiene.

Je nach Art der Planeten und Tierkreiszeichen im sechsten Haus gelingt es dem betreffenden Menschen, ein geregeltes und ritualisiertes Leben zu führen, was der Gesundheit zugutekommt – Sonne oder Mond beispielsweise erleichtern einem Menschen einen guten Umgang mit seinen umfassenden körperlichen Bedürfnissen. Saturn oder die Transsaturnier Pluto, Neptun und Uranus dagegen können auf das Problem einer regelmäßigen und natürlich-adäquaten Bezogenheit im Umgang mit der alltäglichen Körperpflege hindeuten, gerade auch in den basalen Dingen wie Ernährung, Bewegung und Schlaf.

7. Haus: »Zusammenleben«[171]

Es leitet den dritten Quadranten ein, es ist das Waagehaus, dessen Anfang durch den Deszendenten bestimmt wird. Hier ist der Umschlagpunkt vom Subjekt zum Objekt, wo der Andere, das Du, in seinem Sosein ins Blickfeld tritt und das Subjekt herausfordert, sich mit ihm auszutauschen und auseinanderzusetzen.

Gibt es in einem Horoskop eine Häufung von Planeten um den Deszendenten[172] herum, der wegen seiner Umweltbezogenheit auch »Du-Punkt« genannt wird, ist die Außenwelt sehr wichtig für die Entwicklung des Horoskopeigners. Die Nähe-Distanz-Thematik ist immer konstelliert im siebten Feld, und auch hier spielt neben dem Tierkreiszeichen auch die Art der beteiligten Planeten eine große Rolle, denn diese geben Hinweise darauf, ob der Betreffende sein Interesse an der Welt mit ihren Menschen und anderen Objekten lebt oder abblockt, ob er offen für Umwelteinflüsse ist, indem er sich davon ansprechen und auch lenken lässt, bzw. ob er die Umgebung selbst prägen und lenken oder sie ausschließen möchte. Zentral ist die Erkenntnis und Anerkennung der Rechte und der Persönlichkeit des anderen, die denkerische und kommunikative Auseinandersetzung mit dem Fremden.

Einerseits geht es um die Durchsetzung des Subjekts gegen die Außenwelt, andererseits um die Interaktion und Verbundenheit mit ihr. Dies ist speziell in einer Lebensgemeinschaft wie der Ehe[173] der Fall, in der zwei Individuen ihre Unterschiedlichkeit immer neu zu überbrücken lernen und auf diese Weise eine erarbeitete Gemeinsamkeit und Harmonie erzielen. Wenn jedoch die beim anderen entdeckten Mängel und Hinweise des Dus auf die eigenen Schwächen in Dissonanzen, Missverständnisse und Enttäuschungen münden und dort steckenbleiben, kann es zu Streit und Trennung kommen.

Der Umgang mit der Außenwelt hängt also, wie erwähnt, unter

anderem sehr stark von den jeweiligen Planeten um den Deszendenten ab. Wenn nämlich expansive und kriegerische Wesenskräfte wirksam sind, wie beispielsweise die beiden männlichen Planeten Sonne oder Mars, dann konstellieren sich Fragen von Dominanz und Aggression, und vor allem bei Mars im siebten Feld liegt der Konfliktherd in der Begegnung mit dem Objekt. Ganz anders verhält sich ein Individuum, wenn im siebten Haus beispielsweise die zwei weiblichen Wesenskräfte Mond und Venus stehen, was eine einfühlsame, anpassungsfähige und charmante Haltung der Umwelt gegenüber mit sich bringt und so das Beziehungsleben zu erleichtern vermag.

Im Unterschied zum fünften Haus, in dem Liebe und Sexualität tendenziell eher frei, spontan und momentbezogen gelebt werden wollen, geht es im siebten Feld um verbindliche, langfristige und oft lebenslängliche Partnerschaften.

8. Haus: »Lebenshintergrund«[174]

Das achte Haus ist dem Wasserzeichen Skorpion verwandt. Es geht um die Ausdehnung des Lebensinteresses auf die erweiterte soziale Umwelt und die Mitwirkung an Aufgaben zugunsten des Gemeinwohls und Gemeinbesitzes.

Deshalb sind viele Menschen mit einer betonten Anlage im achten Haus in Sozial- und Steuerämtern, Vermögensverwaltungen, Sicherheitsorganen und Parteien aller Art zu finden. In Zeiten des Umbruchs und der Krisen, die auch durch Kriege verursacht sein können, sind sie einerseits mit Geldentwertung konfrontiert und andererseits mit Konjunktur und Aufbau von Wohlstand. Das gesellschaftsbezogene Auf und Ab von Gewinn und Verlust, Aufbau, Zerstörung und Wiederaufbau gehört also in die Domäne des achten Hauses. Die Qualitäten einer Anlage im achten Haus liegen in der großen Fähigkeit des betreffenden Menschen, sich in den internen Ton aller möglichen sozialen und staatlichen Institutionen wie Ämter, Ministerien, Institute usw. einzupassen. Ein solcher Mensch engagiert sich in der Verwaltung und Revision von kommunalem oder ähnlichem gemeinschaftlichen Besitz.

Die Ambivalenz des achten Lebensbereichs kann folgende mögliche Erscheinungsformen begünstigen: Neben Menschen, die legale Erbschaften machen oder sogar freiwillig große Spenden für gemeinnützige Zwecke abgeben, gibt es andererseits auch Kriegs-

und Inflationsgewinner, die sich auf Kosten der Gemeinschaft bereichern. Recht verbreitet sind auch Menschen, die Steuerhinterziehung betreiben. Auch Zersetzungsarbeit an der sozialen Sicherheit kann aus verschiedenen Gründen betrieben werden: Entweder sollen alte politische Formen zugunsten neuer aufgelöst werden – dann ist ein Reformwille am Werk – oder es geschieht aus asozialen Motiven.

Sobald ein Mensch sich sozial und gesellschaftlich engagiert, wird er mit den konkreten Bedingungen und widersprüchlichen Tendenzen einer Gemeinschaft konfrontiert. Er wird davon affiziert und kann sich entweder von der Atmosphäre seiner sozialen Umgebung mitreißen lassen, oder es kann auch zu Belastungen durch Spannungen und Konflikten zwischen widerstrebenden Lagern kommen. Beides wirkt sich geistig, seelisch und körperlich aus.

Somit stellt sich die Frage der lebenslänglichen physischen und psychischen Verausgabung besonders im achten Feld. Damit einher gehen die Themen der Regeneration einerseits, der Ermüdung und Abnutzung, des Alterns und des Todes andererseits. Bezüglich der Resilienz, die für psychische Elastizität, Regenerations- und Widerstandskraft sorgt, liefert das achte Haus mit seinen Planetenkonstellationen und auch dem betreffenden Tierkreiszeichen Anhaltspunkte. So begünstigen z. B. das Tierkreiszeichen Skorpion sowie die zugehörigen Planeten Mars und Pluto die Regeneration, während wenig elastische Tierkreiszeichen wie Stier oder Steinbock sowie der Planet Saturn eher Abnutzung mit sich bringen (vgl. die Beschreibungen der Tierkreiszeichen sowie der Planetenprinzipien in Kapitel 1 und 2).

Die Ausrichtung auf die Lebenshintergründe, d. h. auf Realitäten, die sich hinter dem vordergründig Sichtbaren oder Erkennbaren verbergen, erzeugt meist ein Interesse für Grenzfragen aller Art, so auch für metaphysische Fragen. Das Thema von Vergehen und Wiedergeburt, Vergänglichkeit und Beständigkeit ist ebenso im achten Haus angesiedelt, in dem ganz allgemein das Skorpionprinzip von »Stirb und Werde« anklingt.

9. Haus: »Leitziele«[175]

Das neunte Feld korreliert mit dem feurigen Schützeprinzip, das in die Weite und Ferne ausgreift und kurz- und langfristige Ziele anpeilt. Wenn das neunte Feld in einem Horoskop stark betont ist, begünstigt dies eine Expansion über das Herkunftsmilieu hinaus und damit ganz allgemein das Überschreiten des Alltagslebens mit seinen Begrenzungen. Einem Mensch, der stark durch die Anlage im neunten Haus geprägt ist, fällt es beispielsweise leicht, auszuwandern und seine Herkunft ohne große Probleme hinter sich zu lassen.

Meist besteht ein großes Interesse an verschiedensten Wissensgebieten, an geographischen, geschichtlichen, rechtlichen, theologischen, ethnologischen und mythologischen Themen. Alles, was den Geist weitet, wird interessant. Das können befruchtende Eindrücke auf Forschungs- und Entdeckungsreisen in der Fremde sein, begeisterte Mitwirkung in Religionsgemeinschaften oder an politischen Reformbewegungen sowie an wirtschaftlichen und technischen Entwicklungen großen Stils, also an Welthandel und Weltverkehr.

Die ganze Welt wird zu einem Abenteuer, am besten lässt sich die Ausrichtung dieser Anlage auch mit einer Tendenz zum Weltbürgertum vergleichen. Ein Engagement in internationalen Organisationen, die völkerverbindend und gemeinnützig tätig sind, oder das Mitarbeiten in fächerübergreifenden Forschungsprojekten sowie am Kulturfortschritt überhaupt ist relevant für Menschen mit einer Prägung durch das neunte Haus. Sie stecken ihre Ziele weit und erstreben beispielsweise eine Lehrtätigkeit an Hochschulen und anderen öffentlichen Bildungsstätten, sie beteiligen sich auch gerne am Gelehrten- und Studentenaustausch.

Im neunten Feld geht es immer um Superlative, daher wird eine »Auslese der Unsterblichen«[176], die unter den Autoren und Autorinnen der Weltliteratur und unter den bedeutenden Denkern, Lehrerinnen und Menschheitsführern zu finden ist, zu den großen Vorbildern für Menschen mit einer solchen Häuserdisposition. Sehr wichtig sind daher auch philosophische Aspekte wie die »Erziehung des Menschengeschlechts«[177] sowie die Befassung mit den letzten Dingen, dem Ewigen. Auch prophetische Intuitionen und Wahrträume sind manchmal möglich.[178]

10. Haus: »Öffentlichkeit«[179]

Menschen mit einem stark betonten zehnten Haus, dessen Anfang durch das Medium Coeli[180] bestimmt wird, zieht es schwerpunktmäßig in einen Beruf als Berufung und in die Öffentlichkeit. Stark betont ist das zehnte Haus, wenn die Sonne oder Planeten wie beispielsweise Mond, Jupiter, Saturn und Mars oder auch Venus dort platziert sind. Das zehnte Feld ist dem Erdzeichen Steinbock verwandt und leitet den vierten Quadranten ein, dem Anonymität und organische Kontaktlosigkeit eigen sind und der einen Gegensatz zur Privatheit des vierten Hauses am Anfang des zweiten Quadranten bildet.

Während im vierten Lebensfeld im »Familienquadranten« die Intimität gelebt wird und damit die Privat- oder Tiefenperson angesprochen ist, verlangt das polar entgegengesetzte zehnte Haus das Abstreifen von allem Privaten und stellt Anforderungen an das entsprechend disponierte Individuum, sich zur Repräsentativperson zu entwickeln. Dies heißt, die Realität vor den Augen der Öffentlichkeit zu bewältigen, was wiederum bedingt, dass die äußeren Formen beherrscht werden müssen. Das gilt für jede öffentliche Position, die eingenommen wird, und impliziert die Berücksichtigung der jeweils herrschenden Normen und Anschauungen des Kollektivs. Der Einzelne wird schließlich durch die anonyme öffentliche Meinung emporgetragen und in öffentliche Ämter befördert, die meist mit Rang und Ansehen, Macht und Ruhm verknüpft sind.

Kaum ein Individuum gelangt jedoch ohne drängenden Ehrgeiz in Schlüsselstellungen von Politik und Wirtschaft oder auch Kultur. Der ausgeprägte Ehrgeiz allein genügt allerdings nicht, es müssen auch die entsprechenden Kompetenzen vorhanden sein und die erforderlichen Leistungen erbracht werden, die den Zeitgeist und die Allgemeinheit ansprechen.

Aufstieg und Fall liegen nahe beieinander, wie die Schicksale von Politikern und Politikerinnen, Finanzleuten und anderen öffentlichen Personen wie Künstlern oder Wissenschaftlerinnen usw. immer wieder zeigen.[181] So passiert es immer wieder, dass sich beispielsweise die polar entgegengesetzten privaten emotionalen und erotisch-sexuellen Bedürfnisse, die in einem Alltagsleben unter öffentlicher Beobachtung oft sehr unterdrückt werden müssen, sich im unpassendsten Moment Geltung verschaffen und sich im Licht der Öffentlichkeit zu Skandalen ausweiten, die eine glorreiche Karriere knicken können. Daneben gibt es vielerlei andere private Interessen eines Menschen in einer öffentlichen Funktion, die in Widerstreit mit seiner Rolle geraten und ihn zum Sturz bringen können.

11. Haus: »Zeitgeist«[182]

Im elften Haus besteht eine Analogie zum Luftzeichen Wassermann. Das elfte Feld kann als Fenster zur Welt aufgefasst werden, denn Menschen mit einer ausgeprägten Betonung dieses Hauses haben ein Gespür für das, was die Menschheit aktuell interessiert und bewegt. Sie erfassen mit Leichtigkeit den gerade herrschenden Zeitgeist, was ihnen ermöglicht, immer »richtigzuliegen«. Je nach Art der Planeten im elften Haus findet der betreffende Mensch leicht Gönner, Ratgeberinnen und Förderer und die entsprechende Protektion und Unterstützung in den geplanten Projekten. Sind jedoch diese Ratgeber und Freunde nicht genügend zeitgeistkongruent, kann das Individuum auch in den Misserfolg hinein fehlgeleitet werden.

Die Teilhabe am Geist der Epoche beflügelt gewisse Menschen mit Betonung des elften Hauses, und diese sind wiederum auch bereit, aufkeimende Talente zu fördern. Meistens reicht es jedoch nicht zum Mäzenatentum, sondern gerade mal zum Partylöwen, dem es wichtig ist, überall dabei zu sein, nichts zu verpassen und sich mit »Freunden« zu schmücken, die gerade en vogue sind und die dann mit dem Verblassen ihres »Angesagtseins« zugunsten eines neuen Sterns, der am gesellschaftlichen Himmel aufsteigt, fallengelassen werden. Bei der Mehrzahl der Menschen mit Betonung im elften Feld erschöpft sich die Thematik im Sehen und Gesehenwerden bei einschlägigen Events. Der Smalltalk kann jedoch auch zur regelrechten Kunst werden und manipulativ für gesellschaftlich-politische Zwecke eingesetzt werden, wenn er beispielsweise von Diplomaten angewandt wird.

Im elften Lebensbereich dominiert die Idee der intimen geistigen Freundschaft mit allen Vor- und Nachteilen. Das Cliquenwesen funktioniert nach Sympathie und Antipathie – Gleichgesinnte »gehören dazu«, Andersgesinnte werden ausgeschlossen. Wenn egoistische Interessen jedoch überwiegen, kommt es zu reinen Zweckbeziehungen, in denen »Freunde« funktionalisiert werden – was auch unter den Begriffen »Vetternwirtschaft« und »Filz« bekannt ist. Letztlich geht es im elften Haus darum, sein Interesse an der Welt mit ihren unzählbaren Facetten, mit ihren unterschiedlichsten Menschen in der lockeren Begegnung unter seinesgleichen aktiv zu leben, wobei der Nutzen für die Welt sehr unterschiedlich sein kann: Im Vergleich zum Eingangs dieses

Abschnitts erwähnten bloßen Partylöwen, dem es darum geht, zu sehen und gesehen zu werden, leistet ein Diplomat, für den eine starke Betonung des elften Hauses vorteilhaft ist, unter Umständen viel für die guten Beziehungen seines Landes zu anderen Staaten. Was jedoch allen Menschen mit einem oder mehreren Planeten wie Sonne, Mond, Jupiter, Saturn, Venus oder Mars im elften Haus bei all ihrer Verschiedenheit gemeinsam ist, ist das Thema, mit einem kleineren oder größeren Kollektiv in einer kommunikativen Verbindung zu sein.

12. Haus: »Anonymität«[183]

Das letzte Haus im Kreis ist dem Wasserzeichen Fische verbunden und unterscheidet sich in einem ganz wesentlichen Punkt von den beiden vorangehenden Feldern zehn und elf, die beide mit dem Öffentlichkeitsbezug zu tun haben: Im zwölften Feld spielt sich alles im Verborgenen ab, es wird aus der Anonymität heraus gehandelt.

Es geht um die anonymen Mächte wie die »grauen Eminenzen« der Zeitlage, zum Beispiel in Wirtschaft und Politik, welche die Fäden im Hintergrund ziehen. Dabei kommt es oftmals zur Opferung des Einzelnen im Gefolge von größeren Umschichtungen.[184] Auch dunkle Machtpolitik, wie sie beispielsweise Mafiaorganisationen in immer mehr Weltgegenden betreiben, indem sie mit Erpressung von Schutzgeldern und Bedrohung und Ermordung des Einzelnen operieren, ist affin zum zwölften Haus.

Auf der anderen Seite werden auch sich aufopfernde anonyme Heldinnen und Helden im Zivilleben und im Krieg mit dem zwölften Haus, dem Feld der Ich-Auflösung, assoziiert sowie alle Menschen, die unter die Räder gekommen und zu gesellschaftlichen Randfiguren geworden oder gänzlich aus dem gesellschaftlichen System gefallen sind, also Verschollene, Verschleppte, Flüchtlinge oder auch Obdachlose.

Psychisch und geistig Erkrankte sowie verarmte Menschen werden oft abgeschoben in die entsprechenden Institutionen, wo sie – je nach legalem, ethischem und moralischem Niveau eines Staates – gut gepflegt oder gequält und ermordet werden.[185] Auch Deprivation ist möglich.

Zu den verborgenen und abgeschiedenen Bereichen in der Welt gehören neben psychiatrischen Kliniken, Krankenhäusern, Rehabilitationszentren und Kurhäusern auch Kinderheime, Internate und Heime für Schwererziehbare, Flüchtlingslager, Gefängnisse und Konzentrationslager.[186]

Ein Ort der Einkehr und der religiösen Hingabe können beispielsweise Klöster sein. Abgeschieden von der Weltöffentlichkeit leben die Mönche und Nonnen bestimmter Orden, die für das Wohl der Menschheit beten, Bücher verfassen[187] und unterrichten, neben der Herstellung von Nahrungsmitteln oder Kunstobjekten und weiteren kulturellen Leistungen, die sie erbringen. Auch Mystiker oder Mystikerinnen, die ihr Ego über Gebet und Meditation in der religiösen Erfahrung läutern, gehören zu den vom zwölften Haus geprägten Menschen. Neben religiösen und privaten Hilfsorganisationen gibt es zudem immer viele unbekannte Helfende bei Massenkatastrophen wie Erdbeben, Überschwemmungen und Orkanen.

Das zwölfte Haus ist ganz genuin dem Geheimnis, dem Nichtsichtbaren, dem Unbekannten zuzuordnen. Hier passiert auch im Leben des Einzelnen viel Geheimnisvolles, oftmals ist man nicht nur sich selbst ein Rätsel, sondern ebenso auch für andere. Die Abgeschiedenheit kann gut genutzt werden zu einer Einkehr in das eigene Innere, sei es durch meditative Techniken, durch Schreiben eines Tagebuchs, durch Stille. So kann Unbewusstes und Unaussprechliches Raum bekommen und vielleicht sogar ans Licht kommen.

4. Zusammenspiel von Anlage und Prägungen durch die Umwelt: Aspektgefüge und Komplexstruktur

Von der Bedeutung, die Aspekte oder die entsprechende Aspektierung für ein Horoskop haben, war schon einige Male die Rede. Doch was heißt eigentlich »Aspekt«? Der Wortherkunft nach bedeutet Aspekt »Anblick« (lat. *aspectus*), und damit ist in unserem Zusammenhang der Blick von der Erde aus auf die wechselnden Winkelbeziehungen der Planeten zueinander in ihrer Umlaufbahn, der Ekliptik,[188] gemeint. Ring gibt das anschauliche Beispiel von Sonne und Mond, das wir mit eigenen Augen beobachten können: »Rund alle vier Wochen können wir bei geeigneten Sichtverhältnissen erleben, dass, während am Westhorizont die Sonne untergeht, gegenüber am Osthimmel soeben der Mond über dem Horizont aufsteigt. Was sich auf diese Weise uns eindringlich vor Augen stellt, ist ein Aspekt von Sonne und Mond, ihre Opposition bzw. der Winkel von 180°.«[189] Zusätzlich zu diesem Beispiel einer Opposition zwischen zwei Himmelskörpern gibt es weitere Aspekte, die nun im Folgenden eingeführt werden.

Das Aspektgefüge im Horoskop

Es gibt zwei Gruppen von Aspekten, die *synthetischen* und die *analytischen*. Da in vielen Hinterköpfen immer noch die Wertungen der Vulgärastrologie herumgeistern, bei der »gute« von »schlechten« Aspekten unterschieden werden – wozu übrigens auch die irrige Wertung in »gute« und in »schlechte« Tierkreiszeichen sowie Planeten gehört –, werde ich in den jeweiligen Unterkapiteln Möglichkeiten sowohl von konstruktiven als auch destruktiven Wirkungen synthetischer und analytischer Aspekte aufzeigen und damit auch auf deren Entwicklungspotential eingehen.[190]

In diesem Zusammenhang ist es wichtig festzuhalten, dass bloß aufgrund eines Aspektbilds, also des Bilds der Planeten bei der Geburt eines Menschen, das Bewusstseinsniveau und der allgemeine Entwicklungsstand der betreffenden Person *nicht* festgestellt werden kann, und zwar genauso wenig, wie dies aufgrund der beteiligten Tierkreiszeichen möglich ist. Das Differenzierungsniveau wie auch das ethische Niveau eines Menschen können nur im lebendigen Kontakt mit diesem erahnt oder sogar festgestellt werden.

Wenn in der Astrologie von einem *synthetischen* Aspekt gesprochen wird, meint man das mühelose Zusammenwirken von zwei Wesenskräften; es ist eine Art von Selbstverständlichkeit und Leichtigkeit dabei, so dass es oft gar nicht bewusst wird. Falls doch, wird das Zusammenwirken als harmonisch empfunden. Diese Wesenskräfte helfen, den psychischen Spannungshaushalt auszubalancieren, und fördern ein gutes Gelingen von Plänen, Projekten, Unternehmungen, denn alles geht leicht von der Hand, und man kann viele Früchte ernten und genießen.

Vom subjektiven Erleben her fühlen sich also synthetische Aspekte in der Regel sehr angenehm an, weil sie die Entspannung, das Wohlbefinden unterstützen. Auch diese auf Harmonie gerichtete Zusammenarbeit von zwei Wesenskräften hat jedoch ihre Schattenseiten, indem sie zu Trägheit und Selbstzufriedenheit führen und dem Individuum das Gefühl vermitteln kann, etwas Besonderes zu sein, selbst wenn es nur durchschnittlich begabt ist und schlimmstenfalls bloß in Trägheit und gänzlich unangefochten durch Gewissensbisse in den Tag hineinlebt. Die Tendenz zu Selbstreflexion und Selbstkritik ist bei solchen Menschen meist sehr gering, zum Leidwesen der Außenwelt.

Da jedoch immer noch in vielen Köpfen eine hartnäckig festsitzende vulgärastrologische Auffassung herumgeistert, die Harmonieaspekte (synthetische Aspekte) als »gut« und Spannungsaspekte (analytische Aspekte) als »schlecht« zu verstehen, soll ein drastisches Bild die mögliche Schädlichkeit der auf Harmonie gestimmten Aspekte vor Augen führen: Planen zwei Verbrecher, die untereinander eine ausgezeichnete Chemie haben, einen Raubmord, spielen der Mörder und der Räuber so perfekt zusammen, dass sie erfolgreich jemanden ermorden und sich gleichzeitig bereichern können. Ein solches Gespann fühlt sich subjektiv gut, aber für das größere Ganze, die Gesellschaft, sind die beiden eher schädlich.

Dasselbe gilt für die Gesamtpersönlichkeit eines Menschen, die in ihrer Entwicklung durch eingespielte Mechanismen von Trägheit, Selbstzufriedenheit und Gedankenlosigkeit sabotiert werden kann. Lassen sich aber synthetische Aspekte konstruktiv in das Gesamtsystem integrieren und haben sie unterstützende Funktion innerhalb der angestrebten Gesamtentwicklung, sind sie außerordentlich nützlich.

Analytische Aspekte hingegen bringen es mit sich, dass die beteiligten Wesenskräfte in einem Spannungsverhältnis zueinander stehen. Solche strukturell angelegten Konflikte verlangen viel Aufmerksamkeit vom betroffenen Individuum, denn sie stören reibungslose Abläufe, indem Ambivalenzen, Blockaden und Missverständnisse zu Fehlschlägen und Misserfolgen führen können.

Derartige Konflikte können sich im Inneren einer Person abspielen und sich in Selbstzweifeln, Ängsten, Blockaden, Ärger und Frustration äußern. Auch im Beziehungsverhalten zeitigen solche Spannungen und Konflikte meist die entsprechenden Probleme. Sie sind es denn auch, die oft den Anstoß zur Selbstreflexion und zur Bewusstmachung des gestörten Gleichgewichts geben. Nimmt der Betroffene das Problem in Angriff und packt den Stier bei den Hörnern, kann er weitreichende Entwicklungsprozesse durchlaufen und sehr viel neue Energie generieren. Dies bewirkt einen anderen Umgang mit sich selbst und mit der Außenwelt. Die analytischen Aspekte sind also der eigentliche Entwicklungsmotor in einem Geburtshoroskop, aber konstante Arbeit an sich selbst ist die Voraussetzung dazu. Darüber hinaus spielt die Umgebung der jeweiligen Planeten in einem Feld eine wichtige Rolle; es macht einen großen Unterschied, ob sie Konflikte nur anheizt oder ob sie Entspannung schaffen kann und das betroffene Individuum, wenn es mit sich und der Welt hadert oder gar zu zerfallen droht, hilfreich unterstützt, so dass es eine neue Balance finden und weiterwachsen kann.

Interessant ist in diesem Zusammenhang der Hinweis von Ring, der sich ja mit vielen außerordentlichen Persönlichkeiten vertieft auseinandergesetzt hat,[191] dass viele – wenn auch nicht alle – Genies und großen öffentlichen Persönlichkeiten vermehrt spannungsreiche Aspektbilder hätten und dass die damit einhergehenden Konflikte und inneren Gefährdungen sie zu fortwährender Entwicklung ihrer selbst angetrieben hätten. Dagegen seien gehäuft synthetische Aspekte in Horoskopen von durchschnittlichen Bürgerinnen und Bürgern zu finden.[192]

Das Wichtigste zum Thema »Aspekte« beschreiben die folgenden Tabellen. Im Anschluss werden die bedeutsamsten Aspekte, die in astrologischen Messbildern bzw. Geburtshoroskopen eine Rolle spielen, in Kürze und ganz allgemein vorgestellt. Konkrete Beispiele folgen danach in Kapitel 5.

Tabelle 1 gibt einen Überblick über die Anzahl von Aspekten, die durch geometrische Teilungen des Tierkreises (360°) entstehen und zu bestimmten Winkelgraden zwischen den Planeten führen:[193]

Symbol	Name	Grade	Kreisteil
☌	Konjunktion	0°	0/1
☍	Opposition	180°	1/2
△	Trigon	120°	1/3
□	Quadrat	90°	1/4
Q	Quintil	72°	1/5
bQ	Biquintil	144°	2/5
⚹	Sextil	60°	1/6
∠	Halbquadrat	45°	1/8
⚼	Anderthalbquadrat	135°	3/8
⊻	Halbsextil	30°	1/12
⊼	Quincunx	150°	5/12

Tabelle 1: Überblick über die Aspekte

Stark wirksam	Mittelstark wirksam	Schwach wirksam
Konjunktion*	Sextil (blau)	Quintil (blau)*
Opposition (rot)	Quincunx[194] (grün)	Biquintil (blau)*
Trigon (blau)	Halbsextil[195] (blau)	Halbquadrat (rot)
Quadrat (rot)		Anderthalbquadrat (rot)

* Wird nicht im Aspektbild eingezeichnet, aber in der Deutung berücksichtigt.

Tabelle 2: Rangordnung der Aspekte entsprechend ihres Stärkegrads stark – mittelstark – schwach (die Farben entsprechen der Aspektqualität, siehe Tabelle 3)

Synthetisch (blau)	Dazwischen*	Analytisch (rot)
Trigon	Konjunktion	Opposition
Sextil	Quincunx (grün)	Quadrat
Quintil		Halbquadrat
Biquintil		Anderthalbquadrat
Halbsextil		

* Die Konjunktion ist »farblos«, nur der Quincunx ist grün.

Tabelle 3: Aspektqualität hinsichtlich synthetisch und analytisch und »dazwischenliegend«

Die Orbistabelle

Orbis (lat.): Kreis. Die Planeten stehen über bestimmte Winkelbildungen (Aspekte) mit anderen Planeten in Beziehung. Von diesen Winkeln dürfen sie unterschiedlich weit abweichen, damit die jeweilige Aspektierung noch wirksam ist. Je stärker der Planet – am stärksten ist die Sonne –, desto größer dürfen die Abweichungen sein. Je schwächer der Planet, desto kleiner muss der Orbiswert (Abweichung von der exakten Winkelbildung) sein. Die Orbistabelle gibt darüber Auskunft, welcher Aspekt bei welcher Abweichung noch möglich ist. So kann die Sonne mit 15° Abweichung von einem exakten Winkel bei Konjunktionen (0°), Oppositionen (180°), Quadraten (90°) und Trigonen (120°) immer noch einen Aspekt bilden. Natürlich wird der Aspekt schwächer, je größer die Abweichung ist. Dies kommt in der Horoskopzeichnung durch die Strichdicke zum Ausdruck: Je exakter der Aspekt, desto dicker die Linie. Die Strichdicke hängt jedoch nicht nur von der Stärke der beteiligten Planeten und der Exaktheit der Winkelbildungen (Aspekte) ab, sondern auch von der Stärke der Aspekte (siehe Tabelle 2). Dies wird im Folgenden erklärt.

In der Orbistabelle wird auch ersichtlich, dass auf die starken Aspekte Konjunktion (0°), Opposition (180°), Quadrat (90°) und Trigon (120°) als mittelstarker Aspekt das Sextil (60°) folgt, bei dessen Bildung die Sonne nur noch 10° abweichen darf. Nur noch 5° Abweichung gelten für die Sonne beim Halbsextil (30°), dem Quincunx (150°), dem Halbquadrat (45°) und dem Anderthalbquadrat (135°). In die Strichdicke, die die Wirksamkeit eines Aspekts deutlich macht, fließen also sowohl die Stärke der Planeten als auch der Aspekte mit ein. Je dicker der Strich, desto stärker wirksam ist er in einem Horoskop.

Grad Orbistabelle:	**0°**	**180°**	**90°**	**120°**	**60°**	**30°**	**150°**	**45°**	**135°**	
zu Sonne	15.00	15.00	15.00	15.00	10.00	5.00	5.00	5.00	5.00	z + r
zu Mond	12.00	12.00	12.00	12.00	8.00	4.00	4.00	4.00	4.00	z + r
zu Merkur	7.00	7.00	7.00	7.00	5.00	3.00	3.00	3.00	3.00	z + r
zu Venus	7.00	7.00	7.00	7.00	5.00	3.00	3.00	3.00	3.00	z + r
zu Mars	7.00	7.00	7.00	7.00	5.00	3.00	3.00	3.00	3.00	z + r
zu Jupiter	9.00	9.00	9.00	9.00	6.00	3.30	3.30	3.30	3.30	z + r
zu Saturn	9.00	9.00	9.00	9.00	6.00	3.30	3.30	3.30	3.30	z + r
zu Uranus	5.00	5.00	5.00	5.00	5.00	3.00	3.00	3.00	3.00	z + r
zu Neptun	5.00	5.00	5.00	5.00	5.00	3.00	3.00	3.00	3.00	z + r
zu Pluto	5.00	5.00	5.00	5.00	5.00	3.00	3.00	3.00	3.00	z + r
zu Mondknoten[196]	0.00	0.00	0.00	0.00	0.00	0.00	0.00	0.00	0.00	nur r
zu AC	0.00	0.00	0.00	0.00	0.00	0.00	0.00	0.00	0.00	nur r
zu MC	0.00	0.00	0.00	0.00	0.00	0.00	0.00	0.00	0.00	nur r

Tabelle 4: Orbistabelle: Der mögliche Spielraum für die astrologischen Aspekte ist abhängig von der Stärke der Planeten.

Im Folgenden sollen die verschiedenen Aspekte näher dargestellt und jeweils an kurzen Beispielen verdeutlicht werden.

Konjunktionen 0° ☌ (dazwischenliegende Aspekte / Ambivalenz-Aspekte)

Ambivalenz in diesem Zusammenhang meint, dass eine Konjunktion unter gewissen Bedingungen als harmonisch (blau/synthetischer Aspekt) erfahrbar ist, während sie unter veränderten Bedingungen als spannungsvoll (rot/analytisch) erlebt wird: Stehen in einer Konjunktion zwei oder mehr Planeten beieinander, bilden sie gar eine Planetenballung, manifestieren sich die Wesenskräfte mehrerer Planeten gleichzeitig auf einem bestimmten Feld und können sich dort entweder bündeln und verstärken oder einander stören oder blockieren. An der daraus entstehenden Dynamik muss dann gearbeitet werden, wenn man sich als Person entwickeln und nicht in Blockaden oder ewigen Ambivalenzen gefangen bleiben will. Beispiele:

Sonne-Venus-Konjunktion ☉ ☌ ♀

In diesem Fall findet ein harmonisches Zusammenspiel zwischen den beiden »Göttern« Sonne und Venus statt. Dies wirkt sich auf die betreffende Person so aus, dass sie in ihrer Kernhaltung auf Harmonie und Ausgleich gestimmt sowie an allem Schönen interessiert ist, oft auch an Kunst und Kultur. Sie ist tendenziell lebens- und genussfreudig und nicht abgeneigt gegenüber der erotischen Liebe.

Sonne-Saturn-Konjunktion ☉ ☌ ♄

Sonne und Saturn sind zwei große Gegenspieler, die spontan gegeneinander arbeiten und sich blockieren können. Das »Ja« zum Leben der Sonne trifft auf das »Nein« des Saturns, der Wille zur Selbstentfaltung (Sonne) auf die Realität (Saturn), wodurch der Expansionsfreude Grenzen gesetzt werden. Manche Hindernisse und Beschränkungen können jedoch auch zum Schutz der Persönlichkeit beitragen, indem sie diese vor Übertreibungen bewahren.

Oppositionen 180° ☍ und Quadrate 90° □ (analytische Aspekte)

Die Opposition ☍

Stehen zwei Planeten einander polar gegenüber, befinden sie sich im größtmöglichen Spannungsverhältnis, ja in einer eigentlichen Zerreißprobe. Die große Herausforderung für das Individuum besteht nun darin, beiden Wesenskräften, die ja in der Regel sowohl in polar gegenüberliegenden Tierkreiszeichen stehen als auch in polar entgegengesetzten Interessensgebieten und sich so den völlig verschiedenen Biotopen entsprechend entfalten möchten, gerecht zu werden. Dies erfordert jedoch die notwendige Bewusstseinsarbeit, damit beide Wesenskräfte in ihrem jeweiligen Feld zur Entfaltung gelangen können.

Bleibt der Konflikt unbewusst, wird das Individuum von ihm gesteuert und verharrt in Ambivalenzen und Spannungen. Oder es spaltet die eine archetypische Kraft ab und versenkt sie damit ins Unbewusste – wo sie, wie wir wissen, im Verborgenen ihr Unwesen zu treiben beginnt und alles daransetzt, im Leben mit berücksichtigt zu werden.

Der betroffene Mensch kann vielleicht eine gewisse Zeit mit dieser inneren Gespaltenheit leben, doch irgendwann kommt es meist zur Krise, weil die verleugnete Seite endlich zu ihrem Recht kommen will. Der Betroffene wechselt dann beispielsweise von einem Pol zum anderen und stellt sein Leben gleichsam auf den Kopf. Ein solches Hin- und Herspringen von einem Pol zum anderen bei gleichzeitiger Abspaltung des jeweils anderen, verhindert eine ganzheitliche Entwicklung und verursacht auch im sozialen Umfeld sehr viel Unruhe und Stress. Der betreffende Mensch ist auch sehr anfällig für Konflikte im Umfeld, die er mit großer Intensität erlebt und auf diese Weise durch äußere Einwirkung wiederum in innere Spannung gerät, auf Kosten der eigenen Balance. Bleibt eine so konfliktsensible Anlage unbewusst, können daraus auch neurotische Entwicklungen und psychosomatische Erkrankungen resultieren.

Doch es muss nicht so weit kommen; ein Beispiel soll das Gesagte veranschaulichen und Lösungsansätze skizzieren:

Sonne-Mond-Opposition ☉ ☍ ☾

Im Fall einer Sonne-Mond-Opposition driften bei dem Betreffenden Gefühl (Mond) und Verstand (Sonne) auseinander. Dies führt zu einer Schwächung des Selbstverständnisses und der Selbstsicherheit. Die ambivalenten Signale in die Außenwelt führen wiederum zu entsprechend widersprüchlichen Spiegelungen, die den Betroffenen zusätzlich verunsichern.

Mit Sonne und Mond sind die Vater- und Mutterarchetypen als unvereinbar konstelliert. In der konkreten Erfahrung erlebt ein solcher Mensch oft ein konflikthaftes Verhältnis zwischen den realen Eltern, gefolgt von Trennung und Scheidung. Das eigene Verhältnis zum anderen Geschlecht unterliegt denselben Spannungen. Auch der Konflikt zwischen beruflicher Entfaltung und Kinderwunsch mit Familienleben ist konstelliert. Bewusstmachung der Sonne-Mond-Opposition führt in der Regel einerseits zu wachsender Toleranz dem Partner bzw. der Partnerin gegenüber und andererseits zu einem Wissen, dass der innere Konflikt nur durch kreative Lösungen befriedet werden kann, die sowohl

Verstand als auch Gefühl, beruflichen wie familiären Wünschen zum Leben verhelfen. Durch Bewusstmachung der widersprüchlichen Anlage kann eine große Bereicherung in der Lebensgestaltung geschaffen werden.

Das Quadrat □

Vieles von dem, was zur Opposition gesagt wurde, gilt auch für das Quadrat. Im Beispiel vom Sonne-Mond-Quadrat stehen ebenfalls Gefühl und Verstand in einer Spannung, und es sind alle anderen Konfliktthemen virulent, die unter der Opposition angesprochen worden sind.

Aber während bei Oppositionen die Spaltungs- und Abspaltungstendenz im Auge behalten werden muss, zeigt sich in der Erfahrung mit der Spannung von neunzig Grad, in deren Fall sich ebenfalls jeweils zwei verschiedene Elemente und Interessensgebiete gegeneinander durchsetzen wollen, dass es eher um unaufhörliche Reibungen zwischen den beteiligten Wesenskräften geht. Die beiden »Götter« sind sozusagen in einem Dauerkonflikt aufeinander bezogen. Eine solche konstante Reibung erzeugt sehr viel Energie und kann das Individuum wachrütteln, so dass es daran wachsen kann – vorausgesetzt der Wille zur Bewusstseinsarbeit ist vorhanden.

Sonne-Mond-Quadrat ☉ □ ☾

Im Sonne-Mond-Beispiel ist das archetypische Elternpaar in der Psyche des Individuums konflikthaft aufeinander fixiert; Mutter- und Vaterarchetyp bzw. die darauf aufbauenden Mutter- und Vaterkomplexe liegen im ewigen Streit miteinander; auch Selbst- und Partnerbild widersprechen sich, was sich in der konkreten Partnerschaft entsprechend ungünstig auswirkt und durch Partnerwechsel in den seltensten Fällen gelöst werden kann. Man kann sich leicht vorstellen, wie viel Energie dabei im Spiel ist, die entweder in Spannung und Aggression freigesetzt oder einfach blockiert wird, was für die ganze Lebensgestaltung nicht gerade förderlich ist.

Es gibt jedoch Möglichkeiten, einen ganz anderen, konstruktiven Weg im Umgang mit einer solchen strukturellen Anlage, die auch »Sisyphos-Aspekt«[197] genannt wird, einzuschlagen. Voraussetzung dazu ist jedoch ein wachsendes Verständnis für sich selbst.

Wiederum ist Bewusstmachung eines der Zauberworte, das andere ist die positive Einstellung zum notwendigen Kampf. Die beteiligten Wesenskräfte arbeiten ja nicht freiwillig zusammen, sondern verselbstständigen sich und möchten in verschiedene Richtungen ziehen. Nur wenn man sich dieser nie endenden Aufforderung zur Ausgleichsarbeit stellt, ist es möglich, diesen hochtourigen Motor des Quadrats für die persönliche Entfaltung einzusetzen. Gelingt es nämlich, dieses energetische Kraftwerk richtig zu nutzen und einen fruchtbaren Umgang damit zu finden, können die in einem Quadrat erzeugten Energien in schöpferische Leistung[198] überführt werden, anstatt dass sie repetitiv bloß heiße Funken sprühen und letztlich verglühen.

Trigone 120° △ und Sextile 60° ✶ (synthetische Aspekte)

Das Trigon △

Das Trigon symbolisiert ein Göttergespräch, das in Harmonie und Eintracht stattfindet. Es geht leicht und reibungslos vonstatten, verlangt keine bewusste Anstrengung vonseiten des Individuums: Die Kommunikation zwischen den beteiligten Wesenskräften läuft gleichsam von selbst und zwanglos ab. Trigonale Aspekte begünstigen wie alle synthetischen Verbindungen zwischen den Planeten eine Herabminderung von Spannungen, wie sie beispielsweise durch Quadrate erzeugt werden, und tragen so zur Harmonisierung der psychischen Befindlichkeit bei.

Spielen mehrere Trigone zusammen – bilden sie beispielsweise ein großes blaues (synthetisches) Dreieck in einem Geburtsbild –, so optimieren sie sich gegenseitig. Der Energiefluss ist reibungslos. Ein solches großes blaues Dreieck wird auch salopp »Talentdreieck« genannt, weil ein Mensch, der damit gesegnet ist, seine schöpferischen Gaben leichter ans Licht bringen kann als jemand ohne Trigone. Aber selten kommt es aufgrund der Trigone zur Entwicklung von eigentlicher Genialität wie beispielsweise bei Michelangelo.

Mit den Trigonen zieht das betreffende Individuum auch ganz unbewusst Situationen an, in denen es sozusagen »richtigliegt« und die ihm in die Hände spielen. Vielleicht, weil das tendenziell vorhandene Sattheitsgefühl und die sozusagen im Schlafmodus vorhandene, herabgesetzte Selbsthinterfragung eher Trägheit begünstigen, findet man auch Menschen, die viele Trigone haben, aber ihre Talente nur ansatzweise zum Erblühen bringen und dennoch glauben, ihre Bedeutung für die Welt sei unschätzbar groß. In Verbindung mit Spannungsaspekten können sie die ruhig fließende Energiequelle der Trigone jedoch gut brauchen, und umgekehrt wirken diese beruhigend und ausgleichend auf Konfliktherde ein, sowohl im innerpsychischen Haushalt als auch im Beziehungsverhalten.

Sonne-Mond-Trigon ☉ △ ☾

Bilden Sonne und Mond ein Trigon, spielen bei dem Betreffenden Gefühl und Verstand harmonisch zusammen und begünstigen eine adäquate Einschätzung von Situationen und Menschen. Die Elternkomplexe werden als zusammenpassend erlebt, und die konkreten Eltern werden als Paar oftmals idealisiert, indem Konflikte zwischen ihnen herabgemildert wahrgenommen werden. Das eigene Beziehungsverhalten und auch die Partnerwahl stehen im Allgemeinen – wenn nicht andere Konstellationen in der Gesamtanlage starke Dissonanzen einbringen – unter einem günstigen Stern. Auch im beruflichen Umfeld gelingt vieles ohne große Anstrengung, bzw. Einsatz wird meist mit Erfolg belohnt, was aber auch zu Selbstüberschätzung führen kann.

Das Sextil ✶

Das Sextil wirkt sich entspannend auf analytische Aspekte aus, wenn es mit diesen verbunden ist, und hat generell harmonisierende und unterstützende Qualitäten.

Sonne-Mond-Sextil ☉ ✶ ☾

Ganz ähnlich wie bei einem Trigon, jedoch weniger stark in der Wirkung, unterstützt das Sonne-Mond-Sextil eine harmonische Verbindung zwischen dem inneren Vater und der inneren Mutter, was sich im ungestörten Zusammenwirken von Verstand und Gefühl zeigt. Dies führt wiederum zu einem positiven Effekt, der sich einerseits in einer entsprechend positiven Selbstwahrnehmung und Selbstsicherheit des betreffenden Menschen zeigen kann, andererseits in der positiven Wahrnehmung des Gegengeschlechts. Dies unterstützt wiederum kooperative Beziehungen, sowohl private als auch berufliche.

Quincunx 150° ⚻ (dazwischenliegende Aspekte / »Sehnsuchtsaspekte«)

Der Quincunx ⚻

Der Quincunx kommt deutlich als subtile, der neptunischen feinstofflichen Qualität vergleichbare Energie zum Vorschein, die eher untergründig, aber sehr nachhaltig wirkt. Die beiden Wesenskräfte, die miteinander in einem solchen Aspekt von 150° zueinander stehen, haben ein Sehnen, miteinander in Beziehung zu kommen, aber wie es für die Sehnsucht typisch ist, bleibt das begehrte Objekt letztlich meist unerreichbar. Dieses unruhevolle Streben zueinander, das sein Ziel nicht oder nur punktuell zu erreichen vermag, kann vom Individuum am besten in kreativem Schaffen verarbeitet werden, das sich in immer neuer Weise auszudrücken sucht.

Quincunx zwischen Sonne und Mond ☉ ⚻ ☾

Stehen Sonne und Mond als Quincunx zueinander, ist das Verhältnis von Verstand und Gefühl durch ein Sehnen zueinander bestimmt. Dasselbe gilt für das Verhältnis der Elternbilder zueinander sowie die Beziehung zum anderen Geschlecht. Dies kann dem betroffenen Individuum das Gefühl vermitteln, in der aktuellen Partnerschaft nie ganz richtig aufgehoben zu sein. Die Sehnsucht nach einem erfüllenden Kontakt treibt es oft weiter und weiter auf seiner Suche nach dem idealen Partner, der idealen Partnerin, doch auf dieser Ebene wird der suchende Mensch nicht an sein Ziel und zur Ruhe kommen. Das Bewusstsein für die Beschaffenheit der Sehnsuchtsthematik muss geschärft werden, damit ein kreativer Umgang damit gefunden werden kann.

Halbsextile 30° ⚺ und die anderen Feinaspekte

Der Vollständigkeit halber sind auch die schwächeren Aspekte Quintil Q, Biquintil bQ, Halbquadrat ∠ und Anderthalbquadrat ⚼ in der oben stehenden Tabelle aufgeführt, im Rahmen dieses Buches möchte ich jedoch nicht ausführlicher auf ihre möglichen Wirkungen in einem astrologischen Messbild eingehen. Da sie überdies nicht in jedem Aspektbild vorfindbar sind, reicht es, ihre Auswirkungen am konkreten Beispiel einiger Horoskope im 5. Kapitel in die Deutung mit einzubeziehen.

Das Aspektbild, das sich ja aus dem Zusammenspiel der einzelnen Planetenpositionen innerhalb des Tierkreises ergibt, kann man sich bildhaft als Konferenz zwischen den Göttern vorstellen. Wie in Kapitel 1 bereits erwähnt, entsprechen diese Götter den am meisten verbreiteten Archetypen, um die herum sich durch Erfahrungen an der Welt wiederum die entsprechenden Komplexe aufbauen: Hinter jedem Komplex steht ein Archetyp, beispielsweise hinter einem Mutterkomplex ein Mutterarchetyp. Doch dazu mehr im folgenden Unterkapitel, das nun näher Auskunft geben soll zum Thema »Komplexe«, die ja in der Horoskopdeutung im Zentrum des Interesses stehen.

C. G. Jungs Komplextheorie

Das Wort »Komplex«, eigentlich ein von Jung geprägter psychologischer Fachbegriff, ist schon vor langer Zeit in die Umgangssprache übergegangen. Bereits 1934 in seiner Antrittsrede an der ETH Zürich mit dem Titel *Allgemeines zur Komplextheorie* konnte Jung sagen: »Jedermann weiß heute, dass man Komplexe hat.«[199] Etwas maliziös fügte er hinzu: »Daß aber die Komplexe uns haben, ist weniger bekannt, aber theoretisch umso wichtiger.«[200] Mit dieser Formulierung wollte Jung deutlich machen, dass durch die Existenz von Komplexen in der Psyche die Freiheit des menschlichen Geistes vorübergehend eingeschränkt werden kann, nämlich dann, wenn ein Komplex aktiviert oder konstelliert wird.

Diese Erfahrung, von einem Komplex gepackt und in Gefühlslage und Verhalten von ihm gesteuert zu werden, hat wohl jeder Mensch schon mehr als einmal gemacht. Leichter als bei uns selbst erkennen wir eine solche Komplexreaktion jedoch bei anderen: Wir sehen deutlich, wie jemand förmlich außer sich gerät und durch kein Vernunftargument mehr zu beruhigen ist – bis die komplexhafte Gefühlsreaktion abgeklungen ist. Dann wird er sozusagen wieder er selbst und ansprechbar. Ist man selbst mit einem Komplex identifiziert, fehlt einem jedoch oft der notwendige Abstand, um ihn als solchen zu erkennen und sich aus der Umklammerung dieser überwältigenden Emotion zu befreien. In einer solchen Situation wird deutlich, dass die Einheit des Bewusstseins leicht durch eine Emotion durchbrochen und gestört werden kann, wenn diese stärker ist als der bewusste Wille, gelassen, souverän und kontrolliert zu sein.[201]

Wegen der starken Emotion, die in einem Komplex gebündelt ist, spricht Jung auch vom *gefühlsbetonten Komplex.* In den Worten Jungs ist dieser »das Bild einer bestimmten psychischen Situation, die lebhaft emotional betont ist [...].«[202] Nach dem Abklingen der komplexhaften Gefühlsaufwallung schämen wir uns oft, weil es uns bewusst wird, dass unsere gewohnte Einstellung und das damit einhergehende Verhalten vorübergehend Schachmatt gesetzt worden sind und wir unfreiwillig eine Seite von uns gezeigt haben, die wir lieber vor der Umwelt verborgen hätten. Der Überrumpelungseffekt, wenn solch eine starke und unkontrollierbare Gefühlsreaktion die gewohnte bewusste Haltung außer Kraft setzt, ist so groß, weil diese so blitzartig wie ein Fremdkörper in das Bewusstsein einbricht.

Der gefühlsbetonte Komplex verdankt seine Durchschlagskraft seiner starken inneren Geschlossenheit. Er verhält sich sehr autonom im Bewusstseinsraum des Menschen, eben wie ein Fremdkörper mit Eigenleben. So können wir ihm beispielsweise auch in Fehlleistungen[203] begegnen, von denen Jung einige anschauliche Beispiele gibt: »Komplexe scheinen sich an koboldartigen Streichen zu ergötzen. Sie legen einem gerade das unrichtige Wort auf die Zunge [...], sie verursachen den Hustenreiz gerade beim schönsten Piano im Konzert, sie lassen den zu spät kommenden Unscheinbarseinwollenden mit Krach über einen Stuhl stolpern [...], empfehlen bei einem Begräbnis zu gratulieren statt zu kondolieren.«[204]

Gerade weil es sich bei den gefühlsbetonten Komplexen um Energiezentren handelt, die wegen ihrer Abspaltung vom Bewusstsein im Unbewussten ein autonomes Dasein führen, können sie – wenn sie getriggert werden – nicht nur tagsüber in heftigen Gefühlsreaktionen oder Fehlleistungen erfahrbar werden, sondern auch nachts, wenn wir träumen: Die handelnden Personen oder Tiere in unseren Träumen sind bildhaft dargestellte Emotionen, die genügend intensiv sind, um aus der Dunkelheit des Unbewussten aufzutauchen und im Traumgeschehen eine Rolle zu spielen.

Jung versteht die Komplexe auch als »abgesprengte Teilpsychen«, die ihren Ursprung oftmals in einem Trauma oder in einem emotionalen Schock haben.[205] Bei der Entstehung von Komplexen in unserer Psyche sind aber nicht nur traumatische Erschütterungen beteiligt, sondern viele einzelne Erfahrungen mit der Umwelt, die im Menschen wiederholt emotionale Reaktionen auslösen, sich summieren und sich zunehmend in einer bestimmten Emotion verdichten. Dabei müssen diese wiederholten emotionalen Erfahrungen, die sich zu einem gefühlsbetonten Komplex verdichten, nicht zwangsläufig negativ sein. Im Gegenteil: Ein bestimmter Komplex kann auch durch sehr positive Emotionen geprägt sein.

Die Bedeutung von Mutter- und Vaterkomplex und ihr archetypischer Kern

Am besten lässt sich das Wesen eines Komplexes am Beispiel von Mutter- und Vaterkomplex veranschaulichen, da wir alle eine Mutter und einen Vater und demzufolge einen Mutterkomplex sowie einen Vaterkomplex haben. Diese Elternkomplexe können eher positiv oder eher negativ sein, was das Lebensgefühl und die Einstellung des Einzelnen zu sich selbst und zu seiner Umwelt entsprechend prägt. Es sind jedoch nicht allein die Erfahrungen mit der Umwelt, die zu einem eher positiven oder negativen Mutter- und Vaterkomplex führen, denn auch die Anlage des Neugeborenen ist in Betracht zu ziehen, wenn man den Aufbau des entsprechenden Mutter- bzw. Vaterkomplexes verstehen will. Hierzu liefert die Astrologie sehr nützliche Anhaltspunkte: Je nach struktureller Anlage, mit der der einzelne Mensch auf die Welt kommt, wird die Art und Weise der Wechselwirkung zwischen Kind und Mutter oder Vater thematisiert. Die Analytische Psychologie Jungs geht davon aus, dass »jedes Individuum in seiner Entwicklung wesentlich durch die positive oder negativ getönte familiäre Atmosphäre, die familiären Belastungen und Konflikte, die familiären Beziehungen und Interaktionen und deren Störungen, die Persönlichkeit der Eltern und anderer Bezugspersonen beeinflußt wird und daß jeder Einzelne umgekehrt auch auf sein Umfeld und die ihn umgebenden Menschen einwirkt.«[206]

Mutter- und Vaterkomplexe sind also seelische Strukturen, die sich einerseits sowohl aus den positiven als auch negativen Erfahrungen mit der biologischen oder sozialen Mutter und dem biologischen oder sozialen Vater bilden. Andererseits ist auch die psychische Disposition des Kindes zum Thema »Mutter« und »Vater« von Bedeutung. Dies kann sehr schön bei Geschwistern beobachtet werden, die auf dieselben Eltern verschieden reagieren, so wie auch die Eltern in unterschiedlicher Weise auf die Kinder eingehen.[207] Das Resultat sind verschieden eingefärbte Mutter- und Vaterkomplexe bei den einzelnen Kindern derselben Eltern. Besonders deutlich lässt sich eine solche strukturelle Anlage des Mutter- und Vaterkomplexes im Geburtshoroskop anhand der Mond- und Sonnenkonstellation erkennen, was die Beispiele in Kapitel 5 veranschaulichen werden.

Neben der persönlichen Disposition eines Kindes spielen die Umwelteinflüsse jedoch auch eine immense Rolle. Jung betonte schon vor bald hundert Jahren die Abhängigkeit des Embryos und Neugeborenen sowie des heranwachsenden Babys und älter werdenden Kindes von der psychischen Verfassung der Eltern: »Das Kind hat eine eigenartige Psychologie. So wie sein Körper während des embryonalen Lebens ein Teil des mütterlichen Körpers ist, so ist sein Geist während vieler Jahre ein Teil der geistigen Atmosphäre der Eltern. Das erklärt, warum so viele Kinderneurosen eher Symptome der geistigen Bedingungen der Eltern sind als eine genuine Krankheit des Kindes. Das Kind hat nur teilweise eine eigene Psychologie, zum größten Teil ist sie noch von derjenigen der Eltern abhängig. Eine solche Abhängigkeit ist normal, und sie zu stören ist schädlich für das natürliche Wachstum des kindlichen Geistes.«[208]

Neueste neurobiologische Erkenntnisse demonstrieren die Aktualität von Jungs Beobachtung. Der Mediziner, Neurobiologe und Psychotherapeut Joachim Bauer zeigt unter Heranziehung zahlreicher aktueller Studien, dass umsorgende Mütterlichkeit sich positiv auf die Entwicklung des Gehirns und damit auf die Persönlichkeits- und Intelligenzentwicklung des Kindes auswirkt – im Kontrast zu frühkindlicher Mutterentbehrung und Traumatisierung, die zu entsprechenden Beeinträchtigungen führen können.[209]

Der englische Psychoanalytiker und Kinderarzt Donald Winnicott formulierte die These der »good enough mother« – der »genügend guten Mutter« – für die Entwicklung des wahren Selbst und damit für eine Entwicklung zu einem selbstbewussten und kreativen Menschen.[210] Er zeigt die Voraussetzungen einer guten Umwelt für eine ungestörte Entwicklung und stellt heraus, dass das wahre Selbst im Säugling schon in der ganz frühen Zeit erscheine, »sobald es auch nur irgendeine psychische Organisation des Individuums gibt, und es bedeutet wenig mehr als die Gesamtheit der sensomotorischen Lebendigkeit«[211]. Die Voraussetzung dazu liegt in einer Haltung oder einer seelischen Einstellung der Mutter, die Winnicott *primäre Mütterlichkeit* nennt und die es der Mutter ermöglicht, eine so gut wie vollständige aktive Anpassung an die Lebensregungen des Säuglings zu erbringen.[212] Diese vollständige Anpassung an die Regungen des Kindes ist aber nur in der frühesten Lebenszeit richtig und sollte mit zunehmender Reife des Säuglings und Kleinkindes immer weniger vollständig sein. Auf diese Weise lernt das Kind, zumutbare Frustrationen zu verkraften, und erwirbt eine zunehmende Eigenständigkeit, die auch als Ich-Stärke bezeichnet wird.

C. G. Jung hat sich jedoch nicht nur mit den Komplexen auf der Ebene des persönlichen Unbewussten beschäftigt, sondern die archetypische Perspektive hinzugenommen. Sein Archetypenkonzept beinhaltet, dass es im Kind eine Disposition zu einem bestimmten Mutter- und Vaterarchetyp gibt, worauf aufbauend sich dann der Mutter- und Vaterkomplex entwickeln – astrologisch symbolisiert durch Mond- und Sonnenkonstellation. Das soll hier etwas näher betrachtet werden: Solange das Bewusstsein des Kindes noch schwach entwickelt ist, werden die Eltern vom Kind oft weniger individuell als archetypisch erlebt. Aus dem Zusammenspiel des archetypisch wahrgenommenen und des realen Bilds der Eltern formen sich die sogenannten Elternimagines. Diese Elternimagines sind zwar auf die konkreten Eltern bezogen, enthalten aber als innere autonome Vorstellungskomplexe auch Eigenschaften, die der archetypischen Schicht des Unbewussten entstammen und auch von dieser Ebene energetischen Zustrom erhalten. Die urtümlichen archetypischen Bilder von Vater und Mutter bleiben auch später neben den relativ realistischen inneren psychischen Repräsentanzen der Eltern, den sogenannten Objektrepräsentanzen, bestehen.[213]

Hinter der persönlichen Mutter steht der Mutterarchetyp, der entweder eher lebensfördernd oder aber lebensverneinend wirkt, abhängig von der jeweiligen Anlage, über die die Astrologie Auskunft geben kann, sowie der eigenen Lebenserfahrung. Erlebt das Kind positive Mütterlichkeit in der direkten Beziehung, konstelliert sich wiederum der positive Pol des Archetyps der Mutter und führt damit zu einer Wechselwirkung: Ist der positive Mutterarchetyp konstelliert, der sich im Bild der guten Mutter zeigt, nimmt das Kind vermehrt die förderlichen mütterlichen Eigenschaften der realen Mutter wahr. Mutter und Kind sind aufeinander eingespielt, und aus dieser gelungenen Gegenseitigkeit entwickelt sich die positive Urbeziehung, weil das Kind sich in der Beziehung sicher und geborgen fühlt und darauf vertrauen kann, dass es getragen ist. Die Urbeziehung wiederum hat eine weitreichende Bedeutung für die Ich-Selbst-Entwicklung, also die Individuation im Sinne der Selbstwerdung.

Kann die Mutter die Bedürfnisse des Kindes jedoch nicht angemessen wahrnehmen, steht die Urbeziehung im Zeichen des Misstrauens und der Angst. Da die Sicherheit fehlt, konstelliert sich das Bild der verschlingenden Mutter, und damit der lebenshemmende Aspekt des Mutterarchetyps. Das Kind muss große Unlustspannungen und Ängste aushalten und findet keine Sicherheit. Die Ich-Funktionen wie z.B. das Denken, das Fühlen oder auch die Affektkontrolle können nur in unzureichendem Maße integriert werden.[214] Die Urbeziehung hat die zwei Pole Mutter und Kind; sie ist eine archetypische Konstellation, in der Mutter und Kind in einer Einheit zusammengeschlossen sind. Es gibt keine Unterscheidung, sondern eine partielle Identität zwischen Mutter und Kind: die sogenannte *Participation mystique*. Durch diese Verbundenheit ist es möglich, dass das Kind das Unbewusste der Mutter lesen kann und umgekehrt, was natürlich im Guten wie im Schlechten Folgen haben kann. Mit der Entwicklung der Individualität löst sich das unbewusste Verbundensein, wenn auch nicht vollständig, auf. Bis zur Pubertät – und, wenn die Trennung in der Adoleszenz nicht im ausreichenden Maße gelingt, auch darüber hinaus – bleibt aber eine partielle unbewusste Verbindung zwischen Kind und Eltern, besonders zwischen Kind und der Mutter, wirksam.

In der Seele des Kindes sind von Geburt an bereits alle Archetypen als Strukturelemente der Psyche vorhanden. Der Mutter- und der Vaterarchetyp selbst können, da sie nur Form gebende psychische Kräfte sind, an sich nicht wahrgenommen werden. Wahrnehmbar sind nur die archetypischen Bilder von Vater und Mutter, die von diesen Archetypen hervorgebracht werden. Durch den Umgang mit realen Menschen werden diese archetypischen

Bilder belebt. Diese Bilder einerseits und die konkrete Erfahrung mit Mutter und Vater andererseits prägen die Elternimagines. Tatsächlich kann das Kind eine Person völlig verzerrt und überlagert durch diese archetypischen Bilder erleben. In diesem Fall macht es wenig Sinn, nur die Beziehung zur realen Person verändern zu wollen, sondern auch die archetypischen Strukturen der Beteiligten sind mit einzubeziehen, wenn Lösungsansätze für eine verbesserte Beziehungsgestaltung gesucht werden.

Zusammenschau: Unsere inneren Prägungen

Jungs Archetypenlehre und Komplextheorie lassen sich problemlos mit der Astrologie verbinden, denn sowohl die Archetypen als auch das Geburtshoroskop sind in erster Linie strukturelle Anlagen, die das Erleben des Kindes, das Erfahrungen mit der Welt sammelt, mitprägen. Auf der Basis dieser strukturellen Disposition, die in der Astrologie im Geburtsbild erkennbar ist, bringt schon das kleine Kind seine Anlage zum Ausdruck. Im Zusammenspiel von Anlage und Erfahrung bildet sich im Menschen seine ganz spezifische Komplexstrukur aus, die ja nicht nur die Elternthematik (Mond und Sonne) beinhaltet, sondern seinen Umgang mit der Realität (Saturn), mit Mut und Aktivität (Mars), mit Liebe und Genuss (Venus) und so weiter. Da auch die Tierkreiszeichen und die Häuser archetypischer Natur sind und sowohl zum Funktions- (Denken, Fühlen, Intuition, Empfindung) als auch Einstellungstypus (Introversion und Extraversion) Auskunft geben, ist die Verbindung zwischen der Jung'schen Tiefenpsychologie und Astrologie sehr naheliegend und fruchtbar.

5. Tiefenpsychologische Astrologie und Selbsterkenntnis: Acht Horoskopbeispiele

An einigen ausgewählten konkreten Geburtshoroskopbildern sollen nun die Auswirkungen verschiedenster astrologischer Konstellationen auf die Hauptthemen des menschlichen Lebens sowie der jeweils individuelle Umgang damit veranschaulicht werden. Dabei liegt mit Blick auf Vater- und Mutterkomplex der Schwerpunkt auf Sonne (schöpferisches Lebenszentrum) und Mond (Gefühl und Beziehung) in Kombination mit den verschiedenen Tierkreiszeichen, Quadranten bzw. Häusern sowie deren Aspektierung untereinander.

Aspekte zu Saturn (Realität und Grenzsetzung), Merkur (Denken und Kommunikation), Venus (Liebe und Ästhetik), Mars (Aggressionsprinzip, Tatkraft), Jupiter (Optimum und Sinn) sowie zu den drei transsaturnischen Planeten Uranus (Ideen, Veränderungen), Neptun (das Entgrenzende, Feinfühlige) und Pluto (Macht und Ohnmacht, Transformation) werden je nach ihrer Wichtigkeit ebenfalls in die Diskussion des jeweiligen Geburtsbildes einbezogen.

Es ist nicht selbstverständlich, dass es einem Menschen gelingt, seine Anlage optimal ins Leben hinein entfalten zu können, es spielen stets vielerlei innere und äußere Faktoren mit, die dies begünstigen oder behindern. Im Folgenden will ich, so weit möglich, an Beispielen aufzeigen, wie eine jeweilige Kernanlage gelebt wird bzw. wie dies scheitert. Dabei werde ich unterschiedlich detailliert auf die einzelnen Horoskope eingehen, neben differenzierteren Darstellungen kommen auch kurze, prägnante Skizzen zum Zuge.

Zuvor will ich jedoch versuchen, auf den Punkt zu bringen, was ein Geburtshoroskop genau ist.

Was ein Geburtshoroskop ausmacht

Für die Erstellung eines Geburtshoroskops muss man Tag, Monat, Jahr, Geburtszeit und Geburtsort eines Menschen kennen. Alle diese Faktoren werden einbezogen, um die genauen Planetenpositionen zum Zeitpunkt der Geburt an einem bestimmten Tag im

Monat eines bestimmten Jahres berechnen zu können. Dasselbe gilt für die Berechnung des Aszendenten, von dem aus der Häuserkreis mit dem ersten Haus beginnt, denn die Aszendentlinie, die durch ein bestimmtes Tierkreiszeichen verläuft, ist ja gleichzeitig die Häuserspitze, d.h. der Beginn des ersten Hauses. Im Horoskopbeispiel 1 »Johannes«, das weiter unten noch ausführlich besprochen wird, sind sowohl die Sonne als auch der Aszendent im Wassermann, da Johannes am frühen Morgen um 6 Uhr herum geboren wurde (vgl. das Unterkapitel »Der Kreis mit seinen Kreishälften, Quadranten und Häusern in der Astrologie« in Kapitel 3, wo der Aszendent erstmals eingeführt worden ist).

Die zwölf Häuser oder Interessensgebiete können, wie in Kapitel 3 schon erwähnt, aufgrund bestimmter, komplexer astronomischer Faktoren, die hier nicht näher erläutert werden können, unterschiedlich groß sein. Demzufolge sind auch die Quadranten (die immer drei Häuser haben) selten exakt 90°, wie das Wort »Quadrant« eigentlich nahelegt und wie auf den Abbildungen 7 bis 9 im Unterkapitel »Der Kreis mit seinen Kreishälften, Quadranten und Häusern in der Astrologie« in Kapitel 3 schematisch dargestellt ist. Die Quadranten können vielmehr in ihrer Größe sehr ungleich sein. Dabei gilt jedoch (wie bei den Häusern), dass die jeweils einander gegenüberliegenden Quadranten gleich groß sind, also der erste und der dritte und der zweite und der vierte die gleiche Gradzahl umfassen. Zusammen ergeben die Häuser bzw. die Quadranten immer 360°.

Im Unterschied zu den verschieden großen zwölf Häusern besteht der Tierkreis, der ebenfalls 360° umfasst, aus einer Abfolge von zwölf Tierkreiszeichen, die alle 30° umfassen, nämlich Widder (0°–30°), Stier (30°–60°), Zwillinge (60°–90°), Krebs (90°–120°), Löwe (120°–150°), Jungfrau (150°–180°), Waage (180°–210°), Skorpion (210°–240°), Schütze (240°–270°), Steinbock (270°–300°), Wassermann (300°–330°) und Fische (330°–360°). Die Sonne durchschreitet aus geozentrischer Sicht innerhalb eines Jahres alle zwölf Tierkreiszeichen, und dasjenige Tierkreiszeichen, in dem die Sonne bei der Geburt steht, ist auch bekannt als »Sonnenzeichen« oder umgangssprachlich als »Sternzeichen«. Die kalendarischen Zeitfenster, die in diesem Buch (in Kapitel 2) für die zwölf Sonnenzeichen angegeben werden, gelten für das Jahr 2015, und zwar deshalb, weil der Wechsel von einem Sonnenzeichen zum nächsten von Jahr zu Jahr leicht variieren kann und es somit keine exakten allgemeinen Daten gibt. Ohne Konsultation der Ephemeriden (Sterntabellen) kann man nämlich nur ungefähre Zuordnungen machen und sagen, dass der Wechsel der Sonne von einem Tierkreiszeichen zum darauffolgenden zwischen dem 20. und 24. eines Monats stattfindet.

Abhängig vom Aszendenten beginnt der Häuserkreis mit einem bestimmten Tierkreiszeichen; seine zwölf Felder können jeweils von einem oder mehreren Planeten bewohnt bzw. auch leer sein. Sofern der Aszendent nicht im Widder, dem ersten Zeichen im Tierkreis, liegt, sind Häuserkreis und Tierkreis gegeneinander verschoben, wie im Unterkapitel »Der Kreis mit seinen Kreishälften, Quadranten und Häusern in der Astrologie« in Kapitel 3 schon erwähnt wurde. Dies erfordert dann etwas mehr Deutungsarbeit, so auch bei den nachfolgenden acht Horoskopbeispielen. Sie alle haben keinen Widder-Aszendenten, wodurch sich jeweils neue Kombinationen von Häusern und Tierkreiszeichen ergeben. Am Horoskop-Beispiel 1 »Johannes« kann gut nachvollzogen werden, was eine solche Verschiebung von Häuserkreis und Tierkreis bedeutet: Hier sind der Aszendent und damit auch das erste Haus im Wassermann, der ja eigentlich dem elften Haus zugehört, während das erste Haus grundsätzlich mit dem Widder assoziiert ist. Aufgrund dieser Verschiebung geschieht die Selbstdurchsetzung, die ja das Thema des ersten Hauses und eine ausgeprägte Begabung des Widders ist, nun auf Wassermann-Art. Das heißt, dass Johannes nicht impulsiv, spontan Widder-mäßig, sondern überlegt und planend vorgeht, um sich in der Welt einzubringen und seinen Platz zu sichern.

Die Position der Planeten in den verschiedenen Tierkreiszeichen zum Zeitpunkt der Geburt wird wie der Aszendent auf der Basis von exakten astronomischen Gegebenheiten genau berechnet, und aus diesen errechneten Grad-, Minuten- und Sekunden-genauen Positionen ergeben sich ihre Beziehungen zueinander, die dann im Aspektgefüge, d.h. in den Winkelbildungen zueinander, erscheinen. Manche Planeten können sehr viele, wenige oder gar keine Aspekte zu anderen Planeten haben. Die Orbistabelle, die im Unterkapitel »Das Aspektgefüge im Horoskop« in Kapitel 4 beschrieben wurde, zeigt, welche Abweichungen von einer exakten Winkelbildung bei welchen Aspekten möglich sind, was sowohl von der Stärke der Planeten als auch von der Stärke der Aspekte abhängig ist. Je mehr Aspekte ein Planet in einem Geburtshoroskop aufweist, desto stärker wirksam ist er und desto besser können seine spezifischen Qualitäten gelebt werden. Folglich ist ein unaspektierter Planet nur schwer zu erleben, es dauert meistens viel länger, um die Qualitäten, die er symbolisiert, zu entdecken und ins Leben einzubeziehen.

Nun zu den praktischen Horoskopbeispielen: Die Beispielhoroskope sind alle von Menschen, die ich entweder als Klientinnen oder Klienten in der Praxis kennengelernt und eine Zeitlang begleitet habe oder von Menschen, die ich privat gut kenne. Selbstverständlich verwende ich Decknamen und vermeide es auch sonst, dass sie erkannt werden können, indem ich personenbezogene Details verändert habe (ohne dass die Stimmigkeit der Horoskopdeutung dadurch beeinträchtigt wurde).

Wenn ich ein Horoskop vor mir habe, schaue ich zuerst auf die Sonne (Vater, Verstand und Wille) und den Mond (Mutter, das Seelische) – in welchem Tierkreiszeichen und in welchem Haus stehen sie? – sowie auf den Aszendenten (das unbewusste Wesen), um eine Idee von den Elternkomplexen und ihrem Verhältnis zueinander zu bekommen sowie deren Verhältnis zum Aszendenten zu erkennen, das harmonisch oder aber disharmonisch sein kann. Von sehr großer Wichtigkeit ist auch Saturn (Grenzen, Realität) in seinem Verhältnis zu Sonne, Mond und Aszendent.

Dann steht die Position aller Planeten im Fokus der Aufmerksamkeit: Welche Quadranten und Häuser sind besonders belebt durch Planeten, welche sind unbelebt? Dies gibt überblicksmäßig Auskunft darüber, welche Haupt-Lebensmotivationen ein Mensch hat und ob er eher introvertiert oder extravertiert veranlagt ist.

Selbstbezug und Eigeninteresse: Schwerpunkt Aszendent und Ich-Punkt

Johannes – selbstverantwortliche Gestaltung der eigenen Persönlichkeit

In diesem Beispiel geht es um einen Mann, ich nenne ihn Johannes, der von seinem Vater abgelehnt, jedoch von seiner Mutter geliebt worden ist und der in der Folge einen eher negativen und schwachen Vaterkomplex und einen eher positiven und dominanten Mutterkomplex entwickelt hat.

Anhand seines Horoskops lässt sich aufzeigen, wie die strukturelle Anlage der Elternkomplexe aussehen kann, die daran ersichtlich ist, wie Sonne und Mond im Aspektbild eingebettet sind und auch zueinander in Beziehung stehen. Dabei sollen die Gestaltungsmöglichkeiten, die der heute gut Siebzigjährige im Umgang mit seiner strukturellen Anlage und mit der konkreten Erfahrung an seinen persönlichen Eltern gefunden hat, aufgezeigt werden. Es wird interessant sein zu sehen, wie Anlage und Elternerfahrung seine berufliche und private Entwicklung beeinflusst haben. Eine weitere Rolle spielen die Themen Selbstwertgefühl, Identitätsbildung und Selbstentfaltung sowie Animaentwicklung und Partnerwahl.

Dabei werden wie in jedem Geburtsbild auch die Interessenschwerpunkte berücksichtigt, die in den Quadranten- und Häuserbetonungen ersichtlich sind, sowie die spezifischen Begabungen und Schwierigkeiten dabei, diese ins reale Leben umzusetzen. Das Zusammenspiel und Gegeneinander der beteiligten Wesenskräfte – symbolisiert durch die synthetischen (blauen) und analytischen (roten) Aspekte – wird in Kombination mit ihrer charakteristischen, jeweils von den Tierkreiszeichen eingefärbten Ausdrucksweise und ihrer Häuserzugehörigkeit sichtbar machen, welche die Hauptlebensaufgaben von Johannes waren und teilweise noch sind. Wie Johannes in der Vergangenheit damit umgegangen ist und es aktuell noch tut, wird während der Beschäftigung mit seinem Horoskop einfließen.

Ganz generell kann gesagt werden, dass es sich um einen Mann handelt, der immer noch sehr vital ist, der ein volles, vielseitiges und in vielerlei Hinsicht erfolgreiches und erfülltes Leben gelebt hat. Er hat sich auch den krisenhaften Momenten, die sich auf seinem Weg ergeben haben, gestellt und steht nach wie vor aktiv im Leben, mit altersadäquaten Akzentverschiebungen in der Art seines Tätigseins – unter anderem seit einigen Jahren auch als hingebungsvoller und zuverlässiger Großvater für seine große Enkelschar.

Johannes' Geburtshoroskop weist zwei Akzente auf, die folgendermaßen zusammengefasst werden können:

Die Sonne (Bewusstsein, zentraler Lebensantrieb; väterliches

Prinzip) steht im ersten Qudranten, wo es um den Aufbau einer eigenständigen Persönlichkeit geht (vgl. Kapitel 3), sowie im ersten Haus und in der Nähe des Aszendenten. Dadurch rücken die Themen Selbstbezug und Eigeninteresse sowie das Finden und Vertreten eines ganz persönlichen, in der eigenen Subjektivität begründeten Standpunkts in den Vordergrund. Auf der einen Seite ist somit für Johannes die Ich-Betonung eine zentrale Lebensaufgabe (Sonne); es gilt, den eigenen Lebensmittelpunkt zu definieren und das Lebensziel selber zu bestimmen (Sonne im ersten Haus, Selbstdefinition und Selbstdurchsetzung). Auf der anderen Seite stehen die Erfordernisse, die Johannes' ausgeprägte Disposition als Familienmensch (II. Quadrant) mit sich bringt. Zwischen diesen beiden Polen eine Balance zu finden, beschäftigte ihn Zeit seines Lebens.

Das Geburtshoroskop von Johannes (siehe Bild I im Farbtafelteil)
Mit der Sonne (Bewusstsein, zentraler Lebensantrieb; väterliches Prinzip) im ersten Haus stehen, wie schon erwähnt, die Themen Selbstbezug und Eigeninteresse sowie Subjektivität im Vordergrund; der Mond (das Unbewusste, mütterliches Prinzip, Anima) in Konjunktion mit Jupiter (Expansives Prinzip) im Familienquadranten im fünften Haus bringt die Themen Mutter und Kind, kreativer Selbstausdruck, intime Liebe und Freundschaften in den Fokus. Saturn (die Realität, das Grenzen setzende Prinzip) in Konjunktion mit Uranus (Freiheitsstreben) nahe der Häuserspitze des vierten Hauses kurz vor dem Imum Coeli (IC, Himmelstiefe) betont die Familienthematik und die eigenen Wurzeln (vgl. Kapitel 3).

Die Schwerpunkte in diesem Geburtsbild liegen also auf dem Aszendenten (AC) / ersten Haus (Ich-Bezug / erster Quadrant) und auf dem vierten und fünften Haus (Familie und Kinder, Freundschaften / zweiter Quadrant). Damit ist Johannes strukturell gleichzeitg als eigenständige Persönlichkeit und ausgeprägter Familienmensch angelegt.

Planetenpositionen und Aszendent[215]

Sonne im Wassermann	26° 42'	–	erstes Haus
Mond im Krebs	13° 11'	–	fünftes/sechstes Haus
Merkur im Wassermann	0° 25'	–	zwölftes Haus

Venus in den Fischen	18° 32'	–	erstes Haus
Mars im Steinbock	14° 58'	–	zwölftes Haus
Jupiter r retro[216] im Krebs	16° 6'	–	sechstes Haus
Saturn in den Zwillingen	5° 41'	–	drittes/viertes Haus
Uranus in den Zwillingen	0° 36'	–	drittes/viertes Haus
Neptun r in der Waage	1° 34'	–	siebtes Haus
Pluto r im Löwen	5° 39'	–	sechstes Haus
Mondknoten im Löwen	25° 4'	–	siebtes Haus

AC Wassermann	13° 53'	DC Löwe	13° 53'
MC im Schützen	7° 16'	IC Zwillinge	7° 16'
2. Haus: Widder	8° 40'	8. Haus: Waage	8° 40'
3. Haus: Stier	14° 1'	9. Haus: Skorpion	14° 1'
5. Haus: Zwillinge	26° 22'	11. Haus: Schütze	26° 22'
6. Haus: Krebs	16° 10'	12. Haus: Steinbock	16° 10'

Extraversion oder Introversion?

Bevor wir uns einzelnen Lebensthemen im Detail zuwenden, verschaffen wir uns zuerst einen Überblick über die Verteilung der Planeten und ihrer Wesenskräfte im vorliegenden Horoskopraum, um die Frage des Einstellungstyps von Extraversion oder Introversion zu klären.

Alle vier Quadranten – wenn auch nicht alle Häuser – sind in Johannes' Horoskop von bestimmten Planeten »bewohnt«, was diesen ermöglicht, weitgespannte Beziehungen untereinander zu pflegen. Der Raum im Kreis wird also vielfältig in Anspruch genommen, jedoch mit deutlich unterschiedlicher Gewichtung: Denn sowohl die Sonne (Lebenszentrum) als auch die beiden Gefühlsplaneten Mond und Venus liegen zusammen mit vier weiteren Planeten unter dem Horizont, also unter der Aszendent-Deszendent-Linie. Das heißt, dass die Mehrheit der Wesenskräfte ihre Energien also im ersten und zweiten Quadranten entfaltet, was mit einer Betonung der persönlichen und privaten Sphäre einhergeht (vgl. »Der Kreis mit seinen Kreishälften, Quadranten und Häusern in der Astrologie« in Kapitel 3).

Im ersten Quadranten findet sich eine Akzentuierung der subjektiven Persönlichkeit, der Ich-Person, durch die Sonne (Wassermann) im ersten Haus, gefolgt von der Venus (Fische), ebenfalls im ersten Haus. Die Kernhaltung mit der Sonne im ersten Haus ist egozentrisch und betrifft damit die Frage nach Werten und Zielen, die aus Johannes' ganz persönlicher Sicht zentrale Bedeutung für seine Lebensgestaltung erlangen und sein Handeln bestimmen sollen. Das Gefühl für Harmonie (Venus) klingt ebenfalls an, der eigene, männliche Standpunkt (Sonne) wird also »weicher« durch den weiblichen Einfluss. Auch Uranus (Zwillinge) befindet sich noch im ersten Quadranten, nämlich im dritten Haus (persönliche Weiterentwicklung), er wirkt jedoch in der Konjunktion mit Saturn, der fast auf der Grenze des vierten Hauses steht, auch in das Familienfeld hinein. Wenn ein Planet kurz vor der Linie zum folgenden Interessensfeld steht, zieht er nämlich mit viel Energie in dieses nächste Haus hinein und entfaltet dort seine Kraft. In diesem Fall steht Saturn – und mit etwas mehr Abstand auch Uranus – ganz am Ende des dritten Felds, ist aber stärker dem vierten zuzurechnen.

Im zweiten Quadranten liegen also die Akzente einerseits auf dem eben erwähnten vierten Haus, dem Feld der Familie, zu dem physische, emotionale und geistige Wurzeln gehören, wobei mit Saturn sich hier das Thema der Realität mit ihren Grenzsetzungen konstelliert und mit Uranus (das Unvorhersehbare, Ideen, plötzliche Wechsel) unvorhersehbare Änderungen.[217] Stark akzentuiert durch den Mond (Krebs) mit den Themen um die Mutter-Kind-Beziehung, um Gefühle und Beziehungsangelegenheiten allgemein ist auch das fünfte Haus, das jedoch gleichfalls das Feld der Kreativität, von Spiel, Sport, persönlichen Freunden, Intimität und Sexualität ist. Da der Mond jedoch am Ende des fünften Interessenfelds steht, wirkt er auch ins sechste Feld hinein, in dem es um Arbeit als Dienstleistung sowohl privat als auch beruflich geht, um die Gesunderhaltung und Pflege des Körpers im weitesten Sinn, jedoch auch um Ermüdungserscheinungen und Krankheiten. Auf der Spitze des sechsten Hauses, d.h. am Übergang vom fünften zum sechsten Haus, thront der retrograde Jupiter (Expansion) im Krebs und rückt damit alle Themen des sechsten Hauses in den Fokus, die weiter unten ausgeführt werden. Die Thematik des sechsten Hauses spielt eine große Rolle in Johannes' Leben; mehr dazu erfährt man im Zusammenhang mit den Themen »Mutter« und »Anima« bzw. »Partnerin« einerseits und »Beruf« andererseits.

Zusätzlich zur Betonung der beiden persönlich und privat ausgerichteten Quadranten eins und zwei liegen bei Johannes Merkur (Intellekt, Kommunikationsprinzip) und Mars (Aggressions- und Aktivitätsprinzip, Arbeitskraft) im vierten Quadranten, stehen jedoch im zwölften Haus (in das Mars mit Energie einzieht), das zwar über dem Horizont liegt, jedoch mit Anonymität, Abgeschiedenheit und dem Verborgenen assoziiert wird. Tatsächlich bekommt Johannes oft die Rückmeldung, man wisse nicht, was er denke bzw. er teile sich zu wenig mit – allerdings sind diese kritischen Äußerungen auf sein privates Umfeld beschränkt. Denn beruflich und damit auf der Sachebene hat Johannes sehr erfolgreich kommuniziert, doch dem zwölften Haus entsprechend geschah sein weit reichendes Wirken in Führungspositionen in international relevanten Institutionen weniger im Rampenlicht der Öffentlichkeit als im Hintergrund.[218]

Die Frage nach Extraversion oder Introversion ist in diesem Fall also relativ einfach zu beantworten, erst recht, wenn wir zudem die drei rückläufigen Planeten, deren Libido sich von der Außenwelt ab und somit nach innen wendet, einbeziehen. Jupiter, Pluto und Neptun, alle retrograd, stehen am nächsten zum Deszendenten, dem Punkt des Interessenumschlags von den privaten Angelegenheiten auf das Du, den Fremden, den anderen. Die Erläuterungen anhand der astrologischen Struktur zeigen auf, dass die subjektive und private Komponente überwiegt.

Stimmt dieser Schluss aber auch mit der Realität von Johannes' Persönlichkeit überein? Langjährige Erfahrungen und viele Diskussionen mit Johannes bestätigen, dass in seinem Fall die introvertierte Einstellung tatsächlich dominiert. Dies ist leicht zu erkennen in seiner verlangsamten und manchmal ausbleibenden Reaktion auf Reize der Außenwelt, speziell wenn diese emotionaler Natur sind. Ein introvertierter Mensch springt ja – im Unterschied zum Extravertierten – nicht direkt auf äußere Reize bzw. »Objekte« an, sondern nimmt Eindrücke in sich auf, verarbeitet sie, erringt eine persönliche (subjektive) Haltung dazu und beantwortet sie entsprechend.

Bei Johannes wird der typische introvertierte Aspekt, in der Einstellung gegenüber der Außenwelt auf größtmögliche Eigenverantwortung bedacht zu sein, besonders betont, nämlich durch die Sonne im ersten Haus und dem damit verbundenen Anspruch, als »Zentrum der Welt« stets die als persönlich bzw. subjektiv richtig beurteilte Einstellung zu vertreten. Seine Sonne im Wassermann lässt ihn zudem aus seinem persönlichen Überblick über eine Sachlage heraus maßvoll-ausgewogen agieren und reagieren, immer das große Ganze im Blick behaltend.

Zusammenfassend kann also zur Frage »Introversion oder Extraversion?« Folgendes gesagt werden: Mit der vorliegenden starken Betonung der beiden ersten Quadranten ist die Introversion stärker betont als die Extraversion, denn der Schwerpunkt in Johannes' Anlage ist die Privatperson, die aus subjektiven und persönlichen Anliegen heraus in hoher Autonomie ihr Leben gestaltet.

Die dynamische Struktur: Einblicke in das Aspektbild

Im Folgenden sollen die »Gesprächsstile«, in denen die verschiedenen »Götter« als archetypische Wesenskräfte miteinander verkehren, näher betrachtet werden, d.h. die Aspekte und damit die Winkel, in denen die Planeten im Geburtshoroskop zueinander stehen.

Trigone (120°-Winkel zwischen zwei Planeten): In diesem Geburtshoroskop fällt sofort das große blaue Dreieck auf, das durch die Planeten, die in 120° zueinander stehen, gebildet wird. Es wird auch »Talentdreieck« oder »Erfolgsdreieck« genannt und ist hier sogar verdoppelt angelegt. Dank der leicht fließenden Kommunikation zwischen den Wesenskräften geht ein solches Talentdreieck mit relativ reibungslos errungenen Erfolgen einher (vgl. »Das Aspektgefüge im Horoskop« in Kapitel 4) – relativ, im Vergleich zu den quadratischen Aspekten (90°), die nur über konsequentes Arbeiten und mit Kampf gegen vielerlei Widerstände zu Erfolg führen.

Oft manifestieren sich beim Horoskopeigner solche großen Trigone jedoch vor allem in Sattheitsgefühlen, Trägheit und der Einbildung, für die Menschheit ein Geschenk zu sein. Denn es sind viele Dilettanten zu finden, die zwar gewisse Begabungen in die Wiege gelegt bekommen haben, die jedoch glauben, damit stünde ihnen bereits ein besonderer Platz unter den Zeitgenossen zu – ohne dass sie die entsprechenden überragenden Leistungen vollbringen. Aus dem, was bisher zu Johannes' Persönlichkeit gesagt worden ist, ist schon deutlich geworden, dass dieser Mann alles andere als träge und selbstzufrieden durchs Leben ging, sondern seine Talente nutzte und unermüdlich für seine Erfolge arbeitete.

Der Erfolg seines unermüdlichen Einsatzes wurde jedoch durch verschiedene »göttliche« Wesenskräfte begünstigt – und zwar bildlich gesprochen durch das harmonische Zusammenspiel seines intuitiven Wassermann-Merkurs mit dem nützliche Ideen produzierenden Uranus in den Zwillingen, mit dem stets für Atmosphärisches offenen Waage-Neptun sowie mit dem Realitätsprüfer Saturn (gleichfalls in den Zwillingen), der das ideensprühende Wesen des Merkurs (Wassermann) im Trigon zu Uranus in den Zwillingen (mit dem Saturn in Konjunktion ist) auf den Boden des Machbaren zu bringen versteht. Ebenfalls der harmonischen trigonalen Verknüpfung von Merkur (intellektuelle Fähigkeiten) mit Saturn (Konzentration, Gedächtnis) verdankt Johannes wohl sein immer noch extrem gutes Gedächtnis vor allem für Wissen und Fakten in Sachbereichen und auch für psychologisch-zwischenmenschliche Themen.

Die positive Rolle von Saturn als grenzensetzendem Realitätsprinzip kann hier nicht genug betont werden, denn in ähnlichen Konstellationen, in denen Saturn jedoch nicht so gut eingebunden ist, besteht die Gefahr, dass gute Ideen (Uranus und Merkur im Wassermann) an ihrer Umsetzung – wozu das Festhalten an gesetzten Zielen und deren Durchtragen durch die Widerstände der Realität gehören – scheitern und so letztlich die größten Begabungen einfach verpuffen.

Quadrate (90°-Winkel zwischen zwei Planeten): Nicht zu unterschätzen ist auch das quadratische Spannungspotential zwischen den »Göttern« Uranus, dem unermüdlichen Ideenproduzenten, der in den Zwillingen zu einer eigentlichen Zersplitterungstendenz führen könnte, und der Wassermann-Sonne im ersten Haus. Diese Erste-Haus-Sonne provoziert nämlich die Frage: Was ist für mich persönlich zentral wichtig, worauf will ich mich also konzentrieren, und was will ich mit meinem Leben erreichen? Das Sonnenprinzip, das im Wassermann auf Systematik und nicht auf Unverbindlichkeit eingestellt ist – im Gegensatz zum Zeichen Zwillinge –, reibt sich also an der unerschöpflichen Kreativitätsquelle Uranus in den Zwillingen, die durch den synthetischen Aspekt von Neptun zu Uranus durch Wunschdenken und rege

Phantasietätigkeit noch befördert wird. Diese Reibung führt zu einem nie endenden Kampf zwischen dem Sonnenprinzip, welches die zentralen Werte vertritt, und der unbeschwerten Ausrichtung des Uranus: Eine lebenslängliche Bewusstwerdungsarbeit muss in Gang gehalten werden, die im vorliegenden Fall gemeistert wird, und zwar trotz der ursprünglichen Vaterproblematik, auf die später noch eingegangen wird.

Oppositionen (180°-Winkel zwischen zwei Planeten): In Spannung von 180° und damit in immerwährender Zerreißprobe stehen dagegen Mars im Steinbock Ende des elften, Anfang des zwölften Hauses und die Mond-Jupiter-Konjunktion im fünften/sechsten Haus. Ein Mensch mit einem solchen Mars setzt seine ganze Tatkraft für die Erfüllung der anstehenden Pflichten ein – in diesem Fall dem zwölften Haus entsprechend in einem internationalen Kontext, oft im Ausland weilend – und meistert dies ausgesprochen zuverlässig mit einem Hang zu Perfektion. Der Mond im Gegenzeichen Krebs betont – von Jupiter unterstützt – im fünften Interessensfeld die Hauptthemen Familie, Frau und Kinder, intime Freundschaften; mit Bezug auf das sechste Haus geht es auch um die emotionale Beziehung zur Arbeit und um die Beziehungskomponente im beruflichen Umfeld.

Während der Berufsphase verschärfte sich dieser Konflikt für Johannes notgedrungen immer wieder einmal, da für Eltern mit heranwachsenden Kindern andere Lebensthemen und alltägliche Herausforderungen im Vordergrund stehen als für einen Mann mitten im Berufsleben. Die Bewältigung einer Opposition verlangt jedoch, dass beide Lebensbereiche zu ihrem Recht kommen. Günstig für den Prozess der Integration der beiden diametral entgegengesetzten Interessensgebiete ist einerseits die optimierende Wirkung von Jupiter durch die Frage nach dem Sinn der gestellten Aufgabe. Andererseits ist auch der Einfluss der Venus in den Fischen hilfreich, der im Folgenden näher geschildert wird.

Sextile (60°-Winkel zwischen zwei Planeten) *und weitere Trigone* (120°-Winkel zwischen zwei Planeten)*:* Eine andere große Hilfestellung für Johannes liegt nämlich in der mit synthetischen Aspekten versehenen Fische-Venus im ersten Haus, die mit ihrer Position – bildlich gesprochen: mit feinem Gespür und ausgeprägter Empathiefähigkeit – die Schärfe der Opposition abzufedern versteht. Sie wirkt sich bei Johannes durch eine hohe Sensibilität und Liebesfähigkeit den Angehörigen gegenüber aus, für die er sich sein Leben lang, selbst in den beruflich am stärksten ausgefüllten Jahren, auch in der praktischen Alltagsbewältigung so aktiv wie möglich und immer sehr zuverlässig engagierte.

Johannes' konkretes Handeln beim Spannungsabbau bewirkte in der Vergangenheit und auch heute noch Mars im Sextil (60°-Winkel) zu Venus, der dieser in ihrer Empathie- und Harmonieförderung sozusagen tatkräftig beisteht. Es ist aber diese Fische-Venus im ersten Haus, die durch trigonale Aspekte zu Mond und Jupiter im Krebs in gut fließender Kommunikation mit diesen steht und Johannes ein tiefes Einfühlungsvermögen schenkt, um auch die unausgesprochenen Bedürfnisse der Familienmitglieder, aber auch der nahen Freunde, wahrzunehmen. Er zeigt seine Anteilnahme durch tatkräftige Unterstützung für alle, die ihm am Herzen liegen.

Zudem pflegt Johannes einige Freundschaften seit der Schulzeit und hat im Laufe seines Lebens viele weitere Menschen kennengelernt, von denen er mit einer größeren Anzahl in einem regelmäßigen privaten Kontakt steht – dies, obwohl es sich um eine Aspektierung zum fünften Lebensfeld hin handelt, in dem eine Tendenz zu kurzlebigen Freundschaften besteht. Werden sie jedoch, wie hier durch synthetische Aspekte mit Venus im ersten Haus verknüpft, die durch ihre Stellung in diesem Feld Freunde gezielt so auswählt, dass sie zur Persönlichkeit passen, kann wie im vorliegenden Fall eine größere Beständigkeit hinsichtlich der Pflege von Freundschaften entstehen. Mit Hilfe von Mars im Steinbock (Aktivitätsprinzip) im zwölften Haus wird das Zustandekommen der Begegnungen organisiert und realisiert.

Eine wichtige Rolle für alles, was Johannes tut, spielt natürlich allem voran seine Sonne im ersten Haus, aufgrund der er sein Leben nach den Vorstellungen gestalten will, die für ihn einen zentralen Wert haben – und für einen Menschen mit Wassermann-Sonne sind Freundschaften ein zentraler Wert.

Der Wassermannfärbung entsprechend gehören aber ebenso auch kulturelle Werte dazu. Johannes' weitreichendes Interesse für Kunst und Kultur lässt ihn deshalb zum Gönner in Museen werden, er ist auch erfolgreich am Aufbau von ihnen beteiligt. Seine Betonung des zwölften Felds mit Merkur im Wassermann und Mars im Steinbock lässt Johannes für Randständige und Hilfebedürftige offen sein, und daher unterstützt er auch tatkräftig international tätige Hilfsorganisationen, die bedürftigen Menschen zu verbesserter Lebensqualität verhelfen wollen.

Bei so viel Aktivität und Einsatz sind jedoch auch die Wesenskräfte im zwölften Haus zu berücksichtigen, die durch Rückzug aus dem sozialen Umfeld regenerieren können sollten.

Vater- und Mutterkomplex, Selbstbild und Anima

Vaterkomplex: Es wurden schon einige Andeutungen zu den Elternkomplexen gemacht, die nun etwas näher betrachtet werden sollen: Als Kind wuchs Johannes in einem bürgerlichen Haus in einer schönen Stadt auf, die vom Krieg verschont geblieben war. Indirekt griff der Krieg jedoch dennoch in sein Leben ein, denn wie alle Männer damals musste Johannes' Vater in den Wehrdienst einrücken und war entsprechend häufig abwesend. Die Sonne im ersten Haus zeigt Johannes' Wunsch nach einer Nähe zum Vater, in den vorwiegend analytischen Aspekten zum Vaterbild (Sonne) ist jedoch zugleich die Enttäuschung dieses Wunsches strukturell angedeutet. Das dritte und vierte Haus symbolisieren ja Alltag und Zuhause, und man kann hier sehen, dass es wiederholt zu plötzlichen Trennungen (Uranus – Unvorhersehbarkeit, Saturn – Realitätsprinzip, das auch Trennungen erfordert) vom Vater kam, die sehr schmerzhaft waren.

Als Kind sah Johannes seinen Vater wenig, und wenn dieser mal zu Hause war, erlebte der Junge den Kontakt eher als enttäuschend, da es nicht zu einer warmherzigen Verbindung mit ihm kam. Denn der Vater bevorzugte ganz offen Johannes' jüngeren, eher extravertierten Bruder. Dessen deutliche und für alle Welt sichtbare Bevorzugung durch den Vater führte wiederum zu einer Entfremdung zwischen den Brüdern.

Dies mag zum Teil am konkreten Vater liegen, der vielleicht eine bessere Passung zu seinem zweiten Sohn erlebte, ist jedoch auch in der strukturellen Anlage von Johannes' Vaterbild zu erkennen, die ja die konkrete Beziehung mit beeinflusst: Eine Person mit einer Wassermann-Sonne, die mit ihrer Zugehörigkeit zum Luftelement ein intellektuell-geistiges Prinzip verkörpert, wird, in der Projektion auf den Vater und aus der Perspektive des kindlichen Gefühls gesehen, nicht als »warm«, sondern als »kühl« wahrgenommen, jedenfalls, wenn das Kind so eine hochsensible Gefühlsanlage wie Johannes hat (Venus in den Fischen im Trigon zur Mond-Jupiter-Konjunktion im Krebs). Dies mag mit bewirkt haben, dass der Junge selbst eher zurückhaltend auf den Vater zuging – im Unterschied zu seinem extravertierten Bruder, der sich im Kontakt mit seinem Vater viel unkomplizierter zeigte. In Verbindung mit den beiden »Hausplaneten« des Familienfelds (viertes Haus), Uranus und Saturn, kommen Brüche, Ungeduld und Unberechenbarkeit (Uranus) ins Spiel sowie Sachlichkeit, Pragmatismus, Strenge, Gebote und Verbote, Regeln, Beschränkungen (Saturn). Diese beiden Wesenskräfte stehen – zusammen mit Mars, dessen aktivistische und spontane Seite jedoch durch seine Steinbockprägung gebändigt wird – bildlich gesprochen in einem gereizten Gespräch mit der Sonne. Dies ergibt ein strenges, karges Vaterbild, was viel zur Entwicklung eines hohen Pflichtethos bzw. eines fordernden Über-Ichs beitragen kann. So kann Johannes mit wenig Materie leben und ernährt sich im Alltag gesund und bewusst eher einfach.

Mutterkomplex: Es stellt sich die Frage, wie es Johannes gelang, trotz der massiven Ablehnung durch den Vater genügend Sicherheit in der männlichen Identität aufzubauen, um seinen Weg gehen zu können. Der Junge hatte die Fähigkeit und das Glück, in überwiegend günstigen Begegnungen mit Lehrern und Schulkameraden positiv gespiegelt zu werden und dadurch in seiner Selbstwerdung gestärkt zu werden. Einige Freunde aus der Schulzeit sind bis heute für Johannes wichtig und er ebenso für sie.

Als Junge wuchs er in einem großen Haus in der Stadt auf, mit seiner Mutter als Hauptfigur und zusammen mit einer Haushaltshilfe sowie einer Großmutter. Die häufige Abwesenheit des Vaters begünstigte also sein Aufwachsen in einem frauenlastigen Haushalt. Unter der Ablehnung des ersten Sohns durch den Ehemann litt die Mutter offenbar ähnlich stark wie Johannes selbst, da dieser ihr sehr leid tat. Die Entwertungen des sensibleren und im Charakter komplexeren Johannes durch seinen Vater und dessen Bevorzugung des robusteren, einfacher gestrickten jüngeren Sohns brachte die Mutter dazu, Johannes so viel positive Zuwendung wie möglich zu geben. Dies begünstigte wiederum eine vertiefte Beziehung zwischen Mutter und Sohn, wodurch es Johannes trotzdem möglich wurde, sich gut zu entwickeln, trotz der mangelnden väterlichen Zuneigung und Unterstützung.

Die wenig und auch nur analytisch (rot) aspektierte Sonne zeigt, dass die Vaterbeziehung sich problematisch gestalten kann. In welcher Weise, wurde bereits angedeutet. Sehr interessant ist, dass Johannes sich, im Unterschied zu Vater und Bruder, die beide sehr materiell orientiert waren, lebenslänglich geistig und kulturell bildete, neben dem Erwerb der beruflichen Kompetenzen, die im organisatorischen Bereich lagen. Dies ist einerseits dem Einfluss der kulturell und musisch interessierten und begabten Mutter (Mond im Krebs, fünftes Haus in Konjunktion zum fördernden Prinzip Jupiter, die beide ein Trigon zum ästhetischen Prinzip Venus in den Fischen im ersten Haus bilden). Hier schlägt zudem das Tierkreiszeichen Wassermann durch, das als »Fenster zur Welt« sehr vielseitiges Interesse bewirkt.

In der Kombination des Wassermannzeichens mit dem ersten Haus verstand Johannes sich von klein auf selbst als jemand, der sich nicht begrenzen lässt in seinem Wissensdurst für alle kulturellen Errungenschaften, und so pflegt er bis heute sein großes Interesse speziell für bildende Kunst aus allen Weltgegenden sowie für Musik. Er ist also ein eindrückliches Beispiel für einen Menschen mit der Sonne im ersten Haus im Zeichen des Wassermanns, indem die selbstverantwortliche Gestaltung der eigenen Persönlichkeit im Sinne der Offenheit des Wassermannprinzips für alle relevanten kulturellen Leistungen bei ihm zur Geltung kommt, so dass auch seine Phantasie-Anlage durch die weiblichen Planeten Mond und Venus ihr kreatives Potential genügend zur Geltung bringen können.

Angesichts von Saturn, der ins vierte Haus (Familienfeld) hineinwirkt,[219] stellt sich die Frage, ob es im Leben von Johannes noch weitere Einschränkungen als die schon erwähnten durch den biologischen Vater gegeben hat. Diese Frage ist leider zu bejahen, denn mit Beschränkung hat auch das Thema Krankheit zu tun, das in Johannes' Leben von Bedeutung war. Das Sonnenzeichen Zwillinge (in dem Saturn steht) wird auf der Organebene mit den Atemwegen in Verbindung gebracht. Im trigonalen Aspekt mit dem retrograden Neptun in der Waage Ende siebtes, Anfang achtes Haus kommt das Thema der Durchlässigkeit gegenüber der Außenwelt auf und damit auch die Anfälligkeit für Infektionen und alle möglichen schwer zu diagnostizierenden und zu behandelnden Erkrankungen.

Tatsächlich erlebte Johannes diese Thematik nicht am eigenen Leib, sondern in dessen Projektion an seinen wichtigsten weiblichen Bezugspersonen. So wurde bei seiner Mutter im Alter von sechzig Jahren eine seltene Lungenkrankheit diagnostiziert. Sehr interessant ist in diesem Zusammenhang Johannes' Wahl seiner Lebenspartnerin, die in jungen Jahren eine gesunde Frau war, dann aber ebenfalls um die sechzig an ganz ähnlich unerklärlichen Erkrankungen zu leiden begann, die die Lunge massiv schwächten. Allerdings gibt es heutzutage verbesserte Medikamente, und obwohl zwar keine Heilung möglich ist, können sie noch jahrelang Linderung verschaffen und für eine recht gute Lebensqualität sorgen.

Auf gewisse Beschränkungen in der mütterlichen Zuwendung sowie in der Erfahrung mit Frau und Kindern – die ja mit Mond im Krebs im fünften Haus strukturell als liebevoll und warm angezeigt sind – können der retrograde Jupiter[220] in Konjunktion mit dem Mond hinweisen sowie gewisse »Störsignale« von Uranus im dritten/vierten Haus im Halbquadrat mit Mond und Jupiter: Die hohen Erwartungen, die mit Jupiter einhergehen und sich in diesem Fall auf das mütterliche Symbol, den Mond, beziehen, können nicht dem Wunsch entsprechend erfahren werden.

Diese Störungen der unbeschränkten mütterlichen Zuwendung sind aus den äußeren Lebensbedingungen heraus zu verstehen, die von der Mutter verlangten, neben ihrer Mutterrolle auch eine Geschäftsfrau sein zu müssen, was sie offenbar sehr gut erfüllte. Dazu passt das Hinübergleiten des Monds in das sechste Haus (Berufsfeld). Der Mond steht ja in einer engen Verbindung mit Jupiter auf der Spitze des sechsten Hauses, also am Übergang vom fünften zum sechsten Haus, was heißt, dass die Mutter strukturell nicht bloß als Hausfrau und Mutter angelegt ist, sondern in der Doppelrolle »Mutter und Geschäftsfrau« ihr Optimum findet (Mond als Muttersymbol in Konjunktion mit Jupiter als Symbol des Optimums). Die Feinaspekte – Halbquadrate von Uranus zur Mond-Jupiter-Konjunktion – weisen auf eine schwache Spannung zwischen Uranus und der mütterlichen Anlage hin, was sich in diesem speziellen Fall in der bereits angedeuteten Weise äußerte.

Die tiefe Verbundenheit mit der zwar kranken, aber immer noch lebenden hochbetagten Mutter ist in Johannes' Erleben darauf zurückzuführen, dass sie ihn nach Kräften unterstützte und stärkte, damit er den täglichen Kampf um seinen Platz in der Familie bestehen konnte, was sich für seine spätere Lebensgestaltung insgesamt außerordentlich positiv auswirkte. Johannes ist ein gutes Beispiel für einen Mann mit einem dominanten und mehrheitlich positiv geprägten Mutterkomplex, was auch in seiner Wertschätzung Frauen gegenüber sehr gut zum Ausdruck kommt.

Selbstbild und Anima: Wie inzwischen erforscht ist, baut die Animaentwicklung stark auf dem Mutterkomplex auf, der seinerseits durch das Zusammenspiel von konstelliertem Mutterarchetyp und Erfahrung an der konkreten Mutter zustande kommt. In jungen Jahren ist die Anima noch stark mit dem unbewussten Mutterbild verquickt, weshalb die Partnerin meist in Anlehnung an diesen Typus gewählt wird. Da die unbewussten Anteile beim Sich-Verlieben sehr machtvoll sind und ein junger Mann glaubt, er sei ganz bewusst in der Wahl seiner Partnerin, die er vordergründig als ganz verschieden von seiner Mutter erlebt, weiß er in den seltensten Fällen, dass er bei der Wahl von seinem unbewussten Suchschema gesteuert wird, das auf dem Mutterkomplex aufbaut, hinter dem wiederum ein archetypischer Kern wirksam ist.

So verhielt es sich auch in diesem Fall, denn Johannes' vitale junge Frau erkrankte nach der Geburt ihres ersten Kindes an einer schweren, mysteriösen Allergie und brauchte viel ärztliche Unterstützung, um ihren Alltag genügend gut bewältigen zu können. Auch wenn diese Allergie ebenso mysteriös wieder verschwand, wie sie gekommen war, blieb das Thema »Krankheit« in Verbindung mit weiblichen Angehörigen in Johannes' Leben weiter bestehen – was hier aber zu weit führen würde.[221]

Das Thema der mangelnden Abgrenzung und Abwehr gegenüber Einflüssen der Außenwelt ist jedenfalls im entgrenzend wirkenden Neptun im kontaktfreudigen Waageprinzip angelegt, und zwar Ende des siebten, Anfang des achten Hauses, in dem es um die Offenheit gegenüber dem Du, dem Fremden, dem Unbekannten geht. In verschiedenen Facetten stand das Thema der Abgrenzung für Johannes immer im Raum, bis heute.

Einer der naheliegenden Bezüge ist derjenige der Partnerwahl. Denn diese Thematik liegt im Du-Bereich, der bei dieser Neptun-Anlage von mangelnder Abgrenzung gegenüber der Außenwelt, Verführbarkeit, Infizierbarkeit und Strukturmangel geprägt sein kann. Dies kann wiederum auf eine mögliche Partnerin projiziert werden, die dann eben auch bis zu einem gewissen Grad diese Projektionen verkörpert. So kann sich eine anfänglich stark erscheinende Frau im Laufe des Lebens als entsprechend strukturschwach herausstellen.

So geht es für Johannes weiter

Dieses ungleiche Gewicht der Elternkomplexe – ein schwächerer, eher ambivalenter Vaterkomplex und ein dominanter, eher positiver Mutterkomplex – führten dazu, dass Johannes sein Leben lang sehr viel Verantwortung auf sich genommen hat, nicht nur für sein eigenes Leben, sondern auch in Beruf und Privatleben. Er hat in den letzten Jahren zunehmend gelernt, einen Teil der lastenden Verpflichtungen abzugeben und für sich selbst genügend eigenen Freiraum zu schaffen, in dem er sich unabhängig und in seinem eigenen Rhythmus bewegen kann. Lebenslängliches Ziel bleibt wohl das Erreichen einer stärkeren Balance zwischen Verantwortungs- und Pflichtgefühl gegenüber allem und jedem im familiären Umfeld einerseits und dem Zulassen von Freiräumen für Lockerheit und spielerische Gelassenheit andererseits.

Theodor – Architekt des Elfenbeinturms

Theodor ist ein Beispiel einer nur partiell geglückten Individuation, trotz des »Talentdreiecks«, das sich aus drei Trigonen (180°-Winkel zwischen zwei Planeten) zusammensetzt, das auch sein Geburtsbild aufweist. Die Kernhaltung (Sonne) ist wie bei Johannes egozentrisch und – im Unterschied zu dessen Fall – sogar eingebettet in das synthetische Dreieck. Man könnte also annehmen, er habe weniger kämpfen müssen als Johannes, um eines seiner beiden zentralen persönlichen Anliegen, nämlich sich beruflich entweder als Künstler oder als Historiker zu entfalten, umzusetzen. Tatsächlich hat er viel weniger gekämpft als Johannes, aber auch viel weniger erreicht. Wie Johannes hat Theodor einen dominanten Mutterkomplex, der aber eher ambivalent ist, und im Unterschied zu Johannes einen etwas schwächeren positiven Vaterkomplex. Wie sich dies in seinem Leben auswirkt, wird weiter unten dargestellt.

Das Geburtshoroskop von Theodor (siehe Bild 2 im Farbtafelteil)
Mit der Sonne (Bewusstsein, zentraler Lebensbereich, väterliches Prinzip) im ersten Haus, beinahe exakt auf der Aszendentlinie, wird der Aszendent Skorpion und Ich-Punkt sehr stark betont, Selbstbezug und Eigeninteresse dominieren also wie in Horoskopbeispiel 1 »Johannes«; der Mond (das Unbewusste, mütterliches Prinzip, Anima) im neunten Haus gibt Hinweise auf großes Interesse am Reisen, an Philosophie, Politik und weltgeschichtlichen Zusammenhängen. Durch das Quadrat (90°-Winkel) zwischen Sonne im Skorpion (Wasser; Zweifel) im ersten Haus und dem Mond im Löwen (Feuer; ungebrochenes Selbstvertrauen) im neunten Haus ist der Kampf zwischen seiner auf Tiefe und Ernsthaftigkeit angelegten Kernhaltung und seiner auf Lebensgenuss und Vergnügen eingestellten Anima eröffnet.

Planetenpositionen und Aszendent

Sonne im Skorpion	21° 54'	–	erstes Haus
Mond im Löwen	10° 42'	–	neuntes Haus
Merkur r im Skorpion	11° 6'	–	zwölftes Haus
Venus in der Waage	5° 20'	–	zehntes Haus
Mars im Skorpion	13° 49'	–	zwölftes Haus
Jupiter r in den Fischen	23° 39'	–	viertes Haus
Saturn im Schützen	8° 3'	–	erstes Haus
Uranus r in den Zwillingen	29° 45'	–	viertes Haus
Neptun im Löwen	29° 6'	–	neuntes Haus
Pluto r im Krebs	17° 1'	–	achtes Haus
Mondknoten in den Zwillingen	20° 7'	–	siebtes Haus

AC im Skorpion	20° 59'	DC im Stier	20° 59'
MC in der Jungfrau	7° 28'	IC in den Fischen	7° 28'
2. Haus: Schütze	21° 30'	8. Haus: Zwillinge	21° 30'
3. Haus: Steinbock	29° 7'	9. Haus: Krebs	29° 7'
5. Haus: Widder	8° 38'	11. Haus: Waage	8° 38'
6. Haus: Stier	2° 16'	12. Haus: Skorpion	2° 16'

Extraversion oder Introversion?

Diese nur teilweise gelungene Individuation hängt unter anderem wohl mit der recht einseitigen Verteilung der Elemente zusammen: Theodor hat die Mehrheit der Planeten, nämlich sechs, und dazu auch den Aszendenten in Wasserzeichen, die ja auch mit Jungs Fühltypus assoziiert sind.[222] Das Feuerelement ist am zweitstärksten vertreten, mit drei Planeten, und das Luftelement mit einem Planeten sowie dem Mondknoten[223]. Das Erdelement jedoch fehlt fast vollständig.[224] Theodor kann man sich also gut als introvertierten Fühltypen vorstellen, der in seiner reichen Phantasiewelt schwebt und schwelgt, jedoch die Füße nicht wirklich auf den Boden bringt.

Die Introversion wird zum einen begünstigt durch die Betonung des ersten Quadranten mit der Sonne (Lebenszentrum) im Skorpion und dem Saturn (Grenzen setzendes Prinzip, Realität) im Schützen im ersten Haus (Selbstbezug und Eigeninteresse), zum anderen durch die Akzentuierung des zweiten Quadranten mit dem rückläufigen Jupiter (Introversionstendenz des Expansionsprinzips) und dem ebenfalls retrograden Uranus (Ideen, plötzliche Veränderungen), beide in den Fischen und im vierten Haus (Familie, Wurzeln). Zudem kommt die Besetzung durch zwei Planeten im zwölften Haus (Rückzugstendenz, Anonymität) der Introversionstendenz entgegen. Extraversive Tendenzen sind zu finden in den beiden Gefühlsplaneten Mond (Phantasie, mütterliches Prinzip, Anima) im Löwen im neunten Haus und Venus (ästhetisches Prinzip, Harmonie und Ausgleich, Anima), womit der dritte und vierte Quadrant angesprochen sind. Diese extraversiven Tendenzen lebte Theodor selbst aber wenig, sondern projizierte seine extravertierte Anima auf entsprechende Frauen.

Tatsächlich handelt es sich um einen außerordentlich begabten Mann, der jetzt Ende achtzig ist. Aber es ist ihm weder geglückt, seine ausgeprägte Musikalität (Neptun im Löwen, neuntes Haus) noch seine große Begabung für Architektur mit Venus (Sinn für Ästhetik) in der Waage im zehnten/elften Haus und im Sextil zu Saturn (Begabung für Formen und Strukturen) im Schützen im ersten Haus oder sein ausgeprägtes Interesse für weltgeschichtliche und weltpolitische Themen (Betonungen im achten, neunten, elften und zwölften Haus) beruflich umzusetzen. Um dies zu verstehen, sollte ein genauerer Blick auf seine Anima geworfen werden, die in der Mond- und Venus-Konstellation zu finden ist.

Anima und Mutterkomplex

Das Haupthindernis in Theodors Leben war aus seiner Sicht die extreme Dominanz seiner Ehefrau, die jedoch nur auf der Basis seines ausgeprägten Mutterkomplexes und seines schwächeren Vaterkomplexes möglich wurde. Doch bleiben wir zuerst bei Theodors Frauenbild. Es basiert auf folgenden Konstellationen: Der Mond steht bei ihm im neunten Haus, was anlagemäßig eine Hochbewertung der Frau in ihrem mütterlichen Aspekt mit sich bringt, und diese Hochbewertung wird durch die Stellung im Zeichen des Löwen noch intensiviert. Denn mit Mond im Löwen wird die Frau als kraftvoll und unabhängig gesehen, als »Löwenmutter« mit Diva-Allüren.

Zudem muss sie schön und kultiviert sein, denn die Venus spielt ebenfalls eine sehr dominante Rolle: Der Mond steht nämlich in einem harmonischen Aspekt zur Venus, deren Bedeutung als Göttin der Schönheit und der Liebe noch verstärkt wird durch ihre Position im ihr zugeordneten Zeichen der Waage sowie durch ihre sehr betonte Stellung im zehnten/elften Haus. Zudem steht die Venus auf der Spitze eines kleineren blauen Dreiecks, bestehend aus je einem Sextil von Venus zum Mond und zu Saturn, wobei die beiden Letzteren wiederum durch ein Trigon reibungslos miteinander kommunizieren. Mit Venus in dieser Konstellation sind Harmoniebedürfnis, ästhetisches Empfinden, Genussfreude und kultivierte Formen von Geselligkeit besonders betont.

Damit ist Theodors eigene, ihm größtenteils unbewusste weibliche Seite charakterisiert, die er jedoch, wie es leicht geschieht, wenn ein Mann einer passenden Frau begegnet, auf diese projiziert. »Passend« ist eine Vertreterin des Gegengeschlechts dann, wenn die von der Projektion betroffene Frau wichtige Aspekte des Animabilds zu verkörpern scheint. Dies erlebte auch Theodor als sehr junger Mann, als er einer ebenso jungen wie auffallend schönen Frau begegnete, die er bald heiratete.

Theodor zeigt für das weibliche Prinzip nicht nur anlagemäßig – ablesbar in der erwähnten Mond- und Venuskonstellation –, sondern auch in der Realität eine sehr hohe, ja idealisierende und bewundernde Haltung. Dies spiegelt sich in seinem allgemeinen Verhalten Frauen gegenüber, denen er immer mit Respekt begegnete.

Allerdings fällt beim ersten Blick auf dieses Geburtsbild auf, dass der Mond (das Seelische, mütterliches Prinzip, Anima) im Tierkreiszeichen Löwe (Selbstvertrauen, ungebrochenes Ja zum Leben) gleich dreifach in einer quadratischen (90°-Winkel-) Spannung zu drei Planeten im Skorpion (Zweifel, ambivalentes Verhältnis zum Leben) steht, nämlich zur Sonne (Wille, zentrales Anliegen, väterliches Prinzip, männliche Identität), zum Mars (Antrieb, Tatkraft, Kampf- und Durchsetzungskraft, männliche Libido) und zum Merkur (kommunikatives Prinzip). Dies bedeutet intrapsychisch, dass Theodor eine permanente Spannung erlebt zwischen seiner seelischen Anlage – der Mond als weibliches Prinzip symbolisiert ja ganz genuin das Unbewusste, das Träumen und Phantasieren – und seiner Kernhaltung (Sonne), die ihre Tendenz zum Zweifel (Skorpion) durch die Stellung der Sonne im ersten Haus (Selbstbezug und Eigeninteresse) auf sich selbst richtet. Dies bedeutet, dass Theodor eigentlich in einer permanenten Spannung ist zwischen Gefühl (Mond) und Verstand (Sonne) sowie zwischen Vertrauen und Bejahung (Löwe) auf der einen Seite und Misstrauen und kritischer Haltung (Skorpion) auf der anderen. Diese inneren Spannungen zeigen sich aber nicht nur innerlich, sondern auch in der Projektion auf seine Frau, was in jüngeren Jahren zu viel Reibung zwischen dem Paar führte: Streit oder zumindest aufflackernde Spannungen gehörten zum Alltag![225]

Um nachvollziehen zu können, welcher Art diese Reibungen waren, muss gefragt werden, was es bedeutet, wenn das Realitätsprinzip (Saturn) harmonisch mit Mond und Venus verbunden ist, jedoch gar nicht mit der eigenen Kernhaltung (Sonne) aspektiert ist. Die Antwort ist im Fall von Theodor einfach: Sein Realitätsbezug lief zeitlebens – und größtenteils bis heute noch – über seine pragmatische und organisatorisch talentierte Frau, die tatsächlich sehr lebenstüchtig ist und auch alles Finanzielle schon immer geregelt hat.

Theodors Selbstbild

Theodor identifizierte sich selbst mit seinen männlichen Götterbildern, also auf der astrologischen Ebene mit Sonne und Mars in ihrer Aspektierung mit weiteren Planeten. Das Besondere dabei ist, dass die gesamte männliche Anlage sehr gefühlshaft ist, denn sie liegt in den Wasserzeichen Skorpion, Fische und Krebs. Neptun im neunten Haus, kurz vor dem Medium Coeli, symbolisiert wie die Wasserzeichen ebenfalls Sensibilität und Beeindruckbarkeit und ist wie jene alles andere als ein Spezialist für den Realitätsbezug.

Tatsächlich lebte Theodor stets in der Phantasie, in der Literatur, Kunst, Kultur und führte quasi eine Existenz im Elfenbeinturm, wobei er jedoch sehr gerne debattierte und diskutierte, wenn sich ein entsprechender Gesprächspartner fand. Dies tat er mit Leidenschaft und vergaß dabei die Zeit – ein typisches Thema, wenn Wasserelemente, vor allem das entgrenzende Fischeprinzip und Neptun, involviert sind.

Theodor lebte stark aus einem Gefühl der Fülle heraus, wozu vor allem Jupiter in den Fischen (viertes Haus) beiträgt, zu dem die Sonne (erstes Haus) im harmonischen Trigon steht. Zusätzlich maßlos wirkt Pluto im Krebs (achtes Haus), der seine überwertige Energie sowohl der Sonne als auch Jupiter in den Fischen zufließen lässt. Dieses Füllegefühl brachte es auch mit sich, dass Theodor immer sehr großzügig in seiner Gastfreundschaft und Genussfähigkeit war, die er in endlosen Festivitäten mit seinem breiten Freundeskreis teilte – manchmal zum Leidwesen seiner Ehefrau, die dafür zu sorgen hatte, dass genug Geld für das Alltagsleben mit all seinen Verpflichtungen übrig blieb.

Theodor hatte bei mangelnder Aufmerksamkeit durch seine Umgebung schnell Probleme mit seinem Selbstwert und verlangte sein Leben lang ganz selbstverständlich viel mehr Zuwendung und Geltung, als ihm die Außenwelt, vor allem seine Familie, zuzubilligen bereit war. Denn sein Selbstbild beruhte primär auf seinen zwar tatsächlich außerordentlichen Talenten, die jedoch bloß hobbymäßig gelebt wurden, nicht aber beruflich. Entsprechend frustriert war Theodor eine gewisse Zeit lang. Er ist zwar einer der Glücklichen, die ein sogenanntes »Talentdreieck« haben, gehört jedoch zur Mehrzahl derjenigen, die in dem Gefühl leben, allein Talent zu haben reiche aus, und die zu wenig erkennen können, dass es sich dabei um einen potentiellen Schatz handelt, den sie nur über großen Einsatz heben und damit sichtbar machen können.

Die Rollenverteilung in der Ehe von Theodor und seiner Frau

ergab, dass Theodor eine Art verwunschene Privatexistenz führte, sich in Musik, kulturelle, soziale, politische und historische Themen versenkte und sozusagen ein »Stubengelehrtendasein« führte – wenn er nicht gerade in Festlaune war –, was jedoch schwer vereinbar war mit den Ansprüchen des realen Lebens an ihn als Ehemann und Familienvater.

Diese saturnale Seite der Realitätsbewältigung überließ er zwar bereitwillig seiner Frau, gleichzeitig ergab sich daraus das Problem, dass er sich von ihr bevormundet fühlte. Dies wiederum hängt mit der Persönlichkeitsstruktur seiner Frau zusammen, die tatsächlich sehr auf Dominanz[226] ausgerichtet ist.

Die drei roten Aspekte – Quadrate zwischen dem Löwe-Mond im neunten Haus und der Skorpionseite um den Aszendenten herum[227] – sind Hinweise auf endlose Spannungen und Reibereien zwischen diesen beiden Hälften von Theodors Persönlichkeit. Dies bedeutet, dass er einerseits von seiner Wasserseite (Gefühl) her sehr verletzlich und sensibel ist, andererseits mit der Prägung durch den Mond im Löwen (Feuer, Impulsiviät) gerne auftrumpft und andere in Diskussionen von Themen zieht – ja ihnen diese richtiggehend aufzwingt –, die ihn persönlich umtreiben, ohne darauf zu achten, ob der jeweils andere ebenfalls daran interessiert ist.[228] Natürlich führte dieser imperiale Gestus in seinem Leben nicht selten zu Spannungen – vor allem mit seiner Partnerin, die sich für seine geistigen und intellektuellen Themen nicht interessierte, sondern sich lieber in den konkreteren Ebenen des Lebens aufhielt.

In der Projektion des Löwe-Monds – der ja mit Venus und Saturn in harmonischen Kontakten steht – auf seine pragmatische und eher oberflächlich-fröhliche, aber starke Frau erlebte Theodor diese als eine Person, die seine ihm wichtigen Ideen und Diskussionen »abwürgt« und ihn beschneidet. Die fast exakten Quadrate zwischen Löwe-Mond und Skorpion-Merkur in Konjunktion mit Mars (Aggressionsprinzip) lassen die Heftigkeit der Diskussionen zwischen Theodor und seiner Frau erahnen; man kann annehmen, dass manchmal regelrecht »die Fetzen flogen« – wenigstens dann, wenn die Spannungen nicht mehr genügend unter Kontrolle gehalten werden konnten. Diese Spannungen zeigten jedoch auch sehr positive Auswirkungen, denn das Paar wurde sich zeitlebens nicht gleichgültig und ist immer noch zusammen, allerdings ist

Theodor viel entspannter geworden, sowohl in sich selber als auch im Kontakt mit seiner Umwelt.

Elternkomplexe

Die Frage nach den Elternkomplexen ergibt, dass die Mutter von Theodor einen wahren Glorienschein trägt. Laut Theodor wurde sie auch von seinem Vater und seinen Geschwistern nicht nur geliebt, sondern auch verehrt. Theodors Vater war ein erfolgreicher Bauunternehmer gewesen, der jedoch verstarb, als Theodor gerade erst in die Pubertät kam. Als Jüngster lebte er mit seiner Mutter nach dem Verlust seines Vaters einige Jahre zu zweit, was die beiden noch enger aneinanderschmiedete. Der Löwe-Mond im neunten Haus kam in der Projektion auf Theodors Mutter in seiner ganzen idealisierenden Charakteristik zum Tragen, wozu auch die Verbindung zu Venus in der Waage noch beitrug.

Bekanntlich steht das Zeichen Skorpion mit Tod und Wiedergeburt in Verbindung, und die Sonne – das Vaterprinzip – liegt bei Theodor im Skorpion. Auch die harmonischen Verbindungen durch zwei Trigone (120°-Winkel zwischen der Sonne und der Jupiter-Uranus-Konjunktion im vierten Haus), nämlich zu den beiden retrograden Jupiter und Uranus (Unvorhersehbares, plötzliche Veränderungen) in den Fischen im vierten Haus können auf eine unerwartete und unvorhersehbare Veränderung wie beispielsweise auf einen plötzlichen Verlust hinweisen, obwohl diese selbstverständlich auch im übertragenen Sinn gelebt werden können und in einer plötzlichen Veränderung der Kernhaltung oder ganz allgemein in kreativen Veränderungsprozessen zum Ausdruck kommen können.

Da sich hier diese Konstellation – verstärkt durch die Trigonal-Aspekte (120°-Winkel) zwischen Jupiter (Sinnfrage, Optimum) und Sonne (Vater) mit Pluto, der zum Skorpionzeichen gehört und überdies im Skorpion affinen achten Haus steht und daher der Thematik des Gestaltwandels, der Transformation Nachdruck verleiht – in der Art konkretisierte, dass der Vater zu früh starb, konnte dieser seinen Sohn in der wichtigen Phase der männlichen Identitätsbildung nicht mehr unterstützen und begleiten. Gleichzeitig waren auch Theodors ältere Brüder alle längst ausgezogen und zum Teil im Ausland in Ausbildung und Beruf. Durch diese Umstände wurde Theodors Durchsetzungskraft, die ja schon anlagemäßig nicht sehr ausgeprägt vorhanden ist und vonseiten der Umwelt nachhaltige Ermunterung gebraucht hätte, entsprechend geschwächt. Mangels väterlicher und brüderlicher Vorbilder und unter dem Einfluss der geliebten und verehrten Mutter, die Theodor durch Verwöhnung weiterhin an sich zu binden verstand, hatte er nicht genügend gelernt, seine Antriebsenergie nachhaltig zugunsten der professionellen Entwicklung eines seiner wahren Talente zu aktivieren, sondern begnügte sich letztlich weitgehend mit seiner Traumwelt.

Theodor bis heute

Mit diesen anamnestischen Anmerkungen soll gezeigt werden, wie sehr ein Schicksal durch das Zusammenspiel einer Anlage und den Mangel an männlicher und strukturierender Unterstützung beeinflusst werden kann, was bei einer so ausgeprägt gefühlshaften Persönlichkeit wie Theodors wichtig gewesen wäre.

In der Begegnung mit Frauen und speziell mit seiner Ehepartnerin konstellierte sich jeweils diese geschwächte männliche Kernhaltung bei gleichzeitiger Verehrungstendenz der Frau, deren Regime in der Alltagsbewältigung Theodor zwar einerseits gelegen kam, da dies einen seiner Schwachpunkte ausglich. Andererseits fühlte er sich von ihr schnell bevormundet und kontrolliert und versuchte, sich ihrem Einfluss zu entziehen, indem er sich hinter Zeitungen versteckte und in Büchern vergrub, zu denen sie keinen Zugang fand.

Er rettete sich vor ihrem Kontrollanspruch in seine private und persönliche Welt des Geistes und der Phantasien, in der er frei war und quasi nomadisieren konnte, trotz seiner bürgerlichen Existenz. Theodor blieb zeitlebens in dieser Verbindung und ließ sich so an der Fruchtbarmachung seiner Talente hindern. Im fortgeschrittenen Alter wurden ihm die Zusammenhänge zwischen seiner Tendenz, Phantasie und Intellekt auf Kosten der Realität zu leben, bewusster, und er erkannte ebenso, dass er die Realitätsbewältigung an seine Partnerin delegiert hatte. Diese Einsichten ermöglichten ihm, gewisse Projektionen zurückzunehmen und einiges von der praktischen Alltagstüchtigkeit, die er mehrere Jahrzehnte lang an seine Frau delegiert hatte, selber zu leben und anstehende Alltagsprobleme selbst in die Hand zu nehmen.

Verwurzelung in der Familie und in sich selbst: Schwerpunkt Himmelstiefe

Anton – im Gefängnis der Tatsachen

Anton, ein hochkarätiger Naturwissenschaftler, der noch in der ersten Hälfte seines Lebens stand, fand den Weg in meine Praxis, als er in einer mittelschweren Depression gefangen war, die sowohl beruflich als auch privat ernsthafte Auswirkungen hatte. Die Neigung zu Depressionen war in dieser Familie verbreitet, auf beiden Seiten der Eltern. Direkt davon betroffen war auch Antons Vater, dessen Depression sich mit zunehmendem Alter phasenweise verschlimmerte. Mehrere Verwandte mütterlicherseits litten ebenfalls unter sehr schweren depressiven Episoden, die auch Suizide zur Folge hatten (Mond-Saturn-Kontakt, siehe unten). Es gibt also einen Erbfaktor, der die Depression bei Anton begünstigte.

Die Beziehung zu seiner Mutter erlebte Anton als sehr positiv und nah, während er den Vater – reziprok zu dessen zunehmendem Erfolg im Beruf – während seines Heranwachsens immer weniger sah. Der Mutterkomplex ist bei Anton dominant und positiv gegenüber dem Vaterkomplex, der etwas schwächer ausgeprägt und ist und zwischen positiv und negativ schwankt.

Das Geburtshoroskop von Anton (siehe Bild 3 im Farbtafelteil)

Antons Horoskop hat einen deutlichen Schwerpunkt in der unteren Kreishälfte mit vier Planeten im ersten Quadranten und drei im zweiten Quadranten.

So befinden sich Sonne (zentrales Anliegen, Bewusstsein, väterliches Prinzip) und Mond (Unbewusstes, Phantasie, mütterliches Prinzip, Anima) beide im erdhaften Tierkreiszeichen Stier, die Sonne im dritten Haus (persönliche Weiterentwicklung) und der Mond im zweiten Haus (Beruf als Existenzsicherung). Der Erdhaftigkeit des Tierkreiszeichens Stier mit der Kernhaltung (Sonne) und der seelischen Funktionsweise (Mond) bringt der Aszendent Wassermann (Freiheit, systematisches und intuitives Denken) das dritte Element, nämlich Luft, hinzu. Ende des ersten Hauses befindet sich zudem die Venus (Liebe, Harmonie, Ästhetik, Anima) im Tierkreiszeichen Widder (willensbetont, Feuerzeichen), und im ersten Haus im Tierkreiszeichen Fische sitzt Jupiter (Expansion, Optimum, Sinnfrage). Der erste Quadrant fokussiert also auf persönliche Durchsetzung (erstes Haus), Selbsterhaltung (zweites Haus) und persönliche Weiterentwicklung (drittes Haus), während der zweite Quadrant mit Merkur am Anfang des vierten Hauses (Familie, Herkunft, Verwurzelung) sowie Saturn (Grenzen setzendes Prinzip) und Mars (Aktivität, männliche Libido), beide im gefühlshaften Wasserzeichen Krebs im fünften Haus (intime Liebe, Freundschaften, Kinder, Spiel und Sport), auf eine Persönlichkeit verweisen, die auf Privatheit ausgerichtet ist.

Planetenpositionen und Aszendent

Sonne im Stier	28° 36'	–	drittes Haus
Mond im Stier	4° 48'	–	zweites Haus
Merkur in den Zwillingen	15° 25'	–	drittes/viertes Haus
Venus im Widder	17° 4'	–	erstes Haus
Mars im Krebs	17° 50'	–	fünftes Haus
Jupiter in den Fischen	14° 18'	–	erstes Haus
Saturn im Krebs	3° 8'	–	viertes/fünftes Haus
Uranus r in der Waage	24° 25'	–	achtes Haus
Neptun r im Schützen	8° 31'	–	neuntes Haus
Pluto r in der Waage	4° 14'	–	siebtes Haus
Mondknoten im Schützen	20° 34'	–	zehntes Haus

AC Wassermann	29° 34'	DC Löwe	29° 34'
MC im Schützen	15° 49'	IC Zwillinge	15° 49'
2. Haus: Widder	22° 49'	8. Haus: Waage	22° 49'
3. Haus: Stier	24° 13'	9. Haus: Skorpion	24° 13'
5. Haus: Krebs	4° 50'	11. Haus: Steinbock	4° 50'
6. Haus: Krebs	26° 14'	12. Haus: Steinbock	26° 14'

Introversion oder Extraversion?

Antons Horoskop lässt auf einen Blick erkennen, dass wir es mit einem introvertierten Mann zu tun haben, denn alle persönlichen Planeten befinden sich im ersten und zweiten Quadranten, d.h. schwerpunktmäßig geht es in Antons Leben um persönliche und familiäre Themen, wie oben schon kurz angesprochen wurde. In der oberen Kreishälfte, wo es um den Umweltbezug (dritter Quadrant) sowie um Gesellschaft und Öffentlichkeit (vierter Quadrant) geht, befinden sich dagegen nur die transsaturnalen Planeten Pluto (Stirb-und-Werde-Prinzip, Metamorphose), Uranus (unvorhersehbare Veränderungen, Freiheitsbedürfnis) und Neptun (Sensibilität, Wunschhaftigkeit, Entgrenzung). Das Verhältnis zwischen introvertierten und extravertierten Tendenzen ist in Antons Fall eindeutig: Man kann zweifellos erkennen, dass Anton eine introvertiert eingestellte Persönlichkeit ist, dies um so mehr, als selbst die drei kollektiven Planeten (Pluto, Uranus und Neptun), die sich in dem der Umwelt zugeordneten dritten Quadranten (extravertierte Einstellung) befinden, retrograd sind und damit eine introversive Tendenz zeigen, was heißt, dass sie sich nicht nach außen, sondern nach innen entfalten.

Das Eigene, Persönliche besser kennenzulernen und vermehrt zum Blühen zu bringen, ist somit das eigentliche Ziel in Antons Leben.

Die Mutter und weitere weibliche Verwandte, der Vater

Anton ist verheiratet und hat zwei Töchter im Schulalter und einen Sohn im Kindergartenalter. Er stammt aus einer Familie von Naturwissenschaftlern, in der Ratio, Leistung und Perfektion großgeschrieben wurden und die emotionale Welt mit ihren Phantasien und Träumen weniger Aufmerksamkeit erfahren hat.

Sonne und Mond im Stier verweisen mit ihrer materiellen Orientierung auf Antons Realitätssinn, jedoch auch auf seine Elternbilder: Vater und Mutter sind ebenfalls Naturwissenschaftler. Zudem ist Saturn, das Realitätsprinzip, in einem harmonischen Aspekt (Sextil) mit dem Mond verbunden, was Antons Erfahrung mit einer rationalen Mutter, die ihm dennoch auch in mancherlei Hinsicht emotionalen Halt und Schutz zu bieten vermochte, widerspiegelt.

Doch wie schon aus der Beschreibung von Saturn in Kapitel 1 hervorgeht, kann er beim Thema »Depression« eine wichtige Rolle spielen (siehe das Unterkapitel »Die zehn Planeten in der Astrologie«). Dies ist nun auch bei Anton der Fall. Wenn Saturn, das Grenzen setzende Prinzip und Sammelbecken aller Erfahrungen, am Ende des vierten, anfangs des fünften Hauses (Familie und Kinder) positioniert ist und zudem im Familien bezogenen Tierkreiszeichen Krebs steht, kann es vorkommen, dass eine familiäre Disposition zur Depression vorliegt. Die harmonische Verbindung durch das Sextil (60°-Winkel) zwischen dem Mond (im Stier) und Saturn (im Krebs), kann ein Hinweis darauf sein, dass eine Disposition zu einer depressiven Erkrankung vorliegt. Dieser harmonische Aspekt führte in diesem Fall dazu, dass Anton lange nicht merkte, dass er in einer depressiven Episode war und somit etwas nicht stimmte, denn das Thema »Depression« gehörte von klein auf ganz selbstverständlich zur Familiengeschichte. Wie es bei allen Dispositionen der Fall ist, kann diese von der betreffenden Person selbst gelebt werden oder auch in der Projektion auf andere Menschen oder Situationen als außerhalb von einem selbst liegend erfahren werden. In Antons Fall war es tatsächlich so, dass sogar mehrere weibliche Angehörige in der Vergangenheit unter depressiven Episoden jeden Schweregrads gelitten hatten.[229]

Beruf und Depression

Anton suchte eine psychotherapeutische Begleitung, weil er das Gefühl hatte, emotional blockiert zu sein, was auf der kommunikativen Ebene vielerlei private und berufliche Probleme mit sich brachte. Tatsächlich litt Anton zu Beginn der Analyse stark unter dem Konflikt zwischen Wunsch und Realität, die strukturell gespiegelt wird durch den retrograden Neptun (Wunsch, Entgrenzung) im Schützen (Freiheit, Reisen, ferne Länder) im neunten Haus (affin zum Schützen) in Opposition zur erdhaften Sonne (Kernhaltung) im Erdzeichen Stier (Realitätssinn, Materialismus) im dritten Haus (persönlicher Werdegang und Weiterentwicklung). Neben diesem Konflikt zwischen Fernweh (Neptun im Schützen im neunten Haus) und Bodenhaftung (Sonne und Mond im Stier) führte ihn jedoch das Thema der Depression als familiäre Belastung in die Analyse.

Das Mondprinzip im Stier in seiner Aspektierung zu Saturn im Krebs in den beiden ersten Feldern des Familienquadranten (viertes und fünftes Haus) weist strukturell auf eine Begrenzung (Saturn) des mütterlichen Prinzips (Mond) hin, die sich beispielsweise in Antons Anspruch nach Perfektion (Saturn) in der Betreuung der Kinder zum Ausdruck bringen kann. Die Mond-Disposition entspricht einerseits seiner eigenen seelischen Anlage (Mond), andererseits jedoch auch der Disposition zur Erfahrung an der persönlichen Mutter (ebenfalls Mond). Auch seine Mutter, die ihren Beruf zugunsten ihrer Kinder aufgegeben hatte und ihr Bestes tat, um ihnen eine glückliche Kindheit zu geben, litt unter einer depressiven Episode, als Anton noch ein Säugling war, und entsprechend eingeschränkt war sie in dieser Zeit in ihrer emotionalen Erreichbarkeit. Möglicherweise begünstigten diese und weitere depressive Episoden der Mutter Antons spätere depressive Entwicklung.

Diese führte ihn letztlich in die Analytische Therapie, in der er zunächst die Mühe schilderte, die er mit seiner zuvor einwandfreien Konzentrationsfähigkeit hatte. Er fühlte sich völlig überschwemmt von der täglichen E-Mailflut, die von außen wie eine gewaltige Naturkatastrophe über ihn hereinbrach und die er in zwanghafter und perfektionistischer Weise abzuarbeiten versuchte, wodurch er sich nicht mehr genügend um die wissenschaftlichen Projekte kümmern konnte. Er hatte ein großes Problem mit der Strukturierung seines Arbeitsalltags und glaubte, es entgleite ihm alles. Dies löste wiederum Ängste aus, nicht mehr genügen zu können, die Kontrolle über sein anspruchsvolles Aufgabenfeld zu verlieren.

Die geschilderte Erlebensweise kann sehr gut in der astrologischen Konstellation von Pluto und Saturn nachvollzogen werden. Pluto als generell verstärkendes Prinzip, in der Waage im siebten Haus, wirkt hier im Quadrat zu Saturn als unbewusster Zwang zur Perfektion. Pluto ist das Prinzip der hohen Leitbilder, und Plutokonstellationen sind deshalb sehr machtvoll. Subjektiv wird dies als hoher Anspruch zur Perfektion und damit als »Druck« erlebt. Weil er hier zu den beiden Hauptwesenskräften Sonne und Mond aspektiert ist und zudem in starker quadratischer Spannung zu Saturn steht, mit dem allein man schon sehr viel Perfektionsdruck hat, erhöhte sich in Anton der große Druck, perfekt sein zu müssen, extrem und löste gleichzeitig intensive Versagensängste aus.

Das heißt, dass Anton zu Beginn der Analyse seelisch und verstandesmäßig unter dem Druck des Perfektionszwangs einzubrechen drohte, unter der empfundenen Riesenlast beruflicher Verpflichtungen, die sich wie eine Lawine zusehends vergrößerte und ihn zu überrollen und zu begraben drohte. Die Frage, ob er im richtigen Beruf sei, begann ihn zu quälen.

Partnerschaft und Sexualität – Kinder

Antons Tendenz, die Gefühlsseite zu versachlichen und einzuschränken sowie Gefühle zu unterdrücken und abzuschneiden, hängt zum einen mit der Position von Saturn im gefühlshaften

Krebs, Ende des vierten Hauses (emotionale und geistige Verwurzelung, Familie), Anfang des fünften Hauses (intime Liebe, Kinder, Spiel, Sport) zusammen.

Zum andern wird dies verschärft, indem sein Mond im Stier in einem Sextil zu Saturn steht und so in seiner erdhaften Schwere verstärkt wird – erdrückt durch die saturnalen bleiernen Gewichte der Versagens- und existentiellen Ängste (Saturn). Dies zeigte sich zum Beispiel auch darin, dass das Paar – obwohl keinerlei medizinische Gründe vorlagen – im Vergleich zu gleichaltrigen Paaren lange auf den Kindersegen warten musste. Mit Saturn im fünften Haus ist das nicht ungewöhnlich. Denn dort, wo Saturn, das Grenzen setzende Realitätsprinzip, steht, ist mit Einschränkungen zu rechnen, und nicht selten bleibt ein Paar ohne Kinder. Anton musste zwar mehrere Jahre auf die erwünschten Kinder warten, aber heute ist er glücklicher und liebevoller Vater von drei gesunden Kindern.

Einengende Lebenssituation

Wie erwähnt, litt Anton zu Beginn der tiefenpsychologischen Arbeit an Zwängen zur Perfektion und an irrationalen Schuldgefühlen, beruflich nicht genügend zu leisten, was wiederum durch die Energieblockaden und Konzentrationsstörungen gefördert und letztlich sogar wahr wurde. Was macht der Mensch, wenn es ihm plötzlich schlechter geht und er sich dies nicht erklären kann? Er sucht Gründe. Die naheliegendsten Erklärungen werden meist in der aktuellen Lebenssituation gefunden, neben der beruflichen auch in der privaten.

Nicht nur im Beruf, sondern auch in seinem Leben als Ehemann und Familienvater begann Anton, sich eingesperrt und unzulänglich zu fühlen. War das alles, was er noch zu erwarten hatte? Saturn – hier als Entsprechung zur Depression (über Perfektionismus und Zwänge gelebt) – im Wasserzeichen Krebs erzeugte bei Anton tiefe, unbewusste Ängste und Schuldgefühle gegenüber seinen Töchtern und seinem Sohn. Anton liebt seine Kinder hingebungsvoll, fühlte sich in jener depressiven Phase jedoch oft überwältigt von deren Lebendigkeit und Vitalität, die sich auch darin zeigte, dass sie sich mit großer Freude auf den heimkehrenden Vater zu stürzen pflegten und unverzüglich mit ihm spielen wollten. Anton fühlte sich jedoch ausgelaugt vom Arbeitstag, und es passierte ihm zuweilen, dass er seine Kinder sehr unwirsch abfertigte und manchmal auch laut wurde, was wiederum Schuldgefühle nach sich zog, er könne seine geliebten Kinder seelisch beschädigen.

Antons Beziehungsfähigkeit oder das Animaproblem und die Wandlung der Anima

In Antons Leben gab es zu Beginn der Analyse auch ein Animaproblem und damit ein Beziehungsproblem. Denn obwohl er in einer sehr guten und stabilen Beziehung zu seiner Frau stand – was sich auch sehr positiv in seinen Träumen spiegelte –, schien ihm etwas zu fehlen. Neben seiner Ehefrau trat plötzlich ein anderer Frauentypus in sein Leben, mit Schwerpunkt auf erotischer und sexueller Attraktivität. Dabei verhielten sich diese Frauen wie Jägerinnen, die Anton zur Zielscheibe ihres Begehrens machten. Dies spiegelte sich auch in seinen Träumen, in denen anfänglich diese konkreten »Jägerinnen«[230] neben sehr undifferenzierten Animafiguren mit einer Affinität zum Rotlichtmilieu dominierten.

Mit fortschreitender Analyse begannen diese zuerst nur auf Verführung spezialisierten weiblichen Traumfiguren sich in unterstützende und helfende Frauen zu verändern. Seine weiblichen Traumfiguren wurden zu anregenden Gesprächspartnerinnen, gebildeten und geistig aktiven und generell interessanten Frauen, die manchmal auch etwas Geheimnisvolles hatten.

Wo findet sich aber dieser starke, aktive und unabhängige Animatypus in Antons Horoskop? Man sieht Ende des ersten, Anfang des zweiten Hauses seine Venus im Feuerzeichen Widder stehen – eine wahre Amazone! Diese Anima ist auf Eroberung gestimmt, sehr aktiv, ganz anders als das sesshafte, auf den Gleichlauf der Dinge gestimmte Mondprinzip im Stier in seiner Erdenschwere.

Zudem steht die Venus in einer quadratischen Spannung zum eigenen Libidoplaneten und Aktivitätsprinzip Mars – was die Triebspannung erhöht – sowie in einem harmonischen Aspekt zu Merkur in den Zwillingen, dem Kommunikationsprinzip. In einem Halbsextil der feurigen Venus zum auf Expansion ausgerichteten Jupiter im romantischen und uferlosen Fischeprinzip kommt eine weitere Komponente ins Spiel. Dies umso mehr, als dieser gefühlshafte Fische-Jupiter in einer trigonalen Verbindung den ebenso gefühlshaften Krebs-Mars sozusagen anfeuert. Somit finden wir eine sehr lebendige, triebstarke, freiheitsliebende und auf Aktivität gestimmte Anima, für die romantisches Zusammensein, Bildung, geistige Beweglichkeit und Kommunikation sehr wichtig sind.

Bis zur Geburt der ersten Tochter konnte Antons Frau diese Komponente offenbar gut abdecken, sie bereisten miteinander die Welt und erlebten Abenteuer zusammen. Mit dem Wechsel seiner Geliebten (Venus) in die Mutterrolle (Mond) und seiner eigenen damit einhergehenden Verwandlung vom Geliebten (Mars) in die Vater- und Ehemannrolle (Sonne) wurde die Krise ausgelöst. Denn mit der Familienthematik kam auch das Saturnthema ins Spiel – und durch die Konstellation der Depression auch die Beschäftigung mit seiner eigenen seelischen Tiefe und seiner Verwurzelung darin. Die ganze Animathematik spielte letztlich eine sehr wichtige Rolle dabei, Anton wachzurütteln, der sich inzwischen viel tiefer und lebendiger sowohl auf sich selbst beziehen kann als auch auf seine Kinder und seine Frau. Denn die intensive analytische Arbeit brachte Anton auf vielfältige Weise mit seiner eigenen weiblichen Seite in Berührung, die ihn nun zu einem gereiften, bezogenen und verlässlichen Partner für seine Frau macht.

Antons Fluchttendenzen

Zu Beginn der Therapie entstanden in Anton verschiedene Formen von Fluchttendenzen aus den als überfordernd erlebten, täglich anfallenden und sich immer weiter auftürmenden beruflichen Verpflichtungen und den nie endenden privaten Anforderungen als Vater von mehreren kleinen Kindern und als Ehemann.

Astrologisch gesehen, rückt dabei Neptun in den Fokus, der wie jede dieser archetypischen Wesenskräfte auf verschiedenen Ebenen gelebt werden kann. In dieser kritischen Phase in Antons Leben wirkte Neptun sich in einem unablässigen Fernweh aus – was prinzipiell seiner Stellung im Schützen und erst recht im neunten Haus (das ja gleichzeitig das Schützehaus ist) entspricht. So war Anton in der Ambivalenz gefangen, einerseits zu Hause bleiben zu wollen und sich seiner Familie zu widmen, bei gleichzeitigem Wunsch, ins Ausland zu gehen und dort zu arbeiten. Allerdings blieben dies Träume und Wünsche, denn Anton tat nicht genügend, um diesen schon immer gehegten Wunsch tatsächlich zu realisieren. Dies ist nicht verwunderlich, denn Neptun ist retrograd und damit weniger auf die Außenwelt als nach innen gerichtet. Dieses Sehnen nach fremden Welten gilt deshalb weniger der Erkundung der konkreten Erde als den Abenteuern, die auf der Reise in den Kosmos des eigenen Unbewussten erlebbar sind.

Eine andere Art, sich zu entziehen, suchte Anton phasenweise auch im Alkohol. Wie aus der Beschreibung der Wasserzeichen bekannt ist, wirken sie eher rezeptiv als aktiv. So hatte Anton in seiner depressiven Phase ein Problem mit seinem Antrieb, symbolisiert durch Mars im Krebs, denn bildlich gesprochen wurde das Feuer von Mars vom Wasser gelöscht, oder anders gesagt, ging Mars im Wasserelement Krebs unter, was bedeutet, dass dieses Prinzip unbewusst wurde. Es stand zwar in der trigonalen Verbindung mit Jupiter (Unabhängigkeitsstreben) in den Fischen im ersten Haus, der vielerlei Optionen bereithielt. Da Jupiter jedoch in der Spannung zu Neptun nie konkret wurde, kam es zu keiner tatkräftigen Umsetzung (Mars) – z. B. in Bezug auf den Auslandswunsch. Die harmonische Verbindung von Jupiter zu Mars, die beide in Wasserzeichen stehen, manifestierte sich so, dass ihre feurige Energie von Anton ab und zu im Alkohol ertränkt wurde.

Nach einem solchen Absturz in den Alkohol häuften sich Antons Jähzornsausbrüche, in denen er sich seiner Partnerin sowie seinen Kindern gegenüber vergaß und denen auf den Fuß Schuldgefühle folgten, die sich wiederum durch den Kontrollverlust im affektiven Ausbruch verstärkten. Es war ein richtiger Teufelskreis, der jedoch durch wachsende Bewusstheit schließlich in eine positive Aufwärtsspirale umgewandelt werden konnte.

Anton heute

Anton lernte zu erkennen, dass er verschiedene Seiten hat, die alle gelebt werden wollen, und er hat auch gelernt, diese verschiedenen Persönlichkeitsanteile besser miteinander in Einklang zu bringen, anstatt sie gegeneinander auszuspielen oder nur die einen auf Kosten der andern zu leben. Es ist ihm dabei bewusst geworden, dass sowohl die erdhafte Seite, die ihm existentielle Sicherheit bringt, als auch die freiheitsliebende Wasser- und Feuerseite gelebt werden wollen und gelebt werden müssen.

Zur Belebung der Wasser- bzw. Gefühlsseite tut Anton viel: Er träumt sehr viel und zeichnet gerne und zudem sehr gut. In der Therapie ist er auch dem Sandspiel[231] gegenüber aufgeschlossen.

Diese Beschäftigung mit seinem Unbewussten bewirkte schließlich auch seinen Entwicklungsprozess hin zu einer Zentrierung der Persönlichkeit. Dies wirkt sich sehr positiv in einer neu gewonnenen Freude am Beruf sowie an seiner Familie aus. Antons psychisches Gleichgewicht hat sich insgesamt sehr stark verbessert, und heute kann er in Ruhe über seine Fluchttendenzen reflektieren, ist ihnen jedoch nicht mehr unterworfen. Er befindet sich auf einem produktiven Weg im Umgang mit sich selbst und seinen Mitmenschen.

Eva und der Weg in die Freiheit

Eva ist eine attraktive, gepflegte und beruflich sehr erfolgreiche Frau in der Lebensmitte. Ihr Motiv, eine Therapeutin aufzusuchen, wurde jedoch nicht genährt durch diesen gut funktionierenden Teil ihres Lebens, sondern von Themen, die ihr Beziehungsleben betrafen und die ihr viel Leid gebracht hatten. Sie war im Trennungsprozess von ihrem Ehemann, mit dem sie mehr als zwei Jahrzehnte verheiratet war. Sie fragte sich nämlich, warum sie es sich solange zugemutet hatte, viele Jahre in einer unbefriedigenden Beziehung auszuharren. Ein Blick auf ihr Horoskop zeigt, dass Eva sehr stark disponiert ist, sich anzupassen, weiter unten werden die astrologischen Details dazu eingeführt werden.

In Evas Leben war das Thema Anpassung kontra Freiheit schon immer zentral gewesen, aber es war ihr bis vor Kurzem nicht genügend bewusst gewesen, um etwas verändern zu können. So hatte eine jahrelange Überanpassung im privaten Lebensbereich, die auf Kosten wichtiger Aspekte ihrer persönlichen Freiheit und Entfaltung gegangen war, sie in eine Sackgasse geführt, aus der sie wieder hinausfinden wollte. Diese Überanpassung geht einher mit einer mangelnden Stärke in sich selbst, aus der heraus sie in ihrer Ehe Grenzen setzen und Forderungen hätte aufstellen können. Evas zentrales Anliegen ist es nun, ihre Autonomie wiederzugewinnen, die eigene Selbstwerdung voranzutreiben, im Rahmen von intimen Beziehungen ihre eigenen Wurzeln zu finden und zu stärken sowie ihre lebendigen Emotionen wiederzufinden. In ihrer Horoskopstruktur zeigt sich dies in der starken Betonung des zweiten Quadranten und damit in einer Akzentuierung der Privatbzw. Tiefenperson. Dort befinden sich – bis auf Saturn, der im Widder im elften/zwölften Haus steht – alle Planeten, auf alle drei Häuser des zweiten Quadranten verteilt. An diesem Ziel der Autonomiegewinnung und Selbstwerdung arbeitete Eva stetig, fest entschlossen, sich nur noch auf eine Beziehung einzulassen, die ein faires Geben und ein Nehmen ermöglicht und beide Partner gleichermaßen befriedigt.

Das Geburtshoroskop von Eva (siehe Bild 4 im Farbtafelteil)

Ein Blick auf ihr Geburtshoroskop zeigt, dass alle Planeten im zweiten Quadranten, dem sogenannten »Familienquadranten«, der mit der Himmelstiefe (Imum Coeli, IC) beginnt und beim Deszendenten (DC) endet, liegen – außer Saturn, der am Ende des elften, Anfang des zwölften Hauses steht. Mit dieser starken Betonung des zweiten Quadranten wurzelt Eva in den persönlichen und instinktnahen Sphären und ist als introvertierte Persönlichkeit angelegt.[232] Man sieht ebenfalls sofort, dass mit der Planetenballung Jupiter, Pluto und Uranus in der Jungfrau sowie der Sonne in der Waage im fünften Haus dieses sehr betont ist und Freunde, Liebe und Kinder in Evas Leben zentral wichtig sind.

Das ebenfalls stark besetzte sechste Haus zeigt zudem, dass der Beruf eine emotional bedeutsame Rolle für sie spielt: Die beiden Gefühlsplaneten Venus und Mond kommen dort in Verbindung mit dem Kommunikationsprinzip Merkur zum Einsatz, und möglicherweise ist Eva auch gerade wegen ihrer Beziehungsbegabung beruflich so erfolgreich in einem Dienstleistungssektor in der Privatwirtschaft, wo sie in verbindlicher Weise ein großes Beziehungsnetz pflegt.

Planetenpositionen und Aszendent

Sonne in der Waage	1° 50'	–	fünftes Haus
Mond im Skorpion	3° 25'	–	sechstes Haus
Merkur in der Waage	27° 30'	–	sechstes Haus
Venus in der Waage	27° 39'	–	sechstes Haus
Mars in der Jungfrau	1° 56'	–	viertes Haus
Jupiter in der Jungfrau	19° 48'	–	fünftes Haus
Saturn r im Widder	23° 39'	–	elftes/zwölftes Haus
Uranus in der Jungfrau	29° 46'	–	fünftes Haus
Neptun im Skorpion	24° 26'	–	sechstes Haus
Pluto in der Jungfrau	23° 1'	–	fünftes Haus
Monkknoten im Widder	9° 49'	–	elftes Haus

AC Zwillinge	15° 29'	DC Schütze	15° 29'
MC Wassermann	14° 47'	IC Löwe	14° 47'
2. Haus: Krebs	5° 25'	8. Haus: Steinbock	5° 25'
3. Haus: Krebs	23° 46'	9. Haus: Steinbock	23° 46'
5. Haus: Jungfrau	13° 37'	11. Haus: Fische	13° 37'
6. Haus: Waage	26° 49'	12. Haus: Widder	26° 49'

Introversion oder Extraversion?

Evas Hauptthemen betreffen Familie (viertes Haus), Liebe und Kinder (fünftes Haus) sowie ihren Beruf im Dienstleistungsbereich (sechstes Haus). Das sind private Themen, die per se eine ganz persönliche, subjektive Lösung erfordern. Eva ist damit als introvertierte Persönlichkeit erkennbar, die jedoch durch den »luftigen« Stil der Kernhaltung im Waagezeichen und des Aszendenten in den Zwillingen leichter wirkt als der zuvor diskutierte introvertierte Anton.[233]

Eva hat selbstverständlich gute extravertierte Fähigkeiten entwickelt, da ja kaum ein Mensch nur introvertiert oder nur extravertiert ist, sondern von beiden Einstellungen etwas hat bzw. zum Vorteil für die Lebensbewältigung nicht in einem der beiden Extreme gefangen bleibt. So ist Eva mit ihrer in der Privatheit wurzelnden Kernhaltung in der Haupteinstellung eine introvertierte Persönlichkeit, hat aber im Rahmen ihrer beruflichen Entwicklung die notwendigen extravertierten Fähigkeiten dazugewonnen.

Trennung als Befreiung und Problem – Animus und Selbstbild

Eva kam tatsächlich nicht wegen beruflicher Probleme in die Therapie, sondern weil sie im Trennungsprozess mit ihrem Ehemann stand.

Schauen wir uns ihre männliche Seite an, den Animus, der ja immer mit im Spiel ist bei der Partnerwahl: Sonne (väterliches Prinzip, Animus) in der Waage und Mars (Aktivität, Aggressionsprinzip, Animus) in der Jungfrau. Die Waagepersönlichkeit ist bekannt für ihre Harmonieliebe, die in vielen Fällen als Konfliktscheu praktiziert wird. So auch in diesem Fall: Ihr Mann wurde von Eva lange Zeit idealisiert und sein problematisches Verhalten beschönigt, während aus dem Freundeskreis seit Jahren die Frage kam, warum sie es sich antue, bei diesem Mann zu bleiben. Allerdings kam diese Frage nicht von ihren Eltern, die darauf Wert legten, dass Eheleute auch unter kritischen Bedingungen zusammenbleiben sollten. Da Eva eine enge Beziehung zu ihren Eltern pflegte, wurde Evas eigenes Harmoniebedürfnis, das harte Schnitte möglichst zu vermeiden sucht, durch die ebenfalls harmonieliebende Haltung der Eltern verstärkt.

Kompetenz bei kritischen Nachfragen verleihen Jungfrau- und Skorpionprinzip sowie natürlich Saturn, der jedoch keine Verbindung zur Sonne hat. Das Sonnenprinzip als zentraler Anteil im Männerbild bleibt also unbehelligt vom Realitätsblick, wird jedoch gleich dreifach idealisiert: Durch das Sextil zu Neptun im Skorpion wird das eher auf die schöne Seite der sichtbaren Welt orientierte Sonnenprinzip in der Waage mit Einfühlsamkeit und Tiefgang bereichert (was der betreffende Partner im Umgang mit Eva eindeutig nicht zeigte), und durch das Halbsextil zwischen Sonne und der Merkur-Venus-Konjunktion in der Waage kommt eine ebenso gutmeinende, schönredende und zur Verdrängung tendierende Seite ins Spiel. Deshalb konnte der betreffende Mann, der viel älter als Eva ist und der aus erster Ehe schon zwei Töchter und einen Sohn hatte, es sich offenbar leisten, die sehr gute sexuelle Beziehung zu Eva nach zehn Jahren bis dahin glücklicher Ehe abzubrechen, weil sie gewagt hatte, ihren Kinderwunsch zu äußern. Er konnte offenbar nicht nachvollziehen, dass es ein legitimer und sehr natürlicher Wunsch seiner immer noch jungen Frau war, selber Kinder zu haben.

Einzig die Wesenskräfte Mars und Uranus in der Jungfrau in Verbindung mit der Sonne bewirken einen guten analytischen Blick für das, was ist; sie konnten ihren Einfluss jedoch jahrelang zu wenig geltend machen. Eva blieb noch weitere zehn Jahre bei ihrem Mann, der seither völlig versteinert und kalt zu ihr war. Bis sie der Tatsache wirklich ins Auge zu sehen begann, waren viele Bemerkungen von Freundespaaren an sie gegangen, und selbst ihre Stieftöchter und ihr Stiefsohn fanden das Verhalten ihres Vaters ihrer Stiefmutter gegenüber unerträglich und fragten sie, warum sie sich als schöne, intelligente und beruflich erfolgreiche Frau im besten Alter von ihrem lieblosen und alternden Mann wie ein Aschenputtel behandeln lasse. Das ist eine gute Frage – was ist denn mit Evas Selbstbild als Frau los?

Elternkomplexe, Muttererfahrung und Selbstbild

Eva, die immer nur sehr positiv von beiden Eltern sprach und in einer guten Beziehung zu ihnen steht, schildert ihre Mutter als Glucke, die alles tat für ihre Kinder. Ihren Vater beschreibt sie weniger deutlich, er schien immer etwas im Hintergrund gewesen zu sein, ist offenbar ein ruhiger Mann, problemlos und ebenfalls unterstützend. Ihre Elternkomplexe erschienen bei Therapiebeginn zumindest in Evas bewusster Wahrnehmung positiv, allerdings erlaubte sich das Unbewusste in seiner Bildersprache ergänzend eine andere Wahrheit zutage zu fördern, von der wir weiter unten noch etwas mehr erfahren. Man könnte vielleicht sagen, Eva habe einen zu positiven Vaterkomplex, jedenfalls fällt in ihren Erzählungen keinerlei Schatten auf den Vater.

Auch der Mutterkomplex ist mehrheitlich positiv, jedoch mit wachsender Bewusstwerdung wird auch ein Problem sichtbar, das schon im Begriff »Glucke« anklingt: Die immerwährende Angst der Mutter, es könnte ihrer Tochter etwas Schlimmes zustoßen, ist auch eine Belastung für Eva, denn es bringt einen Vertrauensmangel zum Ausdruck. Diese Überbesorgnis der Mutter rührte möglicherweise von deren eigenem frühen Mutterverlust her, was ihr eine harte und traurige Kindheit beschert hatte. Sie selber wuchs nämlich in Lieblosigkeit bei einer Stiefmutter auf, die sie wie ein Dienstmädchen behandelte, und schwor sich, ihren eigenen Kindern nur das Beste zu geben und ihnen ein harmonisches Familienleben zu ermöglichen. Das war ihr vollkommen geglückt. Aber sie konnte die Kinder nicht loslassen und sorgte sich ständig um sie. Zudem war Harmonie ihr oberstes Prinzip, und Konflikte waren um jeden Preis zu vermeiden.

Wie ist denn eine solche Mutter in Evas Fall astrologisch gesehen möglich? Beim Mutter-Kind-Thema geht es immer um den Mond und seine Aspektierung: Eva hat einen Skorpion-Mond in weiter Konjunktion mit Neptun (entgrenzendes, idealisierendes Prinzip) im Skorpion (seelische Tiefe) und in engerer Konjunktion mit Venus in der Waage, einer doppelten Anlage zur Tendenz, die Realität zu verschönern. Dies verweist auf ein Mutterbild, das spannungsvoll ist in dem Sinne, als dass seelische Tiefe und menschliches Leiden sowie dessen Überwindung wichtige Themen sind. Zudem ist das Skorpionelement, in dem der Mond (Mutterbild, Mutter-Kind-Beziehung) ja steht, auf Symbiose gestimmt, und da das mütterliche Prinzip (Mond) skorpionisch eingefärbt ist, ist es nicht verwunderlich, dass im Fall von Eva eine symbiotische Verbindung zwischen Mutter und Tochter besteht. Überdies bringt die Neptunanlage (Neptun im Skorpion) zusätzliche Abgrenzungsprobleme gegenüber der Umwelt mit sich, denn Neptun ist auf Entgrenzung spezialisiert (vgl. das Unterkapitel »Die zehn Planeten in der Astrologie« in Kapitel 1), was sich zusätzlich in Verschmelzungswünschen sowie in Befürchtungen möglicher Gefahren äußern kann.

Durch die zusätzliche Konjunktion von Merkur (Denken) in der Waage zur Venus im konfliktabgeneigten Waageprinzip wird in diesem Fall auch durch das Denken, nicht nur durch das Fühlen, Harmonie über die Wahrheit gestellt, was letztlich zum Entwicklungsstillstand führte. Die auf immerwährende Harmonie und damit auf den Status quo gestimmte Merkur-Venus-Konjunktion in der Waage steht jedoch in Opposition und damit in einer Zerreißprobe zu Saturn (Realitätsprinzip) im Widder, dem Zeichen des mutigen Neubeginnens. Leider dämpft Saturn, als Realitätsprinzip das Sammelbecken menschlicher Erfahrungen, in Evas Fall in besonderem Maße diese feurige Aufbruchsenergie. Denn die Erfahrung mit der Mutter ist geprägt durch deren übertriebene Angst und Besorgnis vor allem Neuen und Unbekannten. Der Meister in der Abgrenzungsfähigkeit, Saturn, ist in Evas Horoskop zudem rückläufig, das heißt er verhält sich introvertiert und richtet sich nach innen, zum eigenen Unbewussten hin, was ihr zusätzlich Mühe bereitet, sich nach außen hin abzugrenzen.

So war es denn auch die Mutter, die von allen wichtigen Menschen in Evas Umfeld auf keinen Fall ihren Schwiegersohn verlieren wollte, denn er gehörte ja seit über zwanzig Jahren zur Familie – und dies, obwohl ihre Tochter neben diesem Mann seelisch vertrocknete. Die Mutter, die nur mit einem gewissen Oberflächenblick auf das erfolgreiche, angesehene Paar blickte, konnte offenbar die herrschende Kälte zwischen den beiden nicht genügend wahrnehmen und war deshalb unfähig, ihre Tochter in dieser wichtigen Sache wirklich zu unterstützen.

Evas Selbstbild als Frau war bei Analysebeginn im Geheimen sehr schwach. Tief im Unbewussten war sie nämlich von diesem ängstlichen und deshalb jede Entwicklung im Keim erstickenden Mutterbild bestimmt. Dies zeigte sich sehr eindrücklich in ihren

Träumen, in denen Evas Emotionen in Eis erstarrt waren, z. B. im ausdrucksstarken Traumbild von hohen Wogen in einem Fluss, die zu Skulpturen festgefroren waren. Im Laufe des analytischen Prozesses wurden diese gefrorenen Wellen wieder flüssig, und bei Eva können nun wieder die Tränen fließen, die zuvor versiegt waren. Ihr seelisches Leben hat sich wieder zu regen begonnen.

Eingefroren war ihre Seele nach dem Schock des totalen Liebesentzugs durch ihren Exmann. Als damals noch junge, gerade mal dreißigjährige und ebenso unbewusste Frau funktionierte sie in der Identifikation mit der Mutter nach deren Muster »Für den Erhalt der Harmonie muss man vieles opfern« – und opferte so nach diesem schockierenden Einschnitt des totalen Liebesentzugs durch ihren Ex-Mann über zehn Jahre ihres Lebens, die eine gute Zeit gewesen wären, auf natürlichem Weg Kinder zu bekommen. Dieses Thema der Kinderlosigkeit ist für sie mit viel Schmerz verbunden, den sie jedoch dank des Skorpion-Monds, der neben seiner Fähigkeit zu Hingabe und Symbiose auch die ausgesprochene Gabe besitzt, sich von einer Krise zu erholen, zu neuen Lebenseinstellungen zu finden, und der zu transformieren imstande ist. Denn das Skorpionprinzip als Stirb-und-Werde-Prinzip bringt einem Menschen wie kein anderes Tierkreiszeichen die Begabung, mit langem Atem Krisen durchzustehen und sich immer wieder zu regenerieren, wie es der Phönix tut, der als Alter verbrennt und sich als Neugeborener aus der Asche erhebt. So ist Eva heute eine glückliche mehrfache und aktive Patin und auch eine geliebte und hochgeschätzte Stiefgroßmutter.

Eva heute – was ist mit der Liebe?

Mit dem Finden eines passenden Partners lässt Eva sich Zeit, denn sie will die alte Beziehung erst genügend verarbeiten. Die damit einhergehenden inneren Bilder, die sie prägen, können sich auf diese Weise weiter verändern und werden dazu beitragen, dass sie von einer anderen Bewusstseinsebene aus und mit neu gewonnener Freiheit sich auf einen zugewandten und wertschätzenden Partner einlassen können wird. Denn die Liebe gehört zu Evas Leben.

Heidi – gefangen im Saturnturm der Pflichterfüllung

Heidi ist eine jünger wirkende, sehr schlanke elegante alte Dame, die jedoch eine große Nervosität ausstrahlt und am ganzen Körper zittert. Es ist für sie nicht möglich, einfach ruhig und locker dazusitzen, sie muss sich immer bewegen, was einen nicht mehr wundert, wenn man ihr ausgesprochen spannungsreiches Horoskop sieht und von ihr erfährt, auf welche Weise sie es bis jetzt gelebt hat. Sie ist aufgeregt, weil es für sie das erste Mal ist, dass sie zu jemandem geht, um über persönliche Probleme zu sprechen, die sie belasten. Heidi hat ihr Leben lang im erfolgreichen Familienbetrieb hart gearbeitet. Gebeugt von den nie endenden Lasten, die Heidi lebenslänglich auf sich genommen hatte, sitzt sie etwas unsicher da, denn sie gönnte sich erst im hohen Alter ein Gespräch über sich selbst. Das ist sie gar nicht gewöhnt, mit ihrer eigenen Person im Mittelpunkt zu stehen, und es fällt ihr deshalb auch schwer, sich offen darüber zu äußern, was sie plagt. Es ist für sie auch schwierig zu erkennen, wo das Hauptproblem in ihrem Leben lag, was sie jedoch weiß, ist, dass sie wohl einen guten Ehemann hat, sich aber sonst sehr einsam fühlt, da sie nie auch nur eine einzige Freundin hatte. Sie möchte wissen, was für Möglichkeiten es geben kann, dies zu ändern und bei anderen Menschen Anschluss zu finden, vor allem auch bei Frauen. Das ist ihr erklärtes Ziel.

Das Geburtshoroskop von Heidi (siehe Bild 5 im Farbtafelteil)

Heidis Geburtshoroskop weist zwei Akzente auf, die folgendermaßen zusammengefasst werden können:

Heidis spektakulär anmutendes Geburtsbild weist ein quadratisches Viereck auf, das gebildet wird durch vier Quadrat-Aspekte (90°-Winkel) zwischen jeweils zwei Planeten, wobei im Imum Coeli (IC) zwei Planeten, nämlich Sonne (zentrale Einstellung zum Leben, väterliches Prinzip, Animus) und Merkur (Denken, Kommunikation) in einer engen Konjunktion zusammenstehen und so jeweils sogar zwei Winkel zu einem der drei anderen Wesenskräfte bilden.

Mit der Sonne in der Himmelstiefe (Imum Coeli, IC) im Tierkreiszeichen Steinbock – das gleichzeitig das Sonnenzeichen ist, da die Sonne (väterliches Prinzip, Animus) sich zusammen mit Merkur (Denken, kommunikatives Prinzip) im Steinbock befindet – liegt der Schwerpunkt in Heidis Horoskop im Familienquadranten, nämlich im vierten Haus (Familie, eigene Wurzeln). Mit der Sonne im Steinbock im vierten Haus hat das Vaterprinzip eine dominante Stellung an der Wurzel dieses Horoskopbilds, und angesichts dieser zentralen Stellung der Sonne stellt sich sofort die Frage, in welcher Weise sich dies in Heidis Leben manifestierte. Spontan stellt sich das Bild eines Haustyrannen ein – ein Thema, das weiter unten noch aufgegriffen werden wird.

An diesem Geburtshoroskop ist auffällig, dass die roten Aspekte deutlich vorherrschen: Die Sonne (Wille, Bewusstsein) in Konjunktion mit Merkur (Intellekt, Kommunikation, manuelle Geschicklichkeit) steht erstens in quadratischer Spannung (90°) mit Jupiter (Expansionslust, Sinnfrage) in der Waage (Harmonieliebe) im ersten Haus, wo es um Selbstgestaltung und Selbstentfaltung geht; zweitens sind Sonne und Merkur auch zu Uranus (Freiheit, Unverhergesehenes, neue Ideen) im Widder im siebten Haus spannungsvoll aspektiert (90°), und drittens stehen sie in einer Opposition (180°) zu Pluto (Macht und Ohnmacht, Stirb und Werde-Prinzip) im Krebs im zehnten Haus (Öffentlichkeit, Gesellschaft, Repräsentative Funktionen). Dies zeigt, dass es viel Reibung, Hemmung, Spannung in Heidis Horoskop gibt.

Außerhalb dieses rot verspannten Gebildes liegt im Tierkreiszeichen Wassermann und im fünften Haus (intime Liebe und Freundschaften, Kinder, Spiel, Sport, kreativer Selbstausdruck) eine große Planeten-Ballung (mehrere Konjunktionen), angeführt von Saturn (Grenzen, Realität, Blockaden) in ganz enger Konjunktion mit Mars (Antrieb, aktive Energie, Animus) sowie Venus (Göttin der Liebe, Ästhetik, Balance) und Mond (Seele, Traumwelt, mütterliches Prinzip). Dieses große Potential an Leichtigkeit, Freiheitsgefühl (Wassermann) und Kreativität (fünftes Haus) war Heidi in ihrem langen Leben nicht zugänglich gewesen. Dagegen sind die Spannungen, die durch die analytische Aspektfigur in der Form eines Quadrats, das in zwei Oppositionen aufgespannt ist, so übermächtig, dass sie sich von Heidi nicht kontrollieren lassen, sondern sich in unentwegten Zitterbewegungen äußern.

Planetenpositionen und Aszendent

Sonne im Steinbock	27° 09'	–	viertes Haus
Mond im Wassermann	29° 59'	–	fünftes Haus
Merkur im Steinbock	25° 44'	–	viertes Haus
Venus r im Wassermann	23° 31'	–	fünftes Haus
Mars im Wassermann	16° 22'	–	fünftes Haus

Jupiter in der Waage	22° 33'	–	erstes Haus
Saturn im Wassermann	16° 16'	–	fünftes Haus
Uranus im Widder	23° 34'	–	siebtes Haus
Neptun r in der Jungfrau	12° 4'	–	elftes/zwölftes Haus
Pluto r im Löwen	23° 35'	–	zehntes Haus
Mondknoten im Wassermann	20° 41'	–	fünftes Haus

AC Waage	7° 7'	DC Widder	7° 7'
MC Krebs	9° 32'	IC Steinbock	9° 32'
2. Haus: Skorpion	1° 24'	8. Haus: Stier	1° 24'
3. Haus: Schütze	2° 15'	9. Haus: Zwillinge	2° 15'
5. Haus: Wassermann	15° 37'	11. Haus: Löwe	15° 37'
6. Haus: Fische	14° 39'	12. Haus: Jungfrau	14° 39'

Extraversion oder Introversion?

Heidi hat die meisten Planetenpositionen unter dem Horizont, im ersten Quadranten (persönliche Bedürfnisse, Subjektivität, Egozentrismus) mit Betonung des ersten Hauses (Selbstgestaltung und Selbstdurchsetzung) und im zweiten Quadranten (Familienquadrant, Privatleben) mit der Betonung des vierten Hauses (Familie, eigene Wurzeln) und des fünften Hauses (Kreativität, Kinder, intime Beziehungen). Heidis Persönlichkeit ist klar introvertiert eingestellt. Das wird noch verstärkt durch den retrograden Merkur, das Kommunikationsprinzip, das somit nach innen gekehrt ist und nur schwer aus sich herausgehen und sich mitteilen kann. Überdies ist Merkur gleichsam eingekerkert im rot verspannten Aspektgefüge und zusätzlich durch seinen Platz neben der sachorientierten und pragmatisch eingestellten Sonne im Steinbock unter deren Kontrolle. Mit einer dermaßen »verspannten« Merkurfunktion tut sich ein Mensch schwer, sich zu äußern, was sich noch zuspitzt, wenn es darum geht, über eigene Gefühle zu sprechen. Heidi mit ihrer stark betonten introvertierten Einstellung hat immerhin wenigstens im höheren Alter den Schritt aus sich heraus auf ein Du hin (Objektbezug) gewagt, wodurch ein ganz kleines Stück Extraversion zum Leben erweckt wurde.

Harte Vaterfiguren

Mit Blick auf die strukturelle Anlage einer Steinbock-Sonne (Vaterbild) im vierten Haus (Familienfeld) und in ihrer komplexen

Aspektierung stellt sich die Frage nach Heidis Verhältnis zu ihrem biologischen Vater und zu weiteren Männern. Heidi erzählt, ihr eigener Vater, an den sie sich kaum erinnert, sei durch einen Unfall gestorben, bevor sie im Schulalter gewesen sei, und sie habe unter einem strengen Stiefvater aufwachsen müssen. Ihre Mutter war offenbar »schwierig« gewesen und vermochte nicht, sie vor der Härte des Stiefvaters, der ein richtiger Haustyrann gewesen sei, zu beschützen.

Astrologisch gesehen, kann die Erfahrung des unerwarteten und plötzlichen Todes von Heidis Vater mit der Konstellation von Uranus (plötzliche Wendungen) im feurigen Widder in einem Quadrat zur Sonne in Verbindung gebracht werden, zudem mit Pluto, der u.a. mit Gewalt, Macht und Ohnmacht – und auch Tod und Wiedergeburt – assoziiert wird und der ebenfalls im Quadrat zu Uranus steht sowie auch in Opposition (Konflikt, Zerreißprobe) zur Sonne. Die Steinbock-Sonne ist also unter großem Druck, unter großer Spannung, und da sie als Zentrum der Persönlichkeit im Familienfeld steht, bedeutet dies, dass Dramen um das Vaterprinzip sich im privaten Bereich abspielen.[234]

Die gleiche negative Rolle wie der Stiefvater nahm Heidis Schwiegervater ein, dem sie nichts recht machen konnte. Glücklicherweise erhielt sie immer Rückendeckung von ihrem Mann, mit dem sie laut eigener Aussage in einer langen und guten Beziehung lebt. Er grenzte sich stark von seinem eigenen Vater ab, den er als »dominanten Haustyrannen« bezeichnete. Doch warum kann der Schwiegervater überhaupt eine so wichtige und erdrückende Rolle in Heidis Leben spielen? In der Realität lag es daran, dass er der oberste Chef eines traditionsreichen Familienunternehmens war und bis zu seinem Tod die Kontrolle darüber ausüben wollte, obwohl sein Sohn und dessen Frau Heidi das Unternehmen inzwischen erfolgreich weiterführten.

Astrologisch gesehen, entspricht die Steinbock-Sonne im vierten Feld, dem Familienfeld und den eigenen Wurzeln, dem strukturell gegebenen Vaterarchetyp und gibt auch einen Hinweis auf einen dominanten Vaterkomplex bei Heidi. Zusammen mit Mars im Wassermann, der jedoch wiederum durch eine enge Konjunktion unter dem Einfluss von Saturn steht, bildet die Sonne die Basis für Heidis Animus.

Doch auch Saturn ist äußerst prägnant – einerseits durch die

Sonne im Steinbock (saturnales Tierkreiszeichen, da ihm der Planet Saturn zugeordnet ist) und andererseits durch die sehr enge Konjunktion von Saturn mit Mars im Wassermann, dessen spielerische Möglichkeiten durch seine Verbindung mit dem »Greis« Saturn sehr eingeschränkt werden und der nur durch Jupiter (Trigon, harmonischer Aspekt) in der Waage etwas optimistischere Unterstützung gewinnt. Mit einem derart dominanten Saturn ist Entspannung ein Fremdwort für Heidi. Arbeit und Leistung, noch besser zu sein, noch mehr zu tun – das diktierte ihr der perfektionistische und kaum zufriedenzustellende Animus lebenslänglich. Sie beantwortete die permanente Überforderung mit psychosomatischen Beschwerden, klassischerweise mit chronischen und zum Teil schweren Rückenverspannungen.

Das unaufhörliche »Haltungzeigen« führte nicht nur zu Rücken-, sondern auch zu Knieproblemen, und infolge nächtlichen Zähneknirschens (sogenannter Bruxismus) – sich selbst im Schlaf »festbeißen« ins Erledigen von Pflichten – stellten sich wegen der Verspannungen im Kiefer schließlich auch Zahnprobleme ein.

Heidi litt noch unter einem weiteren Problem, das oben schon erwähnt wurde: Sie zitterte am ganzen Körper. Ihr Nervensystem war ihrer Erzählung gemäß schon immer sehr »schwach« gewesen, und schon in jungen Jahren begann bei kleinsten Aufregungen immer ein Zittern einzusetzen. Unter Stress wurde es zum schweren Tremor, z.B. wenn der Schwiegervater sie tyrannisierte bzw. sie sich nicht dagegen zur Wehr zu setzen wusste.

Dieses Zittern verstärkte sich zudem jedes Mal, wenn sie Ja zu irgendeiner Verpflichtung sagte, um die sie jemand bat. Heidi konnte sich auch nicht abgrenzen, wenn eine Bekannte etwas von ihr wollte. Dieser Automatismus des Jasagens steht mit der unreflektierten Spontaneität des Uranusprinzips im aktivistischen Widder am Deszendenten im Zusammenhang. Da Heidi von ihrer Mutter nicht gelernt hatte, sich zu schützen, verausgabte sie sich nicht nur beruflich, sondern darüber hinaus noch in privaten Hilfeleistungen. Denn auf Heidis absolute Zuverlässigkeit und immer funktionierenden Perfektionismus war stets Verlass.

Der weitere Weg – was muss Heidi noch lernen?

Für Heidi geht es darum, sich zu trauen, Nein zu sagen. Sie muss lernen, innezuhalten und zu überlegen, ob sie eine bestimmte Verpflichtung wirklich auf sich nehmen will oder nicht. Je besser ihr dies gelingt, desto mehr kann sie all die Zwänge lockern und schließlich abstreifen. Im besten Fall kann sie die Uranusspontaneität, die sie mit der automatischen »Ja-Falle« lebenslänglich in eine Überforderung hineinmanövrierte, in die Möglichkeit verwandeln, gegen Wünsche und Anforderungen der Außenwelt zu opponieren, indem sie Nein sagt. So kann sie Raum gewinnen, um ihre beiden weiblichen Planetenprinzipien, Venus und Mond im Wassermann, zur späten Entfaltung zu bringen.

Dies heißt, dass Heidi ganz konkret Zeit für alles reserviert, was sie gerne machen würde, aber immer zugunsten der Pflichterfüllung geopfert hatte. In ihrem Fall sind das Vergnügungen wie Tanzen oder notwendige, wohlverdiente und genussvolle Entspannung bringende Bäder und Massagen. Ganz allgemein wäre es sehr wichtig, wenn sie mehr Zeit mit Freundinnen verbrächte, ohne etwas leisten zu müssen – einfach so zum Zeitvertreib.

Umweltbezug und Interesse am Anderen: Schwerpunkt Deszendent und Du-Punkt

Paul, der Künstler und Don Juan

Bei Paul handelt es sich um einen großen Charmeur, dem kaum jemand und vor allem fast keine Frau widerstehen kann. Seine Energien sind von der Kernhaltung her mit Sonne und Saturn im Skorpion sowie mit Neptun und Venus in der Waage im siebten Haus stark auf die Umwelt ausgerichtet, was ihm, zusammen mit dem Mond im Löwen im fünften/sechsten Haus, eine große Strahlkraft auf seine Mitmenschen und speziell auf Frauen verleiht. So zeigte sich dem sozialen Umfeld von Paul immer wieder folgendes Muster: Eine junge Frau zog bei Paul ein und wurde manchmal schon wieder nach wenigen Wochen von der nächsten Muse abgelöst. Dabei wunderte sich sein soziales Umfeld oft, wie die meist eher durchschnittlichen, manchmal auch hübschen Frauen, oft mit mäßiger Bildung und ohne spezielle künstlerischen Fähigkeiten, in der kurzen Zeit, die sie an Pauls Seite verbrachten, unter seiner Anleitung plötzlich zu malen, bildhauern und musizieren begannen. Kaum war die Honeymoonzeit jedoch vorbei und Paul wieder mit einer neuen Venus zusammen, versiegten auch die aufgekeimten kreativen Tendenzen der Ex-Geliebten und sie kehrten in ihren in der Regel recht prosaischen Alltag zurück. Das ging selten ohne Tränen vonstatten, denn Pauls obsessive Eroberungsfreude richtete sich immer wieder auf ein neues weibliches Wesen.

Das Geburtshoroskop von Paul (siehe Bild 6 im Farbtafelteil)
Pauls Geburtshoroskop weist folgende Akzente auf:

Mit der Sonne (Bewusstsein, Wille, Persönlichkeitskern, zentrale Interessen, väterliches Prinzip) im Skorpion im letzten Drittel des siebten Hauses (Partnerschaften) und damit im dritten Quadranten richtet sich Pauls zentrales Interesse auf Kontakte mit anderen Menschen. Der Aszendent Widder (Spontaneität, Mut, Tatendrang) lässt Paul spontan auf seine Umwelt zugehen. Dieses Interesse am Du wird unterstützt durch weitere Planeten im siebten Haus, das im kontaktfreudigen Tierkreiszeichen Waage einsetzt, nämlich durch Venus (Eros, Liebe, Ästhetik, Kunst und Kultur), die sich in dem ihr zugeordneten Zeichen Waage besonders gut entfalten kann, was sich in der Wichtigkeit der Begegnungen mit Frauen zeigte.

Venus steht zudem in einer weiten Konjunktion zu Neptun (entgrenzendes und idealisierendes Prinzip), der sich ebenfalls noch in der Waage befindet. Das Thema Täuschung (Neptun) und Enttäuschung spielt eine große Rolle in Pauls Leben, denn auf die Illusion folgt die Ent-Täuschung durch die Realität, symbolisiert durch Saturn, der am Anfang des Tierkreiszeichens Skorpion steht und eine Konjunktion mit der Sonne im Skorpion bildet.

Neben dem zentralen Interesse am anderen Menschen (siebtes Haus) ist auch der erotisch-sexuelle Kontakt ein ausgeprägtes Bedürfnis (Uranus im Krebs Ende viertes / Anfang fünftes Haus und Mond im Löwen im fünften/sechsten Haus), zentral sind außerdem Arbeit und Beruf mit drei Planeten im sechsten Haus (Mond-Pluto-Konjunktion im Löwen und Mars in der Jungfrau), und auch die persönliche Weiterbildung ist lebenslang ein wichtiges Thema (Jupiter in den Zwillingen im dritten Haus). Auch das achte Haus (Stirb-und-Werde-Themen) mit Merkur (Denken) im Skorpion richtet sich auf die Umwelt, jedoch mehr existentiell auf die letzten Dinge und die Hintergründe des Lebens als auf vordergründige Vergnügungen, wie es bei seiner Venus-Neptun-Seite im Tierkreiszeichen Waage der Fall ist.

Planetenpositionen und Aszendent

Sonne im Skorpion	6° 53'	–	siebtes Haus
Mond im Löwen	3° 25'	–	fünftes Haus
Merkur im Skorpion	29° 31'	–	siebtes Haus
Venus in der Waage	14° 50'	–	siebtes Haus
Mars in der Jungfrau	28° 46'	–	sechstes Haus
Jupiter r in den Zwillingen	26° 05'	–	drittes Haus
Saturn im Skorpion	0° 58'	–	siebtes Haus
Uranus r im Krebs	23° 6'	–	viertes/fünftes Haus
Neptun in der Waage	24° 7'	–	siebtes Haus
Pluto im Löwen	24° 50'	–	fünftes Haus
Mondknoten im Steinbock	28° 3'	–	elftes Haus

AC Widder	10° 41'	DC Waage	10° 41'
MC Steinbock	4° 46'	IC Krebs	4° 46'
2. Haus: Stier	21° 37'	8. Haus: Skorpion	21° 37'
3. Haus: Zwillinge	15° 28'	9. Haus: Schütze	15° 28'
5. Haus: Krebs	24° 56'	11. Haus: Steinbock	24° 56'
6. Haus: Löwe	22° 13'	12. Haus: Wassermann	22° 13'

Extraversion oder Introversion?

Bezüglich der Besetzung der Quadranten und Häuser ergibt sich folgendes Bild:

Mit der Kernhaltung und drei weiteren Planeten (Venus, Saturn und Neptun) im siebten Haus (Kontaktfreude, Partnerschaften) sowie im achten Haus (Merkur) besteht ein großes Interesse am anderen Menschen, obwohl mit Saturn im Skorpion im siebten Haus gleichzeitig immer auch eine gewisse leise Zurückhaltung zu spüren ist. Die Quadranten unter dem Horizont sind beide von Planeten besetzt, wobei der zweite mit vier Planeten (Mond, Mars, Uranus und Pluto) weit stärker betont ist als der erste Quadrant mit Jupiter (drittes Haus). Diese insgesamt fünf Planeten unter dem Horizont weisen eine introvertierte Tendenz auf, was verstärkt wird durch den retrograden Jupiter (drittes Haus) sowie Uranus (viertes/fünftes Haus), die sich beide nach innen wenden. Eine eindeutige Antwort auf die Frage, ob Paul mehrheitlich introvertiert oder extravertiert eingestellt ist, kann nicht so leicht gegeben werden, da beide Tendenzen stark vorhanden sind. Es scheint jedoch, dass seine extraversive Tendenz leicht überwiegt, denn zusätzlich zur Kernhaltung (Sonne) im der Objektwelt zugewandten dritten Quadranten stimmt der Widder-Aszendent Paul unentwegt auf Aufbruch, was sich in seinem hohen Aktivitätspegel in seinem beruflichen und privaten Leben widerspiegelt.

Paul und die Frauen: Die Anima oder »das Ewig Weibliche zieht uns hinan«[235]

Bleiben wir zunächst beim Thema »Frauen« und »Liebe«: Paul ist wie gesagt ein großer Verführer, den Frauen begegnet er mit viel Charme und Interesse, und sie spüren sofort, dass er sie wertschätzt und idealisiert – was von diesen meistens als schmeichelhaft empfunden wird. So ist es kein Wunder, dass sie ihm zuströmen wie kaum einem anderen Mann.

Seine Anima konstelliert sich aus dem Mond im Löwen in Konjunktion mit Pluto, dem verstärkenden Prinzip, wodurch in diesem Fall eine ans Zwanghafte reichende Überhöhung der Frau zustandekommt, und aus der Venus in der Waage in weiter Konjunktion mit Neptun – ebenfalls in der Waage –, der alles, worauf sich seine Energie richtet, gerne schöner färbt, als es ist. Dadurch besteht anlagemäßig die Tendenz, auf das weibliche Du den Eros, die Schönheit und künstlerische Begabung zu projizieren. Zudem steht die Waage-Venus in einem harmonischen Aspekt (Sextil) mit dem Mond im Löwen, dem ja eine hohe Strahlkraft zugeordnet wird und der im vorliegenden Fall durch seine Position im fünften/sechsten Haus auf die beiden Themen Spiel, sexuelle Intimität sowie Arbeit ausgerichtet ist.

Der dominante Mutterkomplex und das Frauenbild

Paul verehrte seine Mutter über alles, wie es mit dem Mond im Löwen tendenziell der Fall ist. Verstärkt durch Pluto, werden die Mondqualitäten in diesem Fall zu einem unantastbaren Ideal erhoben, was ganz unbewusst geschieht. Eigentlich kann man sich aufgrund seiner Schilderungen seine Mutter nicht wirklich vorstellen, denn sie schwebt gleichsam als Göttin über den Menschen. Dieses überhöhte Mutterbild ist in der Begegnung mit Frauen immer mit aktiviert und muss transformiert werden, wenn Paul nicht der ewige Suchende, Verführte und Verführende bleiben soll, der sich nicht wirklich binden kann, sondern von einer schönen Vorstellung zur nächsten wandert. Dazu bedarf es der Hilfe von Saturn, dem Realitätsprinzip (mehr dazu siehe weiter unten).

Vaterkomplex und Selbstbild

Hiermit ist in erster Linie die Sonne angesprochen, und diese steht im Skorpion, dem energievollen Wasserzeichen, das in der Regel zur Tiefe der menschlichen Psyche eine direkte Verbindung hat.

Paul redet weniger idealisierend von seinem Vater, den er als eher streng, als sehr verantwortungsvollen und treuen Ehemann sowie als erfolgreichen Geschäftsmann schildert. Diese geschäftstüchtige Seite ist durch Jupiter, dem expansiven Prinzip in den in geschäftlichen Dingen begabten Zwillingen (utilitaristisches Prinzip) gegeben, der in harmonischen trigonalen Verbindungen (120°) mit der Sonne, Saturn und Neptun steht. Diese geschäftliche Begabung trifft nicht nur in der Projektion auf den Vater weitgehend zu, sondern auch auf Paul selbst, der tatsächlich einen großen Ernst in der Entfaltung seiner künstlerischen Kraft und ein außerordentliches Geschick, sich selbst zu vermarkten, an den Tag legt. Dabei hilft ihm sein Charme ebenso wie sein realistischer Blick für Tatsachen und Umstände, sobald es um sein Kernanliegen geht, nämlich um die Kunst.

Trotz seines Donjuanismus ist Paul nämlich in erster Linie Künstler, und zwar ein sehr vielseitiger und erfolgreicher. Die sorgfältige und geduldige Umsetzung seiner Kreativität fördert Mars (Durchsetzungskraft, Antrieb) in der Jungfrau (das Prinzip der Selbstbewahrung und des Tätigseins), wobei Mars in seiner Verbindung mit Saturn, dem Realitätsprinzip, bildlich gesprochen Ideen auf den Boden der Realität bringen will. Dabei helfen auch der Skorpion-Merkur (Austausch, Intelligenz, manuelle Geschicklichkeit), der im Sextil zu Mars und im Halbsextil zu Saturn steht, sowie Jupiter in den Zwillingen, der neben hohem Anspruch (Jupiter) auch eine ausgeprägte und vielseitige manuelle Geschicklichkeit (Zwillinge) verleiht und der wiederum zu Mars, dem Prinzip des konkreten Handelns, in einem Spannungsquadrat steht, was den Energiepegel erhöht. Zur Härte des Saturnprinzips passt auch die Bevorzugung von Stein und Metall in Pauls künstlerischen Werken.

Die Kunst und die Liebe – Paul heute

Paul musste sich mit seiner Idealisierungstendenz, mit der er dem weiblichen Geschlecht begegnet, auseinandersetzen – spätestens dann, als er einer Frau begegnete, die bereit war, trotz seines Donjuanismus bei ihm zu bleiben, ihn in seiner Schaffenskraft zu unterstützen und mit ihm eine Familie zu gründen. Die neuen Rollen als Ehemann und Vater ließen ihn reifen und mehr Verantwortung übernehmen, woran vor allem die Saturnkonjunktion mit der Sonne im siebten Haus, dem Haus des Zusammenlebens, in dem das Du ins Blickfeld trifft, mit beteiligt war.

Die zunehmende Integration seiner Saturnseite zeigte sich zum einen darin, dass Paul sich selbst zunehmend realistischer wahrzunehmen im Stande war, gerade auch in seiner oberflächlichen Don-Juan-Seite, und zum anderen, sich seiner Selbsttäuschungstendenz Frauen gegenüber bewusster zu werden. Dadurch wurde er fähig, sein jeweils kurzzeitiges erotisch-sexuelles Verfallensein an diese mehr und mehr abzubauen.

Je bewusster Paul sich des Don-Juan-Musters wurde, das er selbst als das eines Hamsters im Rad beschrieb, desto besser gelang es ihm, den Animasog zu sublimieren und in einer weiteren Dimension seines künstlerischen Schaffens fruchtbar zu machen. Dieses brachte nun neben Objekten aus den erwähnten harten Materialien wie Stein und Metall, die er bearbeitete, zunehmend auch zarte, traumartige und meditative Bilder hervor. Paul ist heute Familienvater einer großen Kinderschar (Mond und Pluto im Löwen) und immer noch mit der Mutter seiner Kinder zusammen.

Charlotte – die Idealistin

Bei Charlotte handelt es sich um eine großherzige, idealistische und attraktive Frau, die sich ihr Leben lang für ihre Familie, Verwandten und Freunde engagiert hat und deshalb sozial sehr gut eingebettet ist.

Charlotte ist eine Naturwissenschaftlerin, sehr intelligent und kreativ im Denken. Zudem ist sie allgemein hochgebildet und musikalisch sehr begabt, spielt mehrere Instrumente und singt Solo – zwar alles auf sehr hohem Niveau, jedoch nur hobbymäßig, was weiter unten noch Thema sein wird.

Das Geburtshoroskop von Charlotte (siehe Bild 7 im Farbtafelteil)
Mit der Sonne im Widder ist sie in ihrer Kernhaltung spontan, impulsiv und direkt. Feuer ist überhaupt das dominante Element in diesem Horoskop, denn die Sonne ist eng begleitet durch Merkur im Widder; im Löwen liegen der Aszendent mit Uranus und Pluto und im Schützen Saturn und der Mond. Mit viel Geduld ist bei einer so temperamentvoll angelegten Persönlichkeit nicht zu rechnen, vielmehr kann ihre Ungeduld ungebremst hervorbrechen mit Uranus im Löwen, verstärkt von Mars in den Zwillingen und von Merkur und der Sonne im Widder – und zwar, weil diese männlich geprägten Archetypen durch ein Sextil bzw. Trigon harmonisch miteinander verbunden sind und sich deshalb gegenseitig verstärken. Mit Merkur im Bunde ermöglicht diese Uranus-Sonne-Mars-Konstellation auch Ideenreichtum bezüglich Themen, die für Charlotte zentral wichtig sind, und mit Hilfe von Mars in den Zwillingen werden sie auch erfinderisch in die Tat umgesetzt.

Planetenpositionen und Aszendent

Sonne im Widder	1° 39'	–	neuntes Haus
Mond im Schützen	24° 12'	–	fünftes Haus
Merkur im Widder	3° 27'	–	siebtes Haus
Venus in den Fischen	25° 47'	–	achtes/neuntes Haus
Mars in den Zwillingen	2° 55'	–	zehntes/elftes Haus
Jupiter r in der Jungfrau	26° 16'	–	zweites/drittes Haus
Saturn im Schützen	14° 18'	–	fünftes Haus
Uranus r im Löwen	3° 1'	–	zwölftes Haus
Neptun r im Skorpion	2° 1'	–	viertes Haus
Pluto r im Löwen	28° 27'	–	erstes Haus
Mondknoten im Skorpion	22° 27'	–	viertes Haus

AC Löwe	14° 34'	DC Wassermann	14° 34'
MC Stier	0° 25'	IC Skorpion	0° 25'
2. Haus: Jungfrau	3° 51'	8. Haus: Fische	3° 51'
3. Haus: Jungfrau	28° 25'	9. Haus: Fische	28° 25'
5. Haus: Schütze	8° 36'	11. Haus: Zwillinge	8° 36'
6. Haus: Steinbock	14° 58'	12. Haus: Wassermann	14° 58'

Extraversion oder Introversion?

Wenn man Charlotte begegnet, wird man gleichzeitig von ihrem sprühenden Lebensgeist und ihrer hohen Sensibilität in Bann gezogen. Ihre lebendige Präsenz wirkt unmittelbar auf das Du. Mit der Sonne im feurigen Widder im dritten Quadranten, dessen Orientierung sich auf das Du, auf Umwelt und Welt richtet, ist Charlottes Kernhaltung extravertiert. Dies wird verstärkt, indem die Sonne zudem von Merkur, dem klaren Denkprinzip, im Widder und der sensibel stimmenden Venus in den Fischen flankiert ist. In dieser Anlage liegt eine große Gefahr des Selbstverlusts durch ein Aufgehen im Du, denn im Fischeprinzip werden die Grenzen des Ichs aufgelöst, wodurch Charlotte sich in der Umwelt mit ihren Bedürfnissen und Ansprüchen an sie verlieren kann. Dazu sollen nun einige Aspekte des Horoskops näher betrachtet werden.

Entgrenzung und drohender Selbstverlust

Mit ihrer Venus, dem ästhetischen Prinzip, im Zeichen der Fische am Ende des achten Hauses, das eine symbiotische Tendenz bewirkt, und Anfang des neunten Hauses, das ein Interesse an Religion, Philosophie und an anderen Kulturen mit sich bringt, ist Charlotte der Umwelt gegenüber offen, sich verströmend, grenzenlos, denn das Fischeprinzip ist per se auf Entgrenzung angelegt. Ganz ähnlich wie die Venus in den Fischen wirkt das entgrenzende und hohe Sensibilität sowie verklärende Tendenzen mit sich bringende Neptunprinzip in der Himmelstiefe (IC) im Skorpion, dem leidenschaftlichen Wasserzeichen. So ist das Thema der Entgrenzung und Idealisierung bei Charlotte nicht nur in ihrer Venusfunktion, sondern auch mit Neptun an ihren Wurzeln (IC/viertes Haus: Familie, innere Wurzeln) konstelliert.

Deshalb funktionierten die Selektionsmechanismen der Venus in den Fischen bei Charlotte zumindest in der ersten Lebenshälfte nicht ausreichend gut, denn ein Nein kannte sie nicht, vor allem dann nicht, wenn der Vater oder eine andere idealisierte männliche Person spontan ihre Unterstützung anforderte. Mit ihrer aktionsfreudigen Widderanlage herrscht bei ihr immer Aufbruchstimmung und damit Offenheit der Welt gegenüber. Deshalb passiert das Ja-Sagen ganz wie von selbst. Denn die Venus ist nicht nur durch ihre Position in den grenzenauflösenden Fischen – und damit die Fähigkeit des wohlbalancierten Nein-Sagens – geschwächt, sondern zusätzlich durch den Sehnsuchtsaspekt von Pluto im Löwen, der ein Gefühl erzeugt, aus unerschöpflichen Energiereserven heraus für andere leben zu können.

Der retrograde Jupiter in der Jungfrau, dem Prinzip der Selbstbewahrung, kontrastiert mit der Opposition zwar die Selbstaufopferungstendenz der Fische-Venus, die sich im Bann und im Schlepptau der aktivistischen Widder-Sonne mit Merkurkonjunktion befindet. Er konnte jedoch in Charlottes erster Lebenshälfte keine Wirkung gegen die sich in das Du ergießende Venusanlage erzielen. Konkret heißt das, dass Charlotte nicht nur Mühe hat, Grenzen zu setzen und sich um sich selbst zu sorgen, sondern dass sie es in der Projektion auf den Vater und weitere wichtige Männer normal gefunden hat, sich in ihren intellektuellen und künstlerischen Fähigkeiten sowie in ihrem Talent, den profanen Alltag gut zu bewältigen, von diesen Männern hat ausbeuten zu lassen.

Die Fische-Venus, die sehr empfänglich macht, steht auch zum Mond, dem Seelischen, dem Mutter-und-Kind-Symbol in quadratischer Spannung. Der Mond im Schützen bewirkt eine großherzige, großzügige, gläubig-idealistische, auf Fairness und Gerechtigkeit gestimmte Haltung dem Leben gegenüber. Er weckt ebenfalls den Wunsch, sich für mannigfaltige Kontakte zu öffnen, jedoch in feuriger, schwungvoller, begeisterter Weise, und verstärkt somit die Bewegung vom Ich weg auf das Du hin, wie es bei der Fische-Venus der Fall ist.

Im Unterschied zu einem vom fischegeprägten, mitfließenden und mitschwingenden Erosprinzip (Venus) bestimmten Menschen braucht der vom Schütze-Mond geprägte jedoch immer ein sinnvolles Ziel, sonst wird er leicht depressiv. Wir sehen, dass der Mond analytisch-quadratisch verspannt ist und nur zu Pluto im Löwen (erstes Haus) im Trigon steht. Damit stellt sich die Frage nach der Realisierung von sinnvollen Lebenszielen von Charlotte sowie nach dem Mutterbild und der konkreten Muttererfahrung, worauf weiter unten noch eingegangen wird.

Wenn es um Entgrenzung der Alltagserfahrung geht, muss man immer den entsprechenden Archetyp in seiner astrologischen Konstellation ins Auge fassen, nämlich Neptun. Das Prinzip der Entgrenzung – am Anfang des zweiten Quadranten und an der Spitze des vierten Hauses – steht an der Wurzel von Charlottes Horoskop. In seiner den Alltag transzendierenden Eigenschaft, der die Sehnsucht nach dem Göttlichen evoziert, erhält Neptun durch Skorpion eine besonders tiefe und intensive Erlebnisqualität.

Neptun steht zudem im Quincunx (150°), d.h. in sogenannten »Sehnsuchtsaspekten« zu den Animus-geprägten Planeten, nämlich zu Sonne und Mars sowie zum denkerischen Prinzip Merkur. Dies führt zu einer religiösen Überhöhung des Vaterbilds und des darauf aufbauenden Animus. Die tiefe Sehnsucht nach religiöser Verwurzelung konnte jedoch weder mit dem Vater noch mit dem späteren Ehemann gelebt werden, die beide erfolgreiche und sehr pragmatische Geschäftsmänner sind, was nicht verwundert, denn diese Anlage verlangt eine Rückverbindung zu sich selbst und kann letztlich nicht im Außen gefunden werden. Solange jedoch diese Neptunanlage sehr unbewusst war, konnte sie nicht genügend schöpferisch zum Ausdruck kommen.

Mutterbild und Selbstbild

Im fünften Haus liegt hier mit dem auf Selbstausdruck und Expansion gestimmten Schütze-Mond ein großes kreatives Potential. Wie eine Mauer steht jedoch das Realitätsprinzip Saturn davor, das in diesem Fall in der Weise zum Tragen kam, dass Charlotte bis zu einem gewissen Grad das Schicksal ihrer Mutter wiederholte: Charlottes Mutter entstammte einer künstlerisch bedeutsamen Dynastie und war selbst sehr musikalisch, doch schicksalsmäßig war es ihr verwehrt, sich in dieser Richtung zu entfalten. Sie begnügte sich letztlich mit der Rolle als Hausfrau und Mutter von drei Kindern. Erst im Alter eröffneten sich ihr gewisse Möglichkeiten zu hobbymäßigen kreativen Betätigungen.

Auch Charlotte begegnete ähnlichen Schwierigkeiten wie ihre Mutter: Ihr Vater, der einer Kaufmannsfamilie entstammte, respektierte ihren Wunsch nicht, Berufsmusikerin oder Schauspielerin zu werden, denn er wollte sie in einer »handfesten« Ausbildung als Naturwissenschaftlerin sehen. Charlotte befolgte dies – und lebte schweren Herzens ihre künstlerischen Begabungen fortan nur noch hobbymäßig aus.

Hier zeigt sich beispielhaft, wie mit Saturn in Verbindung zum Mond eine Hemmung der seelischen Entfaltung einhergehen kann. Im Fall von Charlotte und ihrer Mutter besteht diese darin, dass die künstlerische Anlage nicht gelebt werden konnte, was bei der Mutter entsprechende depressive Episoden nach sich zog.

Mit dem Trigon zwischen Pluto (erstes Haus) und Mond (fünftes Haus) wird zudem eine übertriebene Bedeutung der Themen Mutter, Kind und Familie gelebt. Entsprechend gebar Charlotte vier Söhne und eine Tochter, und es kam zu einer zwanghaften Fixierung auf alles Häuslich-Familiäre. Dies ging auf Kosten eines genuinen schöpferischen Lebens; mit Saturn, der den Mond begleitet, kommt eine schicksalshafte Komponente dazu – hier das väterliche Nein. Dieses Schicksal, dass die Entfaltung einer großen künstlerischen Begabung versagt wird, betrifft Charlotte ebenso wie ihre mütterlichen Vorfahren.

Vaterbild und Animus

Doch wie konnte es geschehen, dass Charlotte ihre künstlerischen Ambitionen so widerstandslos aufgab? Dies hängt mit dem idealisierten Vaterbild zusammen, das im Folgenden etwas näher betrachtet werden soll.

Pluto in Sehnsuchtsaspekten (Quincunx) zu Sonne und Venus steigert die Entgrenzungstendenz der Fische-Venus ins Maßlose. Verstärkt wird dies durch seinen Harmonieaspekt (Sextil) zu Neptun, der wiederum im Quincunx zu Sonne und Mars steht und damit das männliche innere Bild in ein illusorisch überhöhtes Licht taucht, umso mehr, als durch Merkur auch das Denkprinzip davon betroffen ist.

Die Überhöhung des Animus, die in der Projektion auf konkrete Männer in deren Idealisierung und Stilisierung zu Göttern zum Ausdruck kommt, erhält noch mehr Nahrung durch die Jupiteropposition zur Widder-Sonne mit Merkur und Fische-Venus, und Pluto verstärkt zudem Jupiter (Idealisierung) in seiner Aspektierung zum Vaterarchetyp (Sonne) in seiner Gesamtkonstellation, was eine Steigerung der Hundertprozenthaltung (Jupiter) – die in sich schon übertrieben ist – ins Maßlose bedeutet. Dieser ausgeprägte Zug von Charlotte, ihre Energien für andere zur Verfügung zu stellen, wird auch durch die Jungfrau, das Prinzip von Dienstleistung und Fürsorge für andere, verstärkt, in der Jupiter in seiner Tendenz zu großzügigem Überschwang steht.

Während das Vaterbild schon durch seine Neptun-, Jupiter- und Plutoaspektierung eine Überhöhung erfährt, kommt es diesbezüglich durch die Stellung von Sonne im neunten und Mars im zehnten/elften Haus noch zu einer weiteren Steigerung. Während das Vaterbild mit der weiten Welt (neuntes sowie zehntes/elftes Haus) in Bezug gebracht wird und durch die Neptunkontakte auch mit dem Kosmos, ist Charlottes Mutterbild eher mit Begrenzungen, Einschränkungen und Alltagsbewältigung assoziiert. Dies entspricht sowieso schon der Stellung des Monds im Familienquadranten, aber dieser Mond im Tierkreiszeichen Schütze, für das Freiheit, Ungebundenheit, Reisen, Philosophie und Religion zentrale Themen sind, ist dort in seiner Entfaltung bis zu einem gewissen Grad beengt durch die Verbindung mit Saturn, dem Grenzen setzenden Realitätsprinzip. In Charlottes Psyche erreicht die Weiblichkeit nicht dieselbe hohe Bewertung wie das Männliche, denn als typische Vater-Tochter erhöht und idealisiert sie automatisch die Männerwelt. So hat sie sich jahrelang von verschiedenen Chefs in unterbezahlten Teilzeitjobs ausnutzen lassen, indem sie diese mit ihren reichen Fähigkeiten vorwärtsbrachte. Charlotte wusste bis weit nach ihrer Lebensmitte ihre Fähigkeiten nicht für sich selbst zu nutzen, sondern stellte diese fast gratis männlichen Nutznießern zur Verfügung. Wie konnte es dazu kommen? Neben den bereits oben erwähnten Faktoren, etwa Jupiter in der Jungfrau, sind folgende Konstellationen wichtig:

Sonne und Mars spielen mit Merkur und Uranus zusammen – alle sind harmonisch verbunden, und ohne Reibung stört auch nichts und regt nicht zur Reflexion an! Zudem harmonisiert die Venus im Sextil das Vaterbild, und die Sehnsuchtsaspekte von Neptun im Familienfeld zur Sonne und zu Mars begünstigen, wie oben dargelegt, die Idealisierung des Vaters, während Pluto diese Mechanismen verstärkt. Einzig Jupiter gerät durch die oppositionelle Stellung in die Zerreißprobe – Charlottes hohe Erwartungen an ihren Vater scheitern an dessen beruflicher Realität, die diesen Monate lang im Ausland weilen lässt. Wichtig ist in diesem Zusammenhang der frustrierten idealisierenden Projektionen, dass Jupiter retrograd ist, was eine Nachinnenwendung seiner Energie bedeutet, weshalb die Qualitäten dieses Archetyps weniger in der Außenwelt als in sich selbst gefunden werden können.

Kreativität

Es lohnt sich, speziell zu diesem schon mehrfach erwähnten Faktum der Kreativität die vielen grünen Aspekte, die sogenannten Sehnsuchtsaspekte, ins Blickfeld zu rücken. Charlotte hat gleich fünf! Das ist eher selten. Entsprechend regiert in ihr diese feine, treibende Unruhe, die sich am besten als schöpferische Energie umsetzen ließe.

Charlotte heute – eine kreative Entwicklung

Charlotte hat in den letzten Monaten damit begonnen, ihre glänzenden Animusqualitäten als eigene männliche Fähigkeiten zu erkennen und ihre idealisierenden Projektionen auf Männer zurückzunehmen. Parallel dazu hat sie angefangen, eine größere Wertschätzung ihrer weiblichen Qualitäten zu entfalten, und wird sich ihrer Abgrenzungsschwäche immer bewusster, was es ihr ermöglicht, sich immer besser vor einem automatischen Zerfließen in die äußere Welt hinein zu schützen. Charlotte ist dabei, sich ihre eigenen Grenzen aufzubauen und ihre eigenen Standpunkte einzunehmen sowie sich ihre persönlichen Ziele im beruflichen und privaten Bereich zu stecken und umzusetzen.

Weltbezug und Rollen in der Öffentlichkeit: Schwerpunkt Himmelsmitte

Maria – die Löwin

Wenn Maria den Raum betritt, drehen sich alle Köpfe nach ihr um, denn sie strahlt gleichsam etwas Majestätisches und energetisch eine hohe Präsenz aus.

Sie ist eine Frau, die ihr Leben selbst in die Hand genommen hat, die neben einer mehrköpfigen Familie – sie hat vier Kinder – sehr erfolgreich war in der Führung von verschiedenen kleinen und mittelgroßen Unternehmen. Sie war verheiratet und ist seit vielen Jahren Witwe. Ihr Horoskop-Beispiel eignet sich sehr gut, um eine Möglichkeit der Gestaltung einer starken Betonung des Medium Coeli (MC, Himmelsmitte) zu zeigen.

Das Geburtshoroskop von Maria (siehe Bild 8 im Farbtafelteil)

Mit der Sonne (Bewusstsein, zentraler Lebensantrieb, väterliches Prinzip) im Löwen im zehnten Haus in Begleitung von Venus (ästhetisches Prinzip, Harmonieliebe, Eros), ebenfalls im Löwen im zehnten Haus, stehen die Themen des glanzvollen öffentlichen Auftritts, der Übernahme einer öffentlichen Rolle und des damit einhergehenden Verantwortungsbewusstseins im Fokus. Dank der Löweanlage erfüllte Maria ihre Aufgaben als Repräsentativperson mit Selbstvertrauen, Selbstüberzeugung und einem natürlichen Durchsetzungsvermögen; Schattenseite sind hier auch die Dominanzansprüche gegenüber anderen. Der Mond (das Unbewusste, mütterliches Prinzip, Anima) in der Waage im zwölften Haus kurz vor der Aszendentlinie und daher mit Wirkung auf das erste Haus betont den Sinn für das Schöne und die Freude am verfeinerten Genuss, gepaart mit großem Charme (Waage), der auch mit einer Rezeptivität und Anpassungsfähigkeit (Mond in der Waage) einhergeht.

Jupiter im Stier im siebten Haus bringt das Thema hohe Erwartung an die Partnerschaft in den Fokus. Das Stierelement als venusbetontes Tierkreiszeichen ist auf Genuss und Harmonie gestimmt, und diese Erwartungshaltung an das Du bekommt zusätzliches Gewicht durch Mars, ebenfalls im Stier, jedoch am Übergang zum achten Haus. Saturn (die Realität, das Grenzen setzende Prinzip) retrograd im Schützen im zweiten Haus betont Marias Willen zu Selbstverantwortung und materieller Unabhängigkeit. Dieser Unabhängigkeitsdrang und Wille zur Autonomie, der schon allein durch die Sonne im Löwen im zehnten Haus ausgeprägt ist, wird verstärkt durch das große Feuertrigon mit Uranus im Widder, Venus im Löwen und Saturn im Schützen. Merkur (Denken, Reden, manuelle Geschicklichkeit) in Konjunktion mit Pluto im Krebs im neunten Haus geben einen Hinweis auf Reiselust und Interesse an anderen Kulturen.

Es wird deutlich, dass die Schwerpunkte in diesem Geburtsbild im siebten, neunten und zehnten Haus (Zusammenleben, Leitziele, Öffentlichkeit) liegen, also im dritten und vierten Quadranten oberhalb des Horizonts, die für ein Interesse an der Umwelt und für den Weltbezug stehen. Damit ist Maria strukturell als extravertierte, charmante Führungspersönlichkeit angelegt.

Planetenpositionen und Aszendent

Sonne im Löwen	0° 20'	–	zehntes Haus
Mond in der Waage	17° 47'	–	zwölftes Haus
Merkur im Krebs	10° 27'	–	neuntes Haus
Venus im Löwen	6° 23'	–	zehntes Haus
Mars im Stier	18° 59'	–	siebtes/achtes Haus

Jupiter im Stier	8° 9'	–	siebtes Haus
Saturn r im Schützen	12° 58'	–	zweites Haus
Uranus r im Widder	7° 21'	–	sechstes Haus
Neptun im Löwen	27° 51'	–	zehntes Haus
Pluto im Krebs	17° 3'	–	neuntes Haus
Mondknoten in den Zwillingen	6° 49'	–	achtes Haus

AC Waage	23° 38'	DC Widder	23° 38'
MC Krebs	29° 45'	IC Steinbock	29° 45'
2. Haus: Skorpion	20° 43'	8. Haus: Stier	20° 43'
3. Haus: Schütze	23° 18'	9. Haus: Zwillinge	23° 18'
5. Haus: Fische	3° 43'	11. Haus: Jungfrau	3° 43'
6. Haus: Widder	1° 36'	12. Haus: Waage	1° 36'

Extraversion oder Introversion?

Die Verteilung der Planeten in den Quadranten und Häusern macht sofort klar, dass es sich bei Maria nicht um eine Frau handeln kann, die in der Rolle als Hausfrau und Mutter ihr Lebensglück findet. Denn der Familienquadrant ist »leer«, abgesehen von Uranus im sechsten Haus. Es gibt weder eine Betonung des vierten Hauses mit dem Thema »Familie« noch des fünften Hauses, in dem es um intime Liebe und Freundschaften, um Kinder, Spiel und Sport geht. Dagegen sind die beiden über dem Horizont gelegenen Quadranten stark betont, was einen ersten Hinweis auf eine extravertierte Persönlichkeit ergibt.

Partnerschaft und Animus

Im dritten Quadranten, der einen starken Bezug auf die Umwelt hat, ist das siebte Haus, in dem das Du in den Fokus rückt, mit Jupiter im erdhaften Stier betont, was hohe Erwartungen an den Partner impliziert, jedoch auch die Bereitschaft von Maria, sich selbst intensiv zu engagieren. Mit dem Stierprinzip kommt die konkrete, materielle Alltagsebene mit ins Spiel.

Das achte Haus, das mit der sozialen Symbiose in Verbindung gebracht wird, mit Geben und Nehmen, ist bei Maria ebenfalls belebt, und zwar durch das Aktivitätsprinzip Mars, ebenfalls im Stier. Der Waageaszendent mit dem Mond am Ende des zwölften Hauses wirkt ins erste Haus hinein. Das heißt, dass Maria einerseits bereit ist, in partnerschaftliche Beziehungen viel aktiv zu investieren, und dass sie andererseits ebenso viel erwartet. Mit ihrer Waageanlage bringt sie auch eine natürliche Offenheit mit ins Spiel, wenn es um Begegnungen geht.

Bleiben wir vorerst in der Perspektive der Animusprojektion, die ja bei jeder Partnerwahl eine große Rolle spielt:[236] Die Spannungsaspekte (Quadrat) zwischen Jupiter (steht für das Optimum) im siebten Haus und Marias Sonne-Venus-Konjunktion im zehnten Haus und im Zeichen Löwe geben einen Hinweis auf viel Reibungspotential mit dem Partner, da kein männlicher Partner – symbolisiert durch Sonne und Mars – Marias Ansprüchen genügen kann. Denn durch die Jupiter-Mars-Konjunktion im Stier (siebtes Haus) besteht eine fast unersättliche Oralität, ein Drang, sich den Partner als »Besitz« regelrecht einverleiben zu wollen – was per se zu Enttäuschungen führen muss, da es keinen Mann gibt, der sich dies gefallen lassen würde. Jedenfalls nicht in Marias Leben.

Marias verstorbener Partner jedoch war ganz anders strukturiert als sie, war sehr introvertiert und lebte im Unterschied zur praktisch veranlagten Maria in einer künstlerischen, intellektuellen und geistigen Welt und war am glücklichsten, wenn er von seinen Büchern umgeben war. Ungünstigerweise war sein Glück nicht Marias Glück, und Mars, der ja auch den potentiellen Konfliktherd symbolisiert, zeigte während ihres Zusammenlebens fast täglich seine Wirkung.

Denn eine Frau mit einer Marsstellung im für Kontaktfreudigkeit stehenden siebten Haus im Übergang zum achten Haus, wo es um die tieferen Aspekte einer Beziehung geht, will einen Partner, dem sie ganz natürlich (erdhaftes Stierprinzip) begegnen kann und der aktiv (Mars als Prinzip von Antrieb, Aktivität, Tat) auf sie zukommt, nicht einen, der sich tendenziell in seine eigene Welt zurückzieht. Der Sehnsuchtsaspekt (Quincunx), der Mars mit dem Mond verbindet, zeigt jedoch, dass es eine lebenslängliche Sehnsucht gibt, in Harmonie zusammenzufinden. Dieser Wunsch nach Harmonie wird zudem verstärkt, indem die beiden betroffenen Wesenskräfte in einem Venuszeichen stehen, nämlich Mars, wie schon erwähnt, im Stier und der Mond in der Waage. Sehnsuchtsaspekte sind jedoch so definiert, dass die beiden »Götter«, die derart miteinander kommunizieren, nie real zueinanderfinden, sondern immer unterwegs sind zueinander.

Der andere Animusaspekt Marias ist in der Sonne zu finden. Es handelt sich um eine Löwe-Sonne, womit in der Regel eine lebensbejahende Haltung einhergeht, die voller Selbstvertrauen und mit dem Glauben an die eigene Macht und Kraft gepaart ist. In der Projektion auf den Partner kommen also auch diese Löwequalitäten zum Tragen. Nun befindet sich die Löwe-Sonne zudem im zehnten Haus, und damit an oberster Stelle, in der am höchsten bewerteten Zone, so dass ganz unbewusst höchste Ansprüche an den Erfolg in Beruf und Gesellschaft sowie an den Partner gestellt werden. Dieser sollte auch eine starke Persona, d.h. die nach außen gewendete Seite der Persönlichkeit, haben, mit der er sich im Kollektiv adäquat bewegen kann, wobei die projizierte Löweseite erst dann befriedigt ist, wenn die Persona so glanzvoll ist, dass alle anderen in den Schatten gestellt werden. Ihr Ehemann, der diese Projektionen während der gesamten langen Ehe tragen musste, entsprach nicht genügend ihren Erwartungen, aus Gründen, die bereits angedeutet worden sind.

Vaterbild

In Marias Psyche regiert zudem ein stark wirksamer positiver Vaterkomplex: Sie war in einer Idealisierung des Vaters hängen geblieben, denn die gesamte Vaterpersönlichkeit wird von ihr bis heute[237] wie von einem Glorienschein umgeben beschrieben. Doch kein Partner kann genügen, wenn auf den Vater alle positiven männlichen Qualitäten projiziert bleiben.

Interessanterweise bekommt diese Idealisierung des Vaterbilds noch weitere Schützenhilfe, und zwar durch die Venus im Löwen, ebenfalls im zehnten Haus. Die Venus als Begleiterin der Sonne ist mit ihrem Eros auf die Sonne und damit auf den Vater bezogen, wodurch alles, was mit diesem zu tun hat, schön und harmonisch eingefärbt wird. Jedenfalls hat Maria ihren Vater zeitlebens als den gütigsten, liebsten und schönsten Mann charakterisiert. Da er relativ jung starb, nämlich dann, als Maria in der Pubertät war, gab es für sie keine Möglichkeit mehr, dieses glanzvolle Götterbild, das mit ihrem Vaterbild verschmolzen war, in realen Begegnungen mit dem konkreten Vater zu relativieren.

Ihr Mann, der bald in Marias Leben kam, konnte mit dem verstorbenen Vater nie konkurrieren, welcher als gottgleicher Archetyp in Marias Psyche ein ewiges Leben führt. Die Verbindung der Sonne mit Neptun – ebenfalls noch im Löwen und im zehnten

Haus – über ein Halbsextil verstärkt diese Idealisierungstendenz nochmals. Gleichzeitig bedeutet diese Neptunverbindung jedoch eine Sackgasse: Es bringt Maria in der Entwicklung ihres inneren Bilds von ihrem Vater und allen anderen relevanten Männern nicht weiter, wenn sie in Illusionen (Neptun) von mächtigen Männern (Sonne im Löwen, zehntes Haus) gefangen bleibt. Denn gerade durch den Kontakt mit Neptun wird die Sonne – und damit das innere Männerbild – gleichzeitig sensibler und dadurch auch geschwächt. Das bedeutet nämlich, dass sie sich von Männern, die diese Neptunqualitäten zeigen, unbewusst angezogen fühlt. Dies umso mehr, als das Realitätsprinzip Saturn (Schütze, zweites Haus) nicht mit der Sonne verbunden ist und ihr damit keinen Halt in der Realität geben kann.

Marias Löwennatur – Selbstbild und Selbstverwirklichung

Saturn bietet zwar keinen Realitätsanker für Marias überhöhtes Männerbild, ist dafür jedoch harmonisch mit Mond und Venus verknüpft. Wie inzwischen bekannt, symbolisieren Mond und Venus in ihrer gesamten Aspektierung und Lage im Horoskop das Selbstbild der Frau. Tatsächlich lebte Maria, seit sie sich erinnern kann, immer in Verantwortung nicht nur für sich selbst, sondern auch für andere. Als Älteste von mehreren Kindern half sie der Mutter schon bald in der Erziehung und Pflege ihrer zahlreichen Geschwister und erntete viel Lob dafür, von Mutter und Vater. Unter ihren Geschwistern genießt sie bis heute hohen Respekt. Zudem wirken sich die starke Venusanlage mit Waageaszendent und auch Mond in der Waage sowie Venus im zehnten Haus stark in einer ästhetischen Kompetenz aus, die nicht nur in Marias geschmackvollem Kleidungsstil zum Ausdruck kommt, sondern auch in allem, womit sie sich umgibt.

Mit ihrem verstorbenen Ehemann gründete sie eine Familie und bekam vier Kinder. Maria übernahm die Hauptverantwortung für die Erziehung der Kinder, was sie gerne und in ausgeglichener und zuverlässiger Art und Weise tat, wobei sie von ihrem Mann auch unterstützt wurde.

Den Animus hat Maria zwar einerseits projiziert, aber sie hat gleichzeitig auch eine eigene Entwicklung im Gebrauch ihrer männlichen Qualitäten gemacht. So ist es typisch für die selbst gelebte Löwe-Sonne im zehnten Haus, dass Maria einerseits eine hohe Selbstverantwortung zeigt und andererseits auch gerne als eine Art Leuchtturm fungiert und anderen Orientierung bietet. Nicht umsonst haben viele erfolgreiche CEOs eine ähnliche Horoskopstruktur wie Maria. Diese Führungsqualitäten konnte sie zum Teil beruflich umsetzen, indem sie gewisse Führungspositionen innehatte und größere Gruppen von Untergebenen erfolgreich leitete.

Aber auch im Privatleben setzen sich diese Führungsqualitäten oftmals durch, allerdings nicht nur zur Freude der betroffenen Familienmitglieder, Freundinnen oder Freunde, die sich manchmal auch gegängelt fühlen. Mit der Waageanlage und damit auch dem Mond als Beziehungskomponente kompensiert Maria die tendenziell etwas herrische Löwe-Sonne jedoch mit Charme und Fröhlichkeit, was von ihrem Umfeld entsprechend positiv beantwortet wird.

Insgesamt kann man sagen, dass Maria viel aus ihrer Anlage gemacht hat und heute immer besser lernt, dass auch Löwen – und Löwinnen – irgendwann etwas kürzer treten dürfen, da auch sie von Alterungsprozessen nicht verschont bleiben.

Schluss

In diesem Buch habe ich den der Versuch unternommen, das tiefenpsychologische Verständnis der menschlichen Psyche aus Sicht der Analytischen Psychologie C.G. Jungs mit der Astrologie in Verbindung zu bringen, einer uralten Erfahrungslehre, die von Thomas Ring im letzten Jahrhundert revidiert und für die Gegenwart fruchtbar gemacht wurde. Beiden Theorien gemeinsam ist die archetypische Dimension, auf der ihre wichtigsten Bausteine beruhen.

Um dies aufzuzeigen, wurde in Kapitel 1 zuerst Jungs Archetypenkonzept vorgestellt, anschließend habe ich aus astrologischer Sicht die zehn Planeten als jeden Menschen betreffende, archetypische Wesenskräfte beschrieben und anschließend eine Zusammenschau der Jung'schen Archetypen und des astrologischen »Götterpantheons« vorgenommen. In Kapitel 2 folgte die Herleitung einer tiefenpsychologisch-astrologischen Typologie, bei der Parallelen zwischen den vier Elementen Feuer, Erde, Luft, Wasser in den zwölf Tierkreiszeichen und den vier Ich-Funktionen nach C.G. Jung (Denken, Fühlen, Empfindung und Intuition) gezogen wurden. In Kapitel 3 habe ich versucht, C.G. Jungs Theorie der beiden Einstellungstypen Extraversion und Introversion mit dem astrologischen Quadranten- und Häusersystem zu verbinden. In Kapitel 4 wurde das Zusammenspiel von Anlage und Umwelt aus astrologischer und tiefenpsychologischer Sicht thematisiert und gezeigt, wie sich sowohl das Aspektgefüge im Horoskop als auch die tiefenpsychologische Komplexstruktur prägend auf die Persönlichkeit eines Menschen auswirken. In Kapitel 5 schließlich habe ich anhand der Besprechung von acht Geburtshoroskopen Einblicke gegeben, wie verschiedene astrologische Anlagen im Zusammenspiel mit tiefenpsychologischen Gegebenheiten im Laufe des Lebens dieser acht Menschen umgesetzt werden konnten.

Es ist mir ein Anliegen zu betonen, dass das Vorhandensein der acht Horoskopbeispiele in Kapitel 5 alles andere als selbstverständlich ist. Diese individualisierten schriftlichen Aussagen zu einem

Horoskop konnte ich nur deshalb im Rahmen dieses Buches formulieren, weil ich die Menschen, die mit diesen unterschiedlichen Horoskopstrukturen leben, gut kenne und somit Einblick in ihre ganz persönliche Art und Weise habe, mit der sie ihre strukturellen Anlagen bis heute mit Leben gefüllt haben. Sie haben meine schriftlichen Darstellungen gelesen und sind mit dem Abdruck der vorliegenden Beschreibungen einverstanden. Ich bin ihnen allen zu großem Dank für ihr Vertrauen verpflichtet, denn ohne ihre großzügige Bereitschaft, für diese Einführung in eine Tiefenpsychologische Astrologie lebendiges Anschauungsmaterial zur Verfügung zu stellen, hätte ich nur allgemeine Aussagen zu gewissen Horoskopanlagen machen können, und es wäre nicht möglich gewesen, den Leserinnen und Lesern einen solch differenzierten Einblick in konkrete Umsetzungen verschiedener struktureller Anlagen zu geben. Dank der vorliegenden acht Horoskopbeispiele kann jedoch skizzenhaft angedeutet werden, auf welche Weise eine im Geburtshoroskop deutlich werdende strukturelle Anlage mit den Erfahrungen mit der Außenwelt, insbesondere mit den eigenen Eltern, zusammenspielt, was dies für die Komplexstruktur bedeutet und wie sich diese wiederum auf die Entfaltung des Individuums auswirkt.[238]

Wozu soll das alles gut sein, was bringt eine solche Tiefenpsychologische Astrologie? Meine tägliche Erfahrung zeigt, dass sie außerordentlich nützlich ist für die Bewusstmachung der eigenen Persönlichkeitsstruktur und Komplexlandschaft, der eigenen Stärken und Schwachpunkte. Durch die Beschäftigung mit dem eigenen Horoskop kommt es in der Regel zu vielen »Aha-Erlebnissen«. Als besonders fruchtbar erweist sich im Alltag auch das Vergleichen der Horoskope von zwei Menschen, sei dies einfach um des besseren gegenseitigen Verständnisses willen oder auch im Fall von virulenten und chronischen Paarkonflikten. Ein tiefenpsychologisch-astrologischer Erklärungsansatz kann viel zum Erkennen nicht nur der eigenen, sondern auch der strukturellen Anlage des Partners beitragen und so auf sehr elegante Weise anlagemäßige Ähnlichkeiten und Verschiedenheiten deutlich machen, was in vielen Fällen fruchtbare Gespräche zwischen den Partnern initiiert, Konflikte minimieren hilft und die gegenseitige Toleranz und das Verständnis füreinander erhöht. Auch in der Mutter-Kind- bzw. Vater-Kind-Beziehung kann diese Methode mit Erfolg angewendet werden und daher für die Erziehungsberatung genauso eine Bereicherung sein wie für die Paarberatung.

Die Tiefenpsychologische Astrologie, in der eine uralte, hochdifferenzierte Typologie mit Jung'schen Konzepten zusammengeführt wird, kann also bei jeder Art von Konfliktmanagement und vor allem auch beim Wunsch nach vertiefter Selbsterkenntnis mit viel Gewinn hinzugezogen werden. Dass beides mit Hilfe dieser Methode gelingen möge, wünsche ich den Leserinnen und Lesern dieses Buches.

Anmerkungen

1 Ring, 1985a, S. 3.
2 Riemann, 1986, S. 9.
3 Ring, 1985a, S. 23.
4 Jung, Briefe II, S. 400.
5 Ebd., S. 401.
6 Goethe, 1961, S. 523.
7 Vgl. Jung, Briefe II, S. 402.
8 Jung, GW 8, § 392.
9 Vgl. ebd., §§ 816–987, speziell § 977, und ders., Briefe II, S. 400ff.; 230f.
10 Ders., GW 8, § 866.
11 Ders., Briefe II, S. 402.
12 Vgl. ebd., S. 400ff.
13 Ebd., S. 94.
14 Vgl. ebd., S. 400ff.
15 Zitiert in: Jones, 1969, S. 477.
16 Vgl. Jacobi, 2012; Kast, 2012; Dorst, 2015.
17 Vgl. Jungs Aussagen zum Thema »Archetypen und kollektives Unbewusstes«, »Planeten als Archetypen bzw. ›Götter‹« in: Briefe II, S. 400.
18 Noam Chomsky hat sich im Zusammenhang mit seiner »Generativen Grammatik« mit solchen Fragen auseinandergesetzt. Auch die aktuelle Feldforschung der Psycholinguistin Sabine Stoll untersucht in einem internationalen Großprojekt, auf welchen Wegen Kinder zu ihrer Muttersprache kommen. Vgl. Magazin der Universität Zürich, 2014, Nr. 3.
19 Vgl. Jung, GW 8, § 270, § 417 und § 440; GW 9/I, § 99 und § 155.
20 Vgl. ebd.
21 Ders., GW 9/I § 151.
22 Vgl. die obigen Ausführungen zur angeborenen Disposition eines Kindes.
23 Vgl. Winnicott, 1994 und 1995.
24 Ein besonderes Kapitel sind in diesem Zusammenhang Adoptivkinder, ist es doch meist eine sehr große Herausforderung für Adoptiveltern, die notwendige Nähe und Vertrautheit zwischen sich und ihrem adoptierten Kind herzustellen, besonders, wenn dieses nicht bald nach der Geburt zu ihnen kommt. Es braucht besonders viel Bewusstheit und Engagement vonseiten der Eltern, um eine gute, vertrauensvolle Beziehung zu ihrem Adoptivkind aufzubauen. Wenn das Kind vor seiner Adoption z. B. Monate oder gar Jahre unter deprivierenden Bedingungen leben musste, können die emotionalen Beschädigungen bei ihm so groß sein, dass dies ein sehr schwieriges Unterfangen für Adoptiveltern werden kann, das nicht selten in große Enttäuschungen mündet.

25 Stierlin, 1980.
26 Vgl. Scharfetter, 1996.
27 Jung, Briefe II, S. 400.
28 Die Zeitdauer von einem Vollmond zum nächsten heißt synodischer Monat = 29,6 Tage (Neumond 0,0 – erstes Viertel 7,4 – Vollmond 14,8 – letztes Viertel 22,2).
29 Auch heulende Hunde oder Wölfe werden mit dem Vollmond assoziiert; Mondphasen werden z. B. von den Anthroposophen beim Anpflanzen und Pflücken von Obst, Gemüse und Kräutern berücksichtigt; manche Menschen lassen sich die Haare nur bei zunehmendem Mond schneiden, damit sie schneller und kräftiger wachsen; Polizei und Krankenhäuser vermelden mehr Unfälle, Morde und Suizide sowie Geburten bei Vollmond.
30 Dazu gehört auch die Aktive Imagination, eine besondere Technik, die Jung entwickelt hat.
31 Er entspricht einem Mondmonat von 29,6 Tagen.
32 Eine normale Schwangerschaft dauert zehn Mondmonate.
33 Anmerkung: Weiter oben wurde die Passung zwischen Mutter und Kind erwähnt, die den Bezug erleichtert oder bei mangelnder »Chemie« eben erschwert
34 Die Trickster-Seite von Hermes kommt kurz nach seiner Geburt schon zum Vorschein, als er als Neugeborener seinen erwachsenen Bruder Apollon hinter das Licht führte: Gemäß der griechischen Mythologie springt Hermes/Merkur nämlich schon als Neugeborener aus der Wiege und stiehlt Apollon die Rinderherde, die König Admetos von Thessalien gehört und die Apollon hüten muss. Nach getaner Arbeit legt Hermes sich wie ein unschuldiger Säugling in die Wiege und lässt Apollon nach dem Dieb suchen, der lange im Dunkeln tappt. Denn Hermes ist so schlau, dass er falsche Spuren legt, damit man nicht auf die Idee kommen kann, dass sie von der Wiege aus weg- und wieder zu dieser zurückführen. Zeus, belustigt über seinen trickreichen Sohn, befiehlt Hermes schließlich, Apollon das Versteck der Rinderherde zu zeigen. Um den erzürnten Apollo zu besänftigen, spielt der Säugling Hermes auf der Lyra, die er selber aus einer Schildkröte gebastelt hat. Vgl. Ranke-Graves, 1984, S. 52–55, und Fink, 2001, S. 135–137.
35 In der Griechischen Mythologie heißt er Ares, in der römischen Mars; in Homers Dichtung *Ilias* wird Ares als mutiger Kämpfer geschildert.
36 Zeus, der oberste Gott in der griechischen Mythologie, der bei den Römern Jupiter hieß, zeigt sehr schön, was mit dem Ausweiten des bestehenden Erfahrungshorizonts gemeint ist, allerdings ist der mythologische Göttervater zum Leidwesen seiner Frau Hera auf das Erjagen von schönen sterblichen oder auch unsterblichen weiblichen Wesen fokussiert, mit denen er zahlreiche außereheliche Kinder zeugt.
37 Ring, 1986, S. 83.
38 Ebd., S. 83.
39 Der Unterschied zwischen synthetischen und analytischen Aspekten wird

im Unterkapitel »Das Aspektgefüge im Horoskop« in Kapitel 4 noch erklärt werden.

40 Zu den Tierkreiszeichen siehe Kapitel 2.

41 Ich spreche hier von heterosexuell orientierten Frauen. Etwas anders zeigt sich das Verhältnis der männlichen und weiblichen Qualitäten bei homosexuellen Frauen – wie übrigens auch bei homosexuellen Männern. Angesichts der enormen Komplexität dieser Thematik kann ich im Rahmen dieses Buches hier nicht näher darauf eingehen.

42 In Kunst und Literatur gibt es dazu eindrückliche Beispiele.

43 Vgl. auch Jung, Psychologie und Alchemie, GW 12, Abb. 103 »Sponsus et Sponsa«, Abb. 218 »Das Bad der Philosophen«.

44 Siehe das Unterkapitel »Die zwölf Tierkreiszeichen in ihrer funktionellen Abfolge« in diesem Kapitel.

45 Waage und Widder z.B. können vollständiger gelebt werden, wenn beide in der Horoskopanlage vorhanden sind. Wenn in den polar entgegengesetzten Tierkreiszeichen zusätzlich Planeten stehen, spürt der Mensch beide Tierkreiszeichen viel deutlicher, gerade in ihrer Gegensätzlichkeit, als wenn sie »leer« sind, denn die Spannung zwischen den Antipoden wird so verschärft, wodurch sich die Chance erhöht, sich der beiden Pole bewusst zu werden. Durch zunehmende Bewusstheit der gegensätzlichen Tierkreiszeichen in der eigenen Persönlichkeit können Einseitigkeiten korrigiert werden. So kann etwa die Entscheidungsschwäche der Waage durch die Widderseite, die schnell entschlossen zu handeln pflegt, ausgeglichen werden; umgekehrt kann die Waageseite die Impulsivität des Widders mildern. Durch eine solche Arbeit an innerpsychischen gegensätzlichen Dispositionen entsteht eine ausgeglichenere, ganzheitlichere Persönlichkeit.
Treffen auf der äußeren Realitätsebene eine Waage und ein Widder aufeinander und gehen eine Partnerschaft ein, kommt die Projektion der eigenen unbewussten Gegenseite auf das Gegenüber ins Spiel, was einerseits Faszination, aber auch Spannungen und Konflikte auslösen kann. Durch deren Bearbeitung und Zurücknahme der Projektionen wird man als Persönlichkeit bewusster und damit auch reicher und reifer.

46 Ring, 1985b, S. 167.

47 Ebd., S. 196.

48 Ebd., S. 226.

49 Ebd., S. 174.

50 Ebd., S. 203.

51 Ebd., S. 234.

52 Vgl. ebd., S. 235.

53 Ebd., S. 181.

54 Ebd., S. 211.

55 Ebd., S. 241.

56 Vgl. auch ebd., S. 241.

57 Ring, 1985b, S. 188.

58 Vgl. das Unterkapitel »Der Mond«.

59 Johannes der Evangelist, der Lieblingsjünger von Jesus, symbolisiert den Archetyp der unbedingten Hingabe an die Idee der Wahrheit und selbstlosen Liebe (Jesus als Symbol für das Selbst).

60 Ring, 1985b, S. 249.

61 Vgl. die Ausführungen zu »Neptun« im Unterkapitel »Die zehn Planeten in der Astrologie« in Kapitel 1.

62 Vgl. die Ausführungen zu »Jupiter« im Unterkapitel »Die zehn Planeten in der Astrologie« in Kapitel 1.

63 Wichtig: Diese Anmerkung gilt für alle 12 Tierkreiszeichen: Die Daten schwanken von Jahr zu Jahr leicht, da die Sonne nicht ganz regelmäßig von einem Tierkreiszeichen ins nächste wechselt. Deshalb muss man von Jahr zu Jahr in den Ephemeriden nachsehen, in denen die exakten Positionen der Sonne und der sie umkreisenden Planeten festgehalten sind. Für dieses Buch verwende ich nun die Daten der Sonnen-Positionen in den zwölf Tierkreiszeichen von 2015 und 2016, beginnend mit Widder im Jahr 2015 und endend mit Fische im Jahr 2016.

64 Goethe lässt den Faust die Bibelstelle im Johannesevangelium »Am Anfang war das *Wort*!« kritisch hinterfragen: »Ist es der *Sinn*, der alles wirkt und schafft? Es sollte stehen: Im Anfang war die *Kraft*!« Doch Faust ist noch nicht zufrieden und ist es erst, als er zur Überzeugung gelangt: »Am Anfang war die *Tat*!« (*Faust*, Verse 1224–1237).

65 Vgl. Jung, GW 6, § 666ff. Eine Darstellung der vier Funktionen in Polaritäten mutet allerdings etwas schematisch an und mag vielleicht am ehesten auf Menschen zutreffen, die entweder in ihrer Persönlichkeitsdifferenzierung noch wenig entwickelt oder die sehr einseitig veranlagt sind. Sehr differenzierte und vielseitig veranlagte Persönlichkeiten werden sich von dieser Skizze vielleicht weniger angesprochen fühlen, aber als Hilfskonstruktion ist sie für unsere Zwecke hier nützlich.

66 Jung, GW 6, § 667.

67 Wobei zu berücksichtigen ist, dass es verschiedene Grade von »unbewusst« bzw. »inferior« gibt und diese Einteilung daher zu relativieren ist.

68 Vgl. Jung, GW 6, § 669.

69 Im Schatten liegen nicht nur unbewusste Aspekte unserer selbst, die wir wegen ihrer Inkompatibilität mit unserem Ich-Ideal verdrängt halten, sondern oft auch, weil sie durch Erziehung und weitere Umweltfaktoren wenig gefördert worden sind. Wohl jeder Mensch hat solche brachliegenden Ressourcen, die im Schatten seiner bewussten Persönlichkeit liegen.

70 Leider ist die Typologie von Jung noch nicht richtig ausgereift, was sich vor allem in der Beschreibung der introvertierten Einstellung und besonders deutlich in seiner Darstellung des introvertierten Fühltypus zeigt. Da die Jung'sche Typologie im Rahmen dieses Buches nur wenig Raum einnehmen kann, muss ich mich bezüglich ihrer Schwachstellen auf einige wenige kritische Bemerkungen beschränken.

71 An dieser Stelle möchte ich auf die Problematik des Begriffs »subjektiver Faktor« hinweisen, denn er scheint mir nicht wirklich adäquat zu sein, wenn der Hauptakzent bei der Charakterisierung von introvertiert einge-

stellten Menschen auf das subjektive Erleben gesetzt wird. Denn es können auch Erfahrungen mit dem kollektiven Unbewussten gemacht werden, das ja, im Unterschied zum persönlichen Unbewussten, objektiven Charakter hat, vgl. Anmerkung 11.

72 Vgl. Jung, GW 6, § 666.

73 Ebd., § 584.

74 Vgl. ebd., § 577.

75 Ich möchte allerdings kritisch anmerken, dass die innere Realität des Subjekts auch kollektive und damit allgemeingültige Aspekte haben kann. Jung selbst definiert ja das kollektive Unbewusste als ein Stück Natur, das dem Bewusstsein als etwas objektiv Gegebenes entgegentritt und somit die Grenzen des persönlichen Unbewussten überschreitet.

76 Jung diskutiert den Unterschied des philosophischen Denkens: Richtet es sich auf Ideen als Abstraktionen aus subjektiven Erfahrungen oder auf Ideen, die aus der Philosophiegeschichte entlehnt sind? Nur im letzteren Fall scheint er eine extravertierte Einstellung des Denkens zu sehen.

77 Vgl. Jung, GW 6, § 557. Ich möchte dem entgegenhalten, dass auch das introvertierte Denken sich auf äußere Objekte beziehen kann, sie jedoch subjektiv verarbeitet.

78 Jung, GW 6, § 590.

79 In seinem Roman *Heinrich von Ofterdingen* beschreibt Novalis den Kontrast zwischen dem trockenen Intellekt des Schreibers und der lebendigen Weisheit der Sophia in einem Märchen, dessen Figuren personifizierte Darstellungen (Allegorien) von menschlichen Tugenden und Untugenden sind.

80 Vgl. Jung, GW 6, § 628.

81 Ebd.

82 Ebd., § 630.

83 Der Kontrast von »subjektiv« und »objektiv«, den Jung unermüdlich zelebriert, um den Introvertierten vom Extravertierten zu unterscheiden, scheint mir wie gesagt nicht adäquat zu sein, da beide sich auf Objekte beziehen, der eine tendenziell mehr auf innere und der andere auf äußere.

84 Vgl. ebd., § 632.

85 Ebd., § 633.

86 Vgl. ebd.

87 Ebd., § 635.

88 Vgl. ebd., §§ 620–637.

89 Vgl. ebd., § 595.

90 Ebd., § 603. Ich möchte an dieser Stelle auf Kapitel 4 vorgreifen und festhalten, dass die Orientierung an kollektiven Werten und Normen der Funktion des 10. Hauses entspricht.

91 Vgl. Jung, GW 6, § 595.

92 Ebd.

93 Vgl. ebd., § 596.

94 Vgl. ebd., § 600.

95 Ebd., § 639.

96 ebd., § 640.

97 Zudem mischt Jung mit seiner Aussage, sie seien öfters von »melancholischem Temperament«, möglicherweise eine Prise Psychopathologie unter. Freud setzt in seinem Aufsatz »Trauer und Melancholie« Melancholie mit Depression gleich.

98 Ebd., § 640.

99 Ebd., § 641.

100 Ebd.

101 Der Originaltitel lautet *À la recherche du temps perdu*. Das Hauptwerk von Proust besteht aus sieben Bänden; er schrieb es von 1908 bis 1922, erschienen ist es zwischen 1913 und 1927.

102 Jung, GW 6, § 643.

103 Ebd.

104 Vgl. Adam, 2011.

105 Vgl. Jung, GW 6, § 714.

106 Ebd., § 605.

107 Vgl. ebd., §§ 606f.

108 Der extravertierte Empfindungstypus bei Frauen findet sich z.B. in der Kultserie »Sex and the City« in diversen Erscheinungsformen und Ausprägungen.

109 Ebd., § 608.

110 Ebd.

111 Ebd.

112 In der Empfindung spielt die Moral keine Rolle, es geht ja »nur« um die sinnliche und ästhetische Welt. Ästhetik und Ethik sind Gegensätze, denn bei Ethik geht es um geistige Prinzipien bzw. Grundhaltungen oder Moral, um das richtige Handeln. Deshalb kann man von einer moralischen Indifferenz bzw. Zwanglosigkeit sprechen.

113 Jung, GW 6, § 649.

114 Ebd., § 651.

115 Ebd.

116 Ebd.

117 Ebd.

118 Vgl. ebd., § 651.

119 Vgl. ebd., § 713.

120 Ebd., § 754.

121 Ebd., § 611. Jeder Intuitive kennt diese Gewissheit für das richtige Handeln und weiß ebenso ein Lied von den Folgen zu singen, wenn er der Intuition ausnahmsweise nicht gefolgt ist.

122 Jung, GW 6, § 611.

123 Ebd.

124 Ebd., § 612.

125 Ebd., § 613.

126 Vgl. ebd.

127 Vgl. ebd., § 614.

128 Ebd., § 615.

129 Vgl. ebd.
130 Ebd.
131 Ebd.
132 Ebd.
133 Ebd., § 655.
134 Ebd., § 680.
135 Vgl. ebd., § 661.
136 Ebd., § 662.
137 Ebd.
138 Klaus-Uwe Adam sei hier erwähnt, der mit seinem Buch *Therapeutisches Arbeiten mit dem Ich* (2011) viel zu einem verbesserten Verständnis der Jung'schen Typologie beigetragen hat. Er stellt jedoch keine Verbindung zur astrologischen Lehre her.
139 Jung, GW 6, § 669.
140 Im vorangegangenen Kapitel wurde bereits deutlich, dass Jungs einseitige Reservierung des Begriffs »Objekt«, den er implizit als äußeres Objekt auffasst und allein mit dem extravertierten Einstellungstypus in Verbindung bringt, problematisch ist. Jung macht zu wenig deutlich, dass es ebenso viele innere Objekte gibt, auf die sich der Introvertierte bezieht. Solche inneren Objekte können entweder Introjekte von äußeren Objekten, also durch Erfahrung an äußeren Objekten zustande gekommene innere Vorstellungen oder innere Bilder von diesen, oder archetypische Neuschöpfungen sein – beiden begegnen wir auch in der Welt der Träume.
141 Die folgenden, sehr gerafft gehaltenen astronomischen Erklärungen zum Aszendenten orientieren sich an Thomas Rings ausführlichen Erläuterungen zum Horizont-Meridiansystem (vgl. Ring, 1985b, S. 257–268).
142 Bei einem Vergleich dieser Beschreibungen mit einem Geburtshoroskop bzw. einer Radix-Abbildung (wie bei den nachfolgenden acht Horoskopbeispielen) fällt auf, dass das Geburtsbild, verglichen mit den Richtungsangaben auf dem Kompass, quasi auf dem Kopf steht: Osten und Westen, Norden und Süden sind »verkehrt herum«: Während auf einem Kompass Norden »oben«, Süden »unten«, Westen »links« und Osten »rechts« sind, ist es in einem Geburtshoroskop genau umgekehrt: Das im Süden liegende MC / die Himmelsmitte ist oben, das im Norden liegende IC / die Himmelstiefe ist unten, Osten ist links und Westen rechts. Dies ist vermutlich aufgrund der eurozentrischen Weltsicht so, von der die Astrologie geprägt ist: Wenn man sich vorstellt, als Beobachter auf der nördlichen Halbkugel mit dem Rücken zum Nordpol und dem Gesicht zum Äquator zu stehen, sind die Himmelsrichtungen genau wie im Horoskop.
143 Synonym mit »Haus« wird »Feld«, »Lebensbereich«, »Interessensgebiet« oder »Motivationsgebiet« verwendet.
144 Vgl. Ring, 1985b, S. 324.
145 Nach ebd., S. 103ff., und ders., 1986, S. 110ff.
146 Imum coeli (IC) bedeutet »Himmelstiefe« und repräsentiert im Horoskop den Zugang zum Unbewussten. Menschen, die um Mitternacht geboren sind, haben ihre Sonne am IC, im 4. Haus, im Gegensatz zu Menschen,

die um 12 Uhr mittags geboren sind, die ihre Sonne am MC und im 10. Haus haben – wie etwa Goethe. Astronomisch gesehen kommt dieser Punkt durch die Kreuzung der Ekliptik, d.h. der Bahn aller astrologisch relevanten Phänomene (Tierkreiszeichen und Planeten), mit dem nördlichen Meridian zustande.

147 Ring, 1969, S. 116, Abb. 4.

148 Ebd.

149 Ring, 1985b, S. 116. In der Betrachtung eines Horoskops ist es wichtig, Fragen nach den Bedingungen der Ernährung auf der materiellen sowie der seelisch-geistigen Ebene von Geburt an zu erfragen, denn ein Zuwenig oder auch ein Zuviel kann folgenschwere Auswirkungen auf das spätere Leben haben. Ebenfalls wichtig ist die Frage der Möglichkeit des inneren Ausgleichs, der je nach Zeichen und Planeten samt ihrer Aspektierung sehr gut oder nur bedingt möglich ist, jeweils mit entsprechenden Konsequenzen für die Regeneration des Organismus.

150 In der Horoskopbetrachtung liegt der Fokus auf Fragen der familiären Herkunft und den damit verbundenen Förderungen und Blockaden, der selbst gegründeten oder fehlenden Familie, des Kinderwunschs, der Verwurzelung in der eigenen seelischen Tiefe sowie nach dem Liebesleben – das bei starker Betonung des zweiten Quadranten oft ein Problem darstellt. Denn im Alltagsleben erweist sich als eines der häufigsten Probleme der Umgang mit dem sexuellen Trieb, der sich verselbstständigen kann, auch bei Familienvätern und -müttern, wodurch in der Regel beziehungsmäßige und familiäre Konflikte vorprogrammiert sind. Auch die Frage nach der Fruchtbarmachung der eigenen Kreativität stellt sich meist.

151 Ring, 1985b, S. 115.

152 Oft stehen Beziehungsfragen in der Horoskopbetrachtung im Vordergrund, es kann um die Zweierbeziehung, um Gruppenkonstellationen sowie um die Beziehung zu anderen Kulturen gehen. Es geht immer um Beziehungsdynamiken, in denen auch Macht und Ohnmacht eine Rolle spielen. Wichtig ist auch der Blick auf die mögliche Verausgabung des Horoskopeigners, denn der dritte Quadrant ist – im Gegensatz zum polar gegenüberliegenden ersten Quadranten, der auf Nehmen spezialisiert ist – auf Abgabe gestimmt, und somit besteht für den Betreffenden die Gefahr, aus Idealismus seine Energien und Ressourcen zu verschwenderisch für den anderen oder das andere einzusetzen.

153 Ring, 1985b, S. 116.

154 Vgl. Ring, 1985b.

155 So wie in diesen Beispielen von Sonne und Mond, kommt jeder andere Planet in seiner typischen Wesenskraft und in seiner ganzen Aspektierung zu anderen Planeten, mit allen ihren Ressourcen und Problemen, zur Wirkung, was ihn entsprechend facettenreich macht.

156 Die Beschriftung folgt Ring, 1986, S. 119.

157 Die Titelüberschriften zu den zwölf Häusern von Ring sind meines Erachtens so treffend, dass ich sie von ihm übernehme, siehe Ring, 1985b, S. 325–336.

158 Abkürzung »AC«, Morgen, 6 Uhr, Sonnenaufgang.
159 Für detaillierte Beschreibungen verweise ich auf Ring, 1985a und 1985b, S. 144 ff.
160 Vgl. Ring, 1985b, S. 325 und 326.
161 Ob und wie ausgeprägt sich die Egozentrizität zeigt, hängt sehr stark von der Art des Tierkreiszeichens sowie vom Charakter der beteiligten Planetenprinzipien ab: Während das Zeichen Löwe und die Planeten Sonne, Jupiter oder Pluto die Wucht des persönlichen Auftretens verstärken, zeitigen das Tierkreiszeichen Fische und der Planet Neptun eher persönlichkeitsauflösende Wirkungen.
162 Ebd., S. 326.
163 Ein lustiges Beispiel für eine unersättliche Habenwollen-Mentalität ist der geizige Dagobert Duck, der vor den Augen seines armen Neffen Donald Duck in seinem riesigen Schwimmbecken, das statt mit Wasser mit Golddukaten gefüllt ist, schwimmen geht.
164 Ring, 1985b, S. 327.
165 Ebd., S. 327.
166 Ebd., S. 328.
167 Abkürzung »IC«, Himmelstiefe, 24 Uhr, also Mitternacht.
168 Wie die Rückverbindung zu den eigenen Wurzeln letztlich mit dem Thema der Religiosität und dem persönlichen Gottesbild verknüpft sein kann, kommt sehr prägnant im Leben des Reformators Martin Luther zum Ausdruck, der Sonne, Venus und Saturn im sozialkritischen Zeichen Skorpion sowie Merkur, Neptun und Uranus im »religiösen« Zeichen Schütze im vierten Feld hatte.
169 Ring, 1985b, S. 329.
170 Ebd., S. 330.
171 Ebd., S. 331.
172 Abkürzung »DC«, Sonnenuntergang, ca. 18 Uhr.
173 Das 7. Haus gilt von alters her auch als »Ehehaus«.
174 Ring, 1985b, S. 332.
175 Ebd., S. 333.
176 Ebd., S. 333.
177 Vgl. Lessings Aufsatz zur Zeit der Aufklärung: Lessing, 1997.
178 Letzteres erinnert an den introvertierten intuitiven Typus bei Jung, ohne sich im Rest der Beschreibung, in der die extravertierten Elemente überwiegen, damit zu decken. Dieses Beispiel zeigt, wie schwierig es mehrheitlich ist, klare Zuordnungen zwischen der Jung'schen Typologie und dem astrologischen System zu machen.
179 Ring, 1985b, S. 334.
180 Abkürzung »MC«, Himmelsmitte, 12 Uhr mittags.
181 In der Polarität des zehnten und vierten Interessensfelds ist der Konflikt zwischen Privatleben und Berufsleben abgebildet. Dies betrifft Frauen immer noch stärker als Männer, da es für Mütter manchmal nur ein Entweder-oder gibt, wenn die Pflege von Familie und Kindern schwer vereinbar mit einer anspruchsvollen beruflichen Karriere ist, da entweder die

Kinder leiden oder der Beruf zu kurz kommt – oder die Frau in eine Überlastung hineinsteuert –, während der Vater immer noch viel selbstverständlicher ein volles berufliches Engagement leben kann. Mehr Teilzeitjobs auch für anspruchsvolle berufliche Positionen wären also angebracht für Menschen, die die gegensätzlichen Tendenzen unter einen Hut zu bringen und beide ins Leben zu integrieren haben.

182 Ring, 1985b, S. 335.

183 Ebd., S. 336.

184 Vgl. ebd., S. 337.

185 Leider werden auch heute noch solche menschenverachtenden Varianten in gewissen Staaten täglich praktiziert.

186 Ebenso können in der Abgeschlossenheit von Erziehungsinstitutionen wie Kinderheimen oder Internaten, die im Normalfall viel zu einer gesunden Entwicklung der Kinder und Jugendlichen beitragen, manchmal Ereignisse passieren, die mehr Leid als Förderung bereiten. Musil schildert dies beispielsweise in seinem Roman *Die Verwirrungen des Zöglings Törleß*. Auch Schiller beschreibt den Aufenthalt in der Karlsschule, der herzoglichen Militärakademie, als kasteiend, den Zöglingen wurde jedes Recht auf Privatsphäre aberkannt. Siehe auch Hesses *Unterm Rad* oder – etwas aktueller – der Film *Der Club der toten Dichter*, der in den USA zu Beginn der 60er spielt.

187 Schon Teresa von Avila hat neben dem aufreibenden Leben, das sie als Begründerin von mehreren Klöstern bewältigen musste, Bücher geschrieben, u. a. das berühmte *Die innere Burg*.

188 Bei der Ekliptik handelt es sich um die scheinbare Sonnenbahn um die Erde sowie um die allgemeine Umlaufebene der Planeten, die als idealer Messkreis für die jeweiligen Stellungen der Planeten in den sich verändernden Winkelgraden dient, vgl. Ring, 1985a, S. 245 und 292. Aufgrund der Drehung der Erde um ihre eigene Achse scheint sich die Sonne zu bewegen, indem sie scheinbar im Osten aufgeht und im Westen untergeht, ebenso sieht es aus unserer Sicht so aus, als würden die Fixsterne und die Planeten sich um die Erde bewegen.

189 Ebd., S. 245.

190 Die Grundeinstellung einer nicht wertenden Astrologie und damit die Absage an vulgärastrologische Missverständnisse teile ich mit Ring, vgl. ders., 1985a, S. 245–287.

191 In seinem umfangreichen Buch *Genius und Dämon*.

192 Ring nennt beispielhaft Rilke und Baudelaire, vgl. Ring, 1985a, S. 259.

193 Diese Tabelle ist in Anlehnung an diejenige von Thomas Ring: 1985a, S. 250.

194 In Abweichung zu Ring, der den Quincunx zu den schwach wirksamen Aspekten zählt, machte ich vielfach die Erfahrung, dass sie sich mindestens mittelstark auswirken in einer Persönlichkeitsstruktur.

195 Auch das Halbsextil entfaltet meiner Erfahrung nach eine mittelstarke Wirkung.

196 Die Mondknoten sind, astronomisch gesehen, die Schnittpunkte zwi-

schen zwei Bahnen, nämlich zwischen Mondbahn und scheinbarer Sonnenbahn (Ekliptik) um die Erde. Es gibt zwei solcher Schnittpunkte, nämlich den aufsteigenden Mondknoten und den absteigenden Mondknoten. Der aufsteigende Mondknoten ist derjenige, bei dem der Mond auf seiner Bahn von der südlichen auf die nördliche Seite der Ekliptik wechselt, der absteigende Mondknoten dagegen derjenige, bei dem der Mond auf seiner Bahn von der nördlichen auf die südliche Seite der Ekliptik wechselt.
Die beiden Mondknoten sind 180° voneinander entfernt und liegen einander damit polar gegenüber. Im Geburtsbild wird meistens nur der nördliche (aufsteigende) Mondknoten eingezeichnet, der eine solare Qualität hat und mit freiem Willen assoziiert ist, während der südliche (absteigende) Mondknoten meist im Horoskopbild nicht erscheint. Er symbolisiert die instinkthaften Reaktionsmuster und damit die in frühen Zeiten konditionierten Verhaltensmuster, die den Menschen veranlassen, in bestimmten Situationen in immer gleicher Weise zu reagieren. Der nördliche Mondknoten zeigt dagegen neue Verhaltensmöglichkeiten an und damit auch unser Entwicklungspotential im Sinne von Möglichkeiten, uns neu zu entscheiden und anders zu handeln als wie gewohnt.
Die aufsteigenden Mondknoten sind um der Vollständigkeit willen in den acht Horoskopabbildungen (siehe Farbtafelteil) eingezeichnet und im Kapitel 5 in den zugehörigen Horoskoptabellen aufgeführt. Aus Platzgründen ist es im vorliegenden Buch jedoch nicht möglich, näher auf die Bedeutung der Mondknoten einzugehen. An dieser Stelle muss der Hinweis genügen, dass sowohl das Haus als auch das Tierkreiszeichen, in dem der aufsteigende Mondknoten steht, ein Entwicklungspotential bedeuten.

197 Nach dem Mythos von Sisyphos, der zur Strafe ohne Unterlass einen Block den Berg hinaufwälzen musste, der – kaum war er endlich oben – wieder nach unten rollte, so dass er wieder von vorn beginnen musste, vgl. Rings Seminar »Die revidierte Astrologie« 1974 in Kopenhagen, Ring, 1974.

198 Rilke ist ein hervorragendes Beispiel für ein Geburtshoroskop mit vielen Quadraten; er hatte sogar einen sogenannten »Turm«, das heißt vier Quadrate, die selbst ein Quadrat bilden und so zu einem turmartigen Gebilde führen. Insgesamt hatte er sogar sieben Quadrate sowie drei Oppositionen, jedoch nur wenige synthetische Aspekte, welche die Spannungen ansatzweise ausbalancieren und mithelfen konnten, die darin gebundenen Energien in Fluss zu bringen. Die schöpferische Freilegung seiner außerordentlichen Begabung ist Rilke nicht geschenkt worden.

199 Jung, GW 8, § 200.

200 Ebd.

201 Vgl. ebd.

202 Ebd., § 201.

203 Jungs Komplexreaktionen kennen wir auch unter dem Begriff der Fehlleistung, den Freud für solche Vorkommnisse verwendet hat.

204 Jung, GW 8, § 202.

205 Vgl. ebd., § 204.
206 Jung, GW 17, § 107.
207 Siehe Einleitung und Kapitel 1, Unterkapitel »Die zehn Planeten in der Astrologie«, wo bei der Beschreibung des Monds bereits auf die interaktive Dimension zwischen Mutter Kind eingegangen wurde.
208 Ebd., § 143.
209 Die neurobiologische Forschung bestätigt also die Wichtigkeit des dyadischen Aspekts und damit der zuverlässigen Umsorgung und Pflege des Säuglings und Kleinkindes durch seine Umwelt. Die genügend gute Bemutterung in der frühesten Phase im Leben eines Kindes ist deshalb so entscheidend für sein ganzes Leben, weil sich das Baby anfangs in einer fast absoluten Abhängigkeit von ihr befindet. Der Phase der primären Mütterlichkeit nach Winnicott entspricht diejenige »der primären Liebe« nach Balint sowie der »Dualunion« nach Neumann. Die Umwelt in der frühesten Zeit im Leben eines Menschen wird meist durch die persönliche Mutter repräsentiert. Natürlich kann diese Funktion bis zu einem gewissen Grad auch durch den Vater oder eine andere Person ausgeübt werden. Ich werde aber aus praktischen Gründen diese frühe bemutternde Figur »Mutter« nennen.
210 Vgl. das Unterkapitel »Das Archetypenkonzept von C. G. Jung« in Kapitel 1 sowie Winnicott, 1994 und 1995.
211 Winnicott, 1993, S. 194.
212 Vgl. Winnicott, 1994, S. 159.
213 Vgl. Müller, 2003, S. 118.
214 Vgl. auch ebd., S. 286.
215 Die Sekunden wurden auf die Minuten auf- oder abgerundet. Dies gilt auch für die Angaben zu den nachfolgenden sieben anderen Geburtshoroskopen.
216 Ein rückläufiger Planet (astronomischer Hintergrund: Er bewegt sich von Ost nach West) wirkt sich meist verhaltener aus als ein direkt laufender (Astronomie: Seine Bewegung geht von West nach Ost), dies kann zu einer gewissen Schüchternheit oder Zurückgezogenheit führen. Psychologisch-astrologisch gesehen, erweist sich ein retrograder Planet als Introversionstendenz, die oftmals einhergeht mit seelisch-geistiger Tiefe. Die Vitalität des retrograden Planeten wendet sich nach innen, ins eigene Unbewusste, während direkt laufende Planeten ihre Qualitäten und Energien in der äußeren Welt zum Ausdruck bringen. Gelingt es, dank der retrograden Qualität eines Planeten das eigene Unbewusste besser zu kennen, kann dies zu vermehrter Autonomie führen.
217 Er steht zwar noch Ende des dritten Hauses, entfaltet jedoch seine Wirkung wegen seiner Nähe zum vierten Haus und seiner Konjunktion zu Saturn (der wegen seiner Stellung direkt vor der Vierthaus-Linie dem vierten Haus zuzurechnen ist) mindestens ebenso so stark im vierten Haus.
218 Seine seelische Sensibilität mit Mond im Krebs in Verbindung mit dem nach innen gerichteten Jupiter (retrograd) und beide Planeten in Verbindung zur Venus in den Fischen, die eine hohe Sensibilität und auch

Schüchternheit mit sich bringt, fördern seine Zurückhaltung im persönlichen Gefühlsausdruck. Im Geschäftsleben sind Gefühle weniger gefragt, deshalb kam die Kritik auch nicht von dort.

219 Vgl. im Unterkapitel »Die zwölf Häuser als archetypische Lebensfelder« (Kapitel 4) den Abschnitt »Stärke eines Planeten und Feldspitze«.

220 Retrograd laufende / rückläufige Planeten entfalten sich nur bedingt in der Außenwelt, sie wenden sich stärker nach innen, weshalb sie weiter oben auch als »introvertiert« bezeichnet worden sind.

221 Über die weiter oben erwähnte und mysteriös erscheinende Parallele bezüglich Alter und Art der Erkrankungen von Mutter und Ehefrau ließe sich noch manches sagen, was jedoch aus Gründen der Anonymisierung und zum Schutz der Persönlichkeit der hier diskutierten Personen unterlassen wird.

222 Vgl. das Unterkapitel »Die vier Ich-Funktionen nach C. G. Jung« in Kapitel 2.

223 Der Mondknoten ist kein Planet, sondern ein Schnittpunkt zwischen Mond- und Sonnenbahn, vgl. die ausführlichere Erklärung in Anmerkung 196.

224 Nur Chiron, ein Splitterplanet, der die Funktion hat, die beiden widersprüchlichen Tendenzen von Saturn (konservativ, bewahrend, Grenzen setzend) und Uranus (Freiheitsdrang und Oppositionslust gegen alles Althergebrachte), den ich im Rahmen dieses Buches nicht in die Interpretationen einbeziehe und das Medium Coeli (Himmelsmitte) sind erdhaft.

225 Dies erzählten die beiden, als sie zu einer Horoskopanalyse kamen, um im Alter einen besseren Umgang miteinander zu finden.

226 Seine Frau hat nämlich ein sogenanntes »Managerhoroskop«, mit der Sonne im zehnten Haus und weiteren Dispositionen, die in diese Richtung weisen.

227 Theodor ist ein »doppelter« Skorpion, da er Aszendent und Sonne im Zeichen Skorpion hat.

228 Dieser mangelnde Blick für die Realität des anderen (des Objekts) ist ein typisches Problem von introvertiert eingestellten Menschen, die aus ihrer subjektiven Perspektive heraus agieren.

229 Auch auf der Vaterseite gab es eine Veranlagung zu depressiven Erkrankungen, allerdings gibt es hier keine genaueren Informationen.

230 Diese steckten nach diversen gescheiterten Beziehungen selbst in einer Lebenskrise, vielleicht hatten sie auch »Torschlusspanik«, oder es fehlte ihnen einfach ein Liebhaber. Sie nahmen keine Rücksicht darauf, dass Anton verheirateter Familienvater war.

231 Das Sandspiel ist eine weltweit praktizierte, sehr effektive therapeutische Methode, welche die Selbstheilungskräfte der Psyche anzuregen im Stande ist, und wurde von Dora Kalff in der Mitte des 20. Jahrhunderts begründet.

232 Siehe das Unterkapitel »Der Kreis mit seinen Kreishälften, Quadranten und Häusern in der Astrologie« in Kapitel 3, wo die Quadranten I und II

mit Introversion und die Quadranten III und IV mit Extraversion in Beziehung gebracht werden.

233 Anton ist jedoch in seiner Kernhaltung und seelischen Prägung schwerpunktmäßig erdhaft sowie stark »wässrig«; Erde und Wasser sind langsamer und eher »schwerer« als die quirlige Luft.

234 Selbstverständlich heißt das nicht, dass jede Frau, die eine ähnlich verspannt aspektierte Sonne hat, ihren Vater verliert. Aber es zeigt, dass der Umgang mit dem Vaterbild und den äußeren Männern nicht einfach ist, sondern Arbeit verlangt.

235 Goethe, 2003, Vers 12110–12111.

236 So wie beim Mann in der Begegnung und Wahl der Frau die Anima, sein inneres »Suchbild« der Frau, konstelliert ist.

237 Sie gehört zu derselben Altersgruppe wie Felix, ist also heute Ende achtzig.

238 Selbstverständlich sind die bei Veröffentlichungen von persönlichem Material notwendigen Anonymisierungsmethoden mit großer Sorgfalt angewandt worden. So wurde nicht nur jeweils das Geburtsdatum weggelassen, sondern es sind auch andere personenbezogene Details verändert worden, ohne dabei die Stimmigkeit der astrologischen Darstellung zu beeinträchtigen.

Literatur

Adam, Klaus-Uwe (2011): Therapeutisches Arbeiten mit dem Ich. Denken, Fühlen, Empfinden, Intuieren – Die vier Ich-Funktionen. 2., überarbeitete und erweiterte Aufl. Stuttgart: Opus Magnum.

Balint, Michael (1994): Angstlust und Regression. 4. Aufl. Stuttgart: Klett-Cotta.

Balint, Michael (1997): Therapeutische Aspekte der Regression. Die Theorie der Grundstörung. 2. Aufl. Stuttgart: Klett-Cotta.

Bauer, Joachim (2015): Selbststeuerung. Die Wiederentdeckung des freien Willens. München: Blessing.

Bischof-Köhler, Doris (1994): Motivationale Entwicklung. Zürich: Zentralstelle der Studentenschaft der Universität Zürich.

Bischof-Köhler, Doris (1997): Die Entwicklung der sozialen Kognition. Vorlesung in Allgemeiner Psychologie, gehalten im Sommersemester 1997 an der Universität Zürich.

Bischof-Köhler, Doris (1997). Geschlechtstypisches Verhalten. Evolutionsbiologische Grundlagen und entwicklungsbiologische Fakten. Vorlesung in Allgemeiner Psychologie, gehalten im Wintersemester 1997/98 an der Universität Zürich.

Bischof, Norbert (1989): Das Rätsel Ödipus. Die biologischen Wurzeln des Urkonflikts von Intimität und Autonomie. 2. Aufl. München: Piper.

Bischof, Norbert (1996): Das Kraftfeld der Mythen. Signale aus der Zeit, in der wir die Welt erschaffen haben. München / Zürich: Piper.

»Der blaue Engel«. Verfilmung des Romans »Professor Unrat« 1929–1930 mit Marlene Dietrich nach dem Drehbuch von Karl Gustav Vollmoeller und Carl Zuckmayer.

Dorst, Brigitte (2015): Therapeutisches Arbeiten mit Symbolen. 2., erweiterte und aktualisierte Aufl. Stuttgart: Kohlhammer.

Fink, Gerhard (2001): Who's Who in der Antiken Mythologie. 9. Aufl. München: dtv.

Flüe, Bruno von (1988): Das ganze Gesicht meiner Jahre. Das Geburtsbild Rainer Maria Rilkes. Eine astrologische Deutung. Stuttgart: Kreuz.

Freud, Sigmund (1975): Trauer und Melancholie. In: Studienausgabe, Bd. 3. 7., korr. Aufl. Frankfurt am Main: S. Fischer, S. 193–212.

Frey-Rohn, Liliane (1969): Von Freud zu Jung. Zürich: Rascher.

Goethe, Johann Wolfgang (1961): Urworte. Orphisch. In: Gedenkausgabe der Werke, Briefe und Gespräche, Bd. 1: Sämtliche Gedichte. Einführung und Texüberwachung von Emil Staiger. 2. Aufl. Zürich: Artemis.

Goethe, Johann Wolfgang (1986): Faust. Der Tragödie erster Teil. Stuttgart: Reclam.

Lessing, Gotthold Ephraim (1997): Die Erziehung des Menschengeschlechts. Hg. von Joseph Kiermeier-Debre. München: dtv.

Jacobi, Jolande (1950): Der Beitrag Jungs zur Psychologie des Kindes. In: Der Psychologe II. 7/8, S. 286–294.

Jacobi, Jolande (1957): Komplex, Archetypus, Symbol. Zürich / Stuttgart: Rascher.

Jacobi, Jolande (2012) Die Psychologie von C.G. Jung. Aktualisierte Neuausgabe. Ostfildern: Patmos.

Jones, Ernest (1969): Das Leben und Werk von Sigmund Freud. Bd. I: Die Entwicklung zur Persönlichkeit und die großen Entdeckungen 1856–1900. Bern / Stuttgart: Huber.

Jung, C.G. (1964): Zwei Schriften über Analytische Psychologie. GW 7. Olten / Freiburg im Breisgau: Walter (Sonderausgabe. 3. Aufl. Ostfildern: Edition C.G. Jung im Patmos Verlag, 2011).

Jung, C.G. (1967): Die Dynamik des Unbewußten. GW 8. Olten / Freiburg im Breisgau: Walter (Sonderausgabe. 4. Aufl. Ostfildern: Edition C.G. Jung im Patmos Verlag, 2011).

Jung, C.G. (1971): Psychologische Typen. GW 6. Solothurn / Düsseldorf: Walter (Sonderausgabe. 3. Aufl. Ostfildern: Edition C.G. Jung im Patmos Verlag, 2011).

Jung, C.G. (1971 ff.): Gesammelte Werke (GW). 20 Bde. Hg. von Lilly Jung-Merker / Elisabeth Rüf / Leonie Zander et al. Olten / Düsseldorf: Walter (Sonderausgabe. Ostfildern: Edition C.G. Jung im Patmos Verlag, 2011).

Jung, C.G. (1972): Psychologie und Alchemie. GW 12. Olten: Walter (Sonderausgabe. 3. Aufl. Ostfildern: Edition C.G. Jung im Patmos Verlag, 2011).

Jung, C.G. (1972): Über die Entwicklung der Persönlichkeit. GW 17. Olten / Freiburg im Breisgau: Walter (Sonderausgabe. 3. Aufl. Ostfildern: Edition C.G. Jung im Patmos Verlag, 2011).

Jung, C.G. (1973a): Briefe. Bd. 2: 1946–1955. Hg. von Aniela Jaffé in Zusammenarbeit mit Gerhard Adler. Olten / Freiburg im Breisgau: Walter (Sonderausgabe. Ostfildern: Edition C.G. Jung im Patmos Verlag, 2012).

Jung, C.G. (1973b): Symbole der Wandlung. Analyse des Vorspiels zu einer Schizophrenie. GW 5. Olten / Freiburg im Breisgau: Walter (Sonderausgabe. 3. Aufl. Ostfildern: Edition C.G. Jung im Patmos Verlag, 2011).

Jung, C.G. (1976): Die Archetypen und das kollektive Unbewußte. GW 9/I. Olten / Freiburg im Breisgau: Walter (Sonderausgabe. 5. Aufl. Ostfildern: Edition C.G. Jung im Patmos Verlag, 2011).

Jung, C.G. (1979). Praxis der Psychotherapie. GW 16. Olten / Freiburg im Breisgau: Walter (Sonderausgabe. 3. Aufl. Ostfildern: Edition C.G. Jung im Patmos Verlag, 2011).

Jung, C.G. (1984): Erinnerungen, Träume, Gedanken. Aufgezeichnet und herausgegeben von Aniela Jaffé. Sonderausgabe. Walter, Olten (Korrigierte Sonderausgabe. 18. Aufl. Edition C.G. Jung im Patmos Verlag, Ostfildern 2013).

Kast, Verena (1994): Vater-Töchter Mutter-Söhne. Stuttgart: Kreuz.

Kast, Verena (2012): Die Dynamik der Symbole. 8. Aufl. Ostfildern: Patmos.

Köhler, T. (1995): Freuds Psychoanalyse. Stuttgart: Kohlhammer.

Mann, Heinrich (1994): Professor Unrat oder das Ende eines Tyrannen. Frankfurt am Main: S. Fischer.

Mentzos, Stavros (1992): Neurotische Konfliktverarbeitung. Einführung in die psychoanalytische Neurosenlehre unter Berücksichtigung neuer Perspektiven. Frankfurt am Main: Fischer TB.

Müller, Anette / Müller, Lutz (2003): Wörterbuch der Analytischen Psychologie. Düsseldorf: Walter.

Neumann, Erich (1990): Das Kind. Struktur und Dynamik der werdenden Persönlichkeit. 4. Aufl. Fellbach: Bonz.

Nickl, Roger (2014). Nakhutticaihattibiri. Die Psycholinguistin Sabine Stoll erforscht mit einem internationalen Großprojekt, auf welchen Wegen Kinder zu ihrer Muttersprache kommen – etwa das nepalesische Chintang mit seinen 1800 Verbformen. In: Magazin. Die Zeitschrift der Universität Zürich, Nr. 3, 23. Jahrgang, September 2014, S. 19–21.

Novalis (1982): Heinrich von Ofterdingen. In: Werke in einem Band. 2. Aufl. München / Wien: Hanser.

Proust, Marcel (1967): Die Suche nach der verlorenen Zeit, Bd. 1. Frankfurt am Main: Suhrkamp.

Ranke-Graves, Robert (1986): Griechische Mythologie. Quellen und Deutungen. Reinbek bei Hamburg: Rowohlt.

Ring, Thomas (1969): Astrologische Menschenkunde. Bd. 3: Kombinationslehre. Freiburg im Breisgau: Bauer.

Ring, Thomas (1974): Die revidierte Astrologie. Seminar in Kopenhagen 1974. 10 Videos (auf YouTube zu finden).

Ring, Thomas (1975): Existenz und Wesen in kosmologischer Sicht. Freiburg im Breisgau: Aurum.

Ring, Thomas (1979): Astrologie neu gesehen. 2. Aufl. Freiburg im Breisgau: Aurum.

Ring, Thomas (1980): Genius und Dämon. Strukturbilder schöpferischer Menschen. Freiburg im Breisgau: Aurum.

Ring, Thomas (1985a): Astrologische Menschenkunde. Bd. 1: Kräfte und Kräftebeziehungen. 5. Aufl. Freiburg im Breisgau: Bauer.

Ring, Thomas (1985b): Astrologische Menschenkunde. Bd. 2: Ausdruck und Richtung der Kräfte. 5. Aufl. Freiburg im Breisgau: Bauer.

Ring, Thomas (1985c). Astrologische Menschenkunde. Bd. 4: Das lebende Modell. 3. Aufl. Freiburg im Breisgau: Bauer.

Ring, Thomas (1985d): Die Olympische Wiederkehr. Ein Gedichtzyklus. Freiburg im Breisgau: Aurum.

Ring, Thomas (1986): Das Grundgefüge. Die Stellung des Menschen in Natur und Kosmos. Freiburg im Breisgau: Aurum.

Ring, Thomas (1995): Frühe astrologische Schriften. Zollikon: Astrodienst-Verlag.

Scharfetter, Christian (1996): Allgemeine Psychopathologie. 4. Aufl. Stuttgart: Thieme.

Stifter, Adalbert (2005): Der Hagestolz. Hg. von Joseph Kiermeier-Debre. München: dtv.

Stierlin, Helm (1959): The adaption to the »stronger« person's reality. In: Psychiatry 22, S. 143–152.
Stierlin, Helm (1975): Von der Psychoanalyse zur Familientherapie. München: dtv.
Stierlin, Helm (1978): Delegation und Familie. Frankfurt am Main: Suhrkamp.
Stierlin, H. (1980): Eltern und Kinder. Das Drama von Trennung und Versöhnung im Jugendalter. Frankfurt am Main: Suhrkamp.
Teresa von Avila (2006): Die innere Burg. Zürich: Diogenes.
Winnicott, D. W. (1993): Reifungsprozesse und fördernde Umwelt. 3. Aufl. Frankfurt am Main: Fischer TB.
Winnicott, D. W. (1994): Von der Kinderheilkunde zur Psychoanalyse. Frankfurt am Main: Fischer TB.
Winnicott, D. W. (1995): Vom Spiel zur Kreativität. 8. Aufl. Stuttgart: Klett-Cotta.

Bildnachweis